作者简介

李禄兴 男,1964年生于河北省辛集市。1986年毕业于南开大学中文系,1991年在中国人民大学获文学硕士学位。现为中国人民大学文学院副教授,北京语文现代化研究会副会长。曾任中国人民大学对外语言文化学院副院长、爱尔兰都柏林大学孔子学院中方院长、英国杜伦大学(University of Durham)汉语教师。出版汉字学及对外汉语教学方面著作、教材30多部,辞书10余部。在各类期刊、论文集发表论文40多篇,内容涉及现代汉字学、对外汉语学习词典学、汉字教学、教材编写等方面。

中国书籍·学术之星文库

现代汉字理论与应用研究

李禄兴◎著

图书在版编目（CIP）数据

现代汉字理论与应用研究/李禄兴著. —北京：中国书籍出版社，2016.5
ISBN 978-7-5068-5589-1

Ⅰ.①现… Ⅱ.①李… Ⅲ.①汉字—对外汉语教学—教学研究 Ⅳ.①H195.3

中国版本图书馆 CIP 数据核字（2016）第 110046 号

现代汉字理论与应用研究

李禄兴　著

责任编辑	许艳辉
责任印制	孙马飞　马　芝
封面设计	中联华文
出版发行	中国书籍出版社
地　　址	北京市丰台区三路居路 97 号（邮编：100073）
电　　话	（010）52257143（总编室）　　（010）52257153（发行部）
电子邮箱	chinabp@vip.sina.com
经　　销	全国新华书店
印　　刷	北京彩虹伟业印刷有限公司
开　　本	710 毫米×1000 毫米　1/16
字　　数	282 千字
印　　张	19
版　　次	2019 年 1 月第 1 版第 2 次印刷
书　　号	ISBN 978-7-5068-5589-1
定　　价	78.00 元

版权所有　翻印必究

序

汉字是世界上最古老的一种文字，它的存在可以追溯到几千年前。与汉字同样古老的文字还有古埃及的圣书字和古两河流域的巴比伦楔形文字，它们产生的时期比汉字还早，但由于历史原因，它们已经不再是当代人们使用的书面交际工具。唯有汉字，几千年来一直承担着汉语书面语的交际功能。可以说，汉字书写了中华民族的历史，负载了光辉灿烂、悠久绚丽的中华文化。在当代，它又以多种方式解决了现代信息处理问题，成功迎接了高科技的挑战。不仅如此，它还担负了中国文明传播到海外的重要任务。汉字在商代就开始从中原向外传播，此后就一直没有停止前进的步伐，在唐代曾经达到顶峰时期。如今随着孔子学院的广泛建立，汉字已经成为外国友人学习汉语的必要工具，在全球范围内，正在形成"中国热""汉语热""汉字热"，这给我们研究汉字、推广汉字提供了一个良好的契机，新的时代中，汉字传播的又一个鼎盛时期已经来临。

汉字是一种与拼音文字完全不同的文字类型，它之所以有生命力，是因为汉字音、形、义相统一，组成的词绝大多数是双音节的，只有少数联绵词和音译外来词是多音节的，汉语词的灵活、准确、适于表意，使负载词义的汉字系统与汉语这种非形态语言极相适应。所以汉字学习与汉语学习有着极为密切的关系，为了提高汉字学习的效率，为了尽快掌握汉字这种书面交际工具，我们还有许多问题需要研究和探讨。例如初级汉语水平的学生到底应该掌握多少汉字？应该是哪些汉字？汉字应该怎样教学，才能提升学习效率？如何利用汉字的特点在短时间内迅速扩大词汇量？汉字在学习过程中出现的错误都有哪些规律？不同国别的汉字学习者对汉字认知存在哪些共性和个性？等等。这些问题我们还没有研究透彻，甚至很多问题我们还没有涉及。

李禄兴所著的《现代汉字理论与应用研究》一书，是作者多年来从事汉字研究以及对外汉语中汉字教学研究的结晶。他从1991年开始，就关注现代汉字学的研究，注意把汉字研究与对外汉字教学结合起来。可以看出，这本书在现代汉字的基础理论研究方面观点公正、客观，在对外汉字教学的研究方面重事实、讲科学。所谓讲科学有三层含义：一层是科学地研究汉字本身的构造和使用规律，另一层是科学地进行汉字教学，第三层是科学地认识汉字认知者的心理规律并科学地利用这些规律。这三个方面相辅相成，缺一不可。如今在汉字教学上存在着"俗化"的流弊，乱解汉字，随意联想，给对外汉语教学带来了不良影响。如有人讲"活"字，就说"活"是一个舌头上沾满了水，离开了水，就会口干舌燥，口干舌燥到一定程度，就不想活了。这种解释，是对汉字的曲解和歪曲，不能任其发展下去。我们需要科学的求知精神，需要在科学的基础上教授汉字，对外汉字教学既不能把汉字本体的规律简单、生硬地搬进课堂，也不能单纯为了满足外国人的求新心理而随意编造汉字理据，甚至捏造汉字故事。在尊重汉字历史和汉字事实的基础上提升外国人对于汉字的兴趣，提高汉字的教学效率，才是汉字教学应该努力的方向。

作为李禄兴的老师，在他的著作即将付梓之际，写下这段文字，算作序。

胡瑞昌
2012年1月14日

（胡瑞昌：中国人民大学文学院教授，曾任中国人民大学语言文字研究所所长、北京语文现代化研究会会长）

目 录
CONTENTS

上篇　现代汉字问题研究 …………………………………… 1
文字的本质与现代汉字的性质　　　　　　　　　　　　／3
现代汉字与现代汉字学　　　　　　　　　　　　　　／21
现代汉字的范围和特点　　　　　　　　　　　　　　／34
论现代汉字的三级结构　　　　　　　　　　　　　　／42
现代汉字的字义系统　　　　　　　　　　　　　　　／58
谈徐通锵的字本位理论　　　　　　　　　　　　　　／72
从繁简字的理据性看汉字简化　　　　　　　　　　　／82
简化字的理据性与汉字书同文　　　　　　　　　　　／98
由简化造成的形似字统计分析　　　　　　　　　　　／112
说现代汉字的"四定"　　　　　　　　　　　　　　／125
谈字序规范的单一标准和多重标准　　　　　　　　　／145
社会用字规范化探究
　　——北京市长安大街用字情况调查与分析　　　　／159
字母词及其规范问题　　　　　　　　　　　　　　　／171

下篇　现代汉字对外教学问题研究 ······················ 185
　论汉字笔画观和汉字结构认知的先决性 / 187
　部件理论在对外汉字教学中的应用 / 197
　基于对外汉字教学的部件拆分 / 207
　汉字部件教学分析 / 217
　从汉字习得角度看单笔部件拆分 / 227
　形声字教学问题浅说 / 248
　形声字读音习得中的归类推比法 / 271
　字、词及汉字教学问题 / 285

后　记 ··· 294

上 篇

现代汉字问题研究

文字的本质与现代汉字的性质

【提要】 文字用形体负载语言成分的音和义，文字的音和义与语言单位的音和义的联系是决定文字性质的两个方面。文字的性质取决于它所记录的语言的结构，古代汉字的性质是由古代汉语的特点决定的，现代汉字的性质是由现代汉字的特点决定的。如果从现代的层面来认识，从音上看，汉字的字音所标示的绝大部分是汉语语素的声音，所以现代汉字是语素文字；从义上看，汉字的字义直接与语素义或词义发生联系，所以现代汉字属于表意体系的文字。因此现代汉字是表意体系的语素文字。

【关键词】 文字　现代汉字　性质

1　文字是什么？

1.1　对文字定义的探讨

什么是文字？这是研究文字学所遇到的首要问题，也是研究文字的出发点，是贯穿全部研究过程的主线和灵魂。因为研究者怎样去理解所研究的对象，就会怎样去研究它，而从不同的角度、研究立场出发，所得出的结论就会不同。对文字的定义众说纷纭，这形形色色的回答就是各种学术派别间区别点的最集中的反映。综合起来，大致有如下几种。

1.1.1 文字语言论。这种观点把文字看作是单纯的有声语言的记录,在他们看来,文字的作用不过是在书面上保存了他们的研究对象而已。代表人物有美国的布龙菲尔德、苏联契克巴娃以及赵元任等。布龙菲尔德(1980:357)说:"在语言学家看来,除去某些细微的枝节以外,文字仅仅是一种外在的设计,就好像利用录音机一样,借以保存了过去言语的某些特点供给我们观察。"赵元任(1980:140)说:"凡是视觉符号,用来代表语言的就是文字。"契克巴娃(1955:164)说:"文字是口语词的符号。"此外还有一些,如高名凯(1954):"文字是记录语言又是代表语言的符号。"梁东汉:(1959)"文字是记录语言的符号体系。"这些都是中外语言学家的定义,这类定义的精神也广泛被文字学家采用。

分清语言和文字之间记录和被记录的关系,主体和辅助的关系,无疑有助于解释文字的许多属性,有助于了解文字发展的种种基本规律。但是文字和语言究竟属于不同的范畴,我们不能从语言角度的观察代替从文字角度的观察,因为单纯从语言角度讨论文字,便无法解释文字本身的很多问题,比如无法解释人类史前文字,无法解释许多文字发展中的独特道路,无法解释文字符号本身的变化规律等等。

1.1.2 文字工具论。这种观点仅仅把文字看作是文化的工具,在他们看来,既为工具,当然越简便越实用为好。这是主张文字改革的人们普遍采用的一种观点。代表人物是周有光等。他们认为:"文字不过是一种文化的工具,它是人们创造的,而且由于人们的不断努力,它永远是在演进之中。"(周有光1961:2)清代学者也有类似的说法,《清末文字改革论集·沈学<盛世元音·自序>》中说:"文字者,智器也,载古今言语心思者也。"

文字工具说对文字神圣论、神造说来讲,有很大的进步意义,但他们也有很大的弱点,即过分强调应用,把简便与繁难当作衡量文字优劣的唯一尺度。马体乾《谈文字》中有段话说:"文字之为器于国民,犹斧斤之于工师,贵易举,不贵繁重;其为必可少于人类,犹宫室衣服菽粟水火,恶其缺漏而不厌其简朴。今六书文字,难于辨,难于记,难于解,难于用,辞难通,音难同,书难音,字难工,特较标音文字之易习易用者,真不可同日而语矣。"这种一味强调便利的观点，会导致盲目改造，也过分强调了文字改革中人的意志，忽略了文字理论、规律的探索。

  1.1.3 文字阶段论。这种观点把文字看作人类社会的上层建筑，吴玉章（1978）指出："文字和其他的社会上层建筑一样，它在阶级社会里，常常含有阶级的元素在里面。"这种观点显然是把文化的工具与文字本身相混淆，是受苏联十月革命后极左思潮影响的结果。

  1.1.4 传统文字说。"独体字为文，合体字为字"是典型的定义。这个定义广泛地被文献学家、经学家承认。试图通过对文字结构的分析去帮助了解"文"和"字"的本义，从而达到解经、注经的目的。他们从解剖字的形上去看文字的本质，所以集中研究文字构造。其结果是把文字的组织和运用看成研究目标。反应在汉字研究上，即把"六书"当成文字研究的唯一课题。这个定义带来的另一个后果是认为文字是与语言平行的表达思维的工具，即字有形音义三要素说，其影响所及是把语言的研究归结为"字"的研究，用文字学来代替语言学。

2 文字的本质是什么

  我们认为，文字是记录言语和语言的社会性符号体系，是人类辅助语言的交际工具。我们希望这个定义从文字本身出发，既能反映文字本质、特征和职能，又能反映制约文字发展的诸要素。然而这样的定义跟传统的定义是有分歧的。在国外一些著作中，认为文字不应该是一种借助图形符号或图形来表达言语的方式，只有反映语言形式的表达法才可称之为文字。季亚康诺夫在《论文字》中说："真正的文字只产生在这样的场合：言语中的每个词和词与词之间的全部语法关系用图形符号再现出来，从而不仅再现信息的总的意思，而且再现其逐字逐句的内容。"还有一些人走得更远，他们只承认那些不仅反映把信息切分为词和词之间的语法关系，而且反映言语语音的符号体系才是真正的文字。这样的看法会把历史上的原始文字及最晚期的文字变体排除在文字以外，这是不符合事实的。

下面我们分别说明上述定义的主要组成部分。

2.1 文字属于社会现象

文字属于社会现象有三层含义：(1) 文字不是自然现象。这是毋庸置疑的，也是被广泛承认的。(2) 文字不属于上层建筑。因为经济基础相同的社会，文字尽可以不同；反之，使用同一文字的国家（地区）或民族，经济基础也不尽相同。例如日本与美国，大陆和台湾的情况，汉字自身的情况，汉字与日本假名的情况都说明了这一点。文字只是文化的工具，不是文化本身，至少不是文化本身的全部。(3) 文字不是语言现象。文字虽然和语言的关系十分密切，但它不是语言的必然派生物，文字的产生与语言无关，语言也不是文字的唯一决定因素。同一语系的民族有的有文字，有的没有，有的用这种文字，有的用那种，这都不完全取决于语言。

作为社会现象，文字与语言不同。语言与社会同在，它是人类社会中必然产生的。这个必然包括：相互协作的必要，结成社会的必要，彼此间交流的需要。它随社会的产生而产生，随社会的发展而发展，是社会发展到一定阶段的产物。可以说，社会的发展是语言发展的制约条件；社会对于书面记录和交际的要求是文字发展的推动力，所以对文字史的研究，要密切联系产生它的社会背景和交际要求来进行。社会对文字的需求也不是一句空话，它体现在社会的各阶层、社会的政治经济文化活动对文字的需求上。社会对文字的需求程度，文字在社会上的使用范围、文字的使用率，这一切无不和文字的变化有关。社会对文字需求量的大幅度提高，文字使用范围的急剧扩大，文字社会应用量的空前增长，往往成为文字变革的原因。汉字是这样，俄国文字的改革、土耳其文字的改革、朝鲜的文字改革、越南文字的改革，也都有它们的社会背景。

2.2 文字记录的是语言和言语

文字和语言的结合是个渐进的过程，由相互游离到相互结合，由结合得不够紧密到结合得越来越紧密。

文字与语言之间的关系是文字学中的首要问题，是区别许多学派的分水岭，也是不同学派争论的焦点之一。这一对关系的处理影响到文字学上一系列问题的观察和处理。在这个问题上，尽管有各种回答，但总结起来不外三个方面的观点：认为是相随的关系，认为是平行的关系，折中论。

第一种观点又称文字附庸观点。认为文字是语言的派生物，是书面上的语言，是符号的符号，文字自始至终都依附于语言，认为文字是绝对不能脱离用声音传达的口语的，文字从产生那天起，就和语言尤其是语音所纠葛、所厮缠。用谢尔夫契（1955）的话说，就是"任何表意文字、任何音节文字及任何拼音文字都是表达口语的假定体系"。这种观点过分强调了文字与语言的共性，忽略了文字的个性。我们知道，语言是用声音传播信息的，文字则是通过书写来保存、传递信息的，二者并不同源。当然传递语言的最好办法是把声音记录下来，但记音的方法并不是一蹴而就的，一要认识语言，二要创制符号。这两者都是漫漫数千年的认识、探索、改进的结果。

在遥远的时代，要求蒙昧初开的原始人去把语言分解为词，把词分解为音节，把音节分解为音素，为音素制定符号，显然是幻想。历史证明，原始人在有了把信息记载下来、传之远方、传之久远的要求的时候，曾进行不断的探索，为了传之远方，利用过实物、篝火、烽烟、击鼓等，为了保留到异时，曾发明过结绳、编贝、刻契等；为使传递或保留的信息量增大，为了使传递、保留的信息准确，人们后来又找到了可以自我说明的图画方式，这就是后来的图画文字。从再现事物的图画文字，到表达语言的文字，其中又几经改进，花去几千年时间。文字附庸论者站在文字发展末端，站在文字发展的最高阶段给文字下定义，他们把不和语言结合的文字排斥出文字研究的范围，甚至用文字的传播史代替文字的发展史，是极端错误的。

第二种观点又称文字独立的观点。认为："文字和语言的功用是一样的，不过语言是用嘴和耳朵，文字是用手和眼睛，一是表声，一是留形。"（蒋善国 1960：37）持这种意见的人认为，凡文字有义、有形、有音，一字必兼三者。他们认为文字既然有形音义三个要素，因而是一个独立、自足的系统，用不着依赖语言而存在，甚至认为文字比语言更重要。文字独立论的观点集中反映在中国传统文字学领域，是汉字史研究过程中的主要倾向。字有形音义观念造成的后果之一，是千百年来在中国只有文字学的研究，没有了语言学的研究，或者说把语言学的研究蒙上了文字学的外衣；后果之二是把文字的研究孤立起来，使文字研究变为无源之水、无本之木，变为单纯地叙述和字形结构的分类，使文字走进无法解脱的死胡同。因此，科学的文字学建立的基础之一是分清字和词的区别，把被字夺去的音和义，归还给音义结合物的词。

第三种观点把文字看成与语言渐渐结合的产物，其主要观点是以为早期文字是不记录语言的，而只起提示、标记的作用，把它看作是完全与语言无关的记号，认为是与思维直接相结合的产物。他们依据图画文字不反映语言形式这一事实，认为这种文字表达的甚至不是信息，不是言语，而是直接反映思想或"感知表象的形象"。N. M. 季亚康诺夫把图画文字定义为"为进行跨越时空的交际而记录思想的最早期的方式"。对原始文字的这种理解其实是不正确的。

马克思主义的语言理论认为思维不是赤裸裸存在的，思维从一开始便被语音者以物质外壳所纠葛、缠绕，思维是凭借语言来进行的，脱离语言的思维是不存在的。文字直接与思维联系是建立在语言的基础之上的，既然否认早期文字与语言的联系，那么文字反映思维则是站不住脚的。

我们认为，在语言与文字的关系问题上，存在着一个重要的理论问题，即语言和言语的区别。语言是音义结合的符号系统，语音、语法、词汇是语言的三个要素，而言语则是对语言的运用，是把语言符号按照语言的规则排列起来所表达的内容。正如有些人指出，早期的人类不可能分解出语言符号，从而创立表达该符号的符号，但人类早期却能够用言语进行交际，从而有可能创造出表达言语的符号，这些符号不表达语言中的音节、词或音素，但它可以提示一连串的言语意思，而这就是早期的图画文字。许多文字学著作注意到了这种区别，但没有明确提出来。例如伊斯特林在表达文字定义时说："它是有声音言语的补充性交际手段，这种手段在语言的基础上产生，主要用来把言语传到远处，长久保持，并借助图形符号或形象来表现，通过这种符号或形象表达某种言语要素——一个个最简单的信息、单词、词素、音节或音素。"王德春（1990：453）说："图画文字一般不把言语分解为词，但它所表示的是言语片断。"尽管他们还没有严格区分言语和语言，显然在用词上做出了些选择。

我们在定义中加了这样一句话："文字是记录言语和语言的社会性符号系统体系。"早期的文字并不记录语言，确切地说并不记录语言形式，而只记录言语片断。在文字发展的过程中，它逐渐向语言靠拢。一部文字演进史，就是文字向语言靠拢的历史，靠拢的程度越近，文字的表达力就越强，准确度就越高。有些文字直到今天，也很难说它已经确切地再现了语言形式。最原始的图画文字只表达言语的内容，代替它的表意文字（如苏美尔文字、古代汉字），除了表达言语内容以外，还能反映把语言切分成一个个单词及词的句法顺序，并可以表达词的词汇意义，在某些情况下甚至能表现读音。较晚期的音节文字和辅音—音素文字已经能够表达语言的语音。再晚一些的元音—音素文字，就更能确切地记录语言的语音。所以我们主张把文字划分为"表言语的文字"和"表语言的文字"两类。

2.3 文字是一种符号体系，也就是说，文字作为一种符号是成体系的

文字不是散漫的结合体，不是一群字形或一堆符号杂乱无章的偶然的堆砌。恰恰相反，文字是一个系统，是根据特定原则组织起来的构成各部分之间相互联系、相互制约的一个整体。

文字的记录原则是多种多样的，一种文字可以直接表达事物，间接提示语言；也可以用符号记录语言，可以记录语言的内涵，也可以记录词的声音。由同一表达或记录原则构成的字及其相关方面的结合叫作文字体系。文字是成体系存在的。

自源文字：独立发生、发展的文字。如汉字、古埃及文字、楔形文字、玛雅文字等。

他源文字：如腓尼基文字、希腊文字、日本文字、朝鲜谚文等。

2.4 文字的职能是记录和交际

记录和交际是文字密切联系的两个方面。不起记录作用的符号系统就无从发挥交际作用，因为交际是沟通信息，这种沟通不能凭空进行。反之，不起交际作用的符号也同样不称其为文字，因为不能对社会一视同仁，它就是小集团使用或只对个人起作用的密码、暗号，丧失作为语言的资格。但二者又不等同。"记录"是文字的基本作用，交际作用是建立在它的记录职能之上的，正因为如此，有记录作用的东西、符号虽然未必就是文字，但它可以发展成文字，而起交际作用的符号，必须以其记录作用为前提。

从文字的演进、演化史上看也是这样，先有帮助记忆的符号，后有供交际的符号，后者是由前者演化而来的，所以结绳、刻契之类助记忆形式的出现，就预示着文字的产生，我们把它们当作文字的前身。作为记录工具的文字为个人而存在，个人使用与社会的交际工具就会出现矛盾。

2.5 文字的本质是工具

文字是记录语言的工具，世界上不同的文字系统记录不同的语言，而作为单个的文字符号所记录的是单个的语言单位，一个个视觉文字符号加在一起，构成一个符号系统，这就是文字系统。

综上所述，文字属于社会现象，它是因社会的需要而产生，为社会的需要而发展。文字的本质是工具，人们发明了它，便为了应用而不断改进。文字的职能是记录和交际，首先是记录工具，然后是交际工具。文字的职能决定了它必然和作为社会交际工具的语言相结合，这种结合是个渐变的过程。文字是符号，这种符号是体系性的。

3 汉字的性质是什么

对于汉字性质的讨论由来已久，人们最先从古文字研究领域入手。至今仍是文字学研究领域中的一个热点，意见分歧很大，有些观点甚至截然对立。

3.1 关于汉字性质的代表性说法

3.1.1 表意文字说。在20世纪30年代，学者们普遍认为汉字是表意性质的，古代汉字是这样，现代汉字也是如此。近年来，有些学者又在此基础上提出了一些新的看法。比如，丁晓虹（1991）认为，"商周文字是以图形文字为主体的表意字"，"从春秋中期到秦的文字是以形声字为主体的表意字"，"从汉代一直到现在的文字是以记号为主体的表意字"。另外，孙钧锡（1991）则认为汉字是"音节·表意文字"。

3.1.2 意音文字说。20世纪50年代后半期，周有光从文字发展的角度对现代汉字进行了新的探讨，他把文字的发展按照表达方法分为三个阶段：表形兼表意阶段、表意兼表音阶段、拼音阶段。综合运用表意兼表音两种表达方法的文字，可以称为"意音文字"。他认为现代汉字已经发展到意音文字的阶段，理由是在汉字的发展过程中，表意符号的比重相对缩小，表意兼表音的形声字成为全部文字的主体。汉字字典里形声字的比重很早就达到90%以上了。裘锡圭（1985）指出："汉字在象形程度较高的早期阶段，基本上是使用意符和音符的一种文字体系；后来随着字形和语音、字义等方面的变化，逐渐演变成为使用意符、音符和记号的一种文字体系。如果一定要为这两个阶段的汉字分别安上名称的话，前者似乎可以称为意符音符文字，后者似乎可以称为意符音符记号文字。"

3.1.3 词/语素—音节文字说。20世纪50年代，美国学者Gelb提出"词—音节文字说"（Word - SyllabicWriting）。王伯熙（1984）进一步阐明汉字为"拼符的表音文字"。他认为："和表音文字并称的表意文字，是不妥当的说法。因为表音文字所记写的音节、语素，是脱离了意义的、独立的纯语音；而所谓表意文字所记录的并非脱离了语音的、独立的纯语义，所记写的永远是黏着语音的语义。""汉字所记录的语言单位主要是词和语素；记录语言的方式主要是记音标义，还有记义传音和记音传义；现代汉字是一种方块拼符表音文字，或者也可以说是一种方块拼符语素文字。"高明也认为汉字是"音节词字"，他在《中国古文字通论》中说："由于汉字中同音节的字数甚多，意义的区分就比较重要，这一特点在其他文字中是很少有的。汉字不仅每字各代表一个音节，而且还有独立的词义，所以应该把它区别于一般的音节文字，而称之为'词音节字'。"裘锡圭（1985）在肯定汉字是意音文字的同时，对词文字说和语素文字说进行了新的探讨，提出了富有建设性的意见。他说："在今天，一个汉字往往只是一个语素的符号，而不是一个词的符号。这是有些人不愿意把汉字叫做词文字，而要叫做语素文字的原因。按照这种考虑，词—音节文字这个名称也可以改为语素—音节文字。"

3.1.4 语素文字说。1959年，赵元任先生在《语言问题》中说："用一个文字单位写一个词素，中国文字是个典型的最重要的例子。"1983年，尹斌庸先生在《给汉字"正名"》一文中明确把汉字称为"音节—语素文字"，简称为"语素文字"。他说："近年来，汉语语法学界引进了'语素'这一概念。所谓语素，就是语言中语音和语义结合的最小单位。汉语中绝大部分语素是单音节的。……以出现频率累积达99.9%以上的四千个汉字来统计，这些汉字代表了不到五千个不同的语素，平均每个汉字约代表一点二个语素。四千个汉字中约有90%的汉字是一个字代表一个语素。因此，从平均数和众数的角度来看，我们都可以说，一个汉字又代表一个音节。因此，综合上述理由，我们建议把汉字定名为音节—语素文字，或简称为语素文字。"

3.2 对汉字性质认识分歧的主要原因

对于汉字性质认识的不同，主要原因来自两个方面：一是研究的客体具有复杂性，对复杂客体的认识往往需要很长的时间。二是研究者观察客体的角度不同，所使用属于的概念内涵不一致。其症结突出表现在对"表意文字"和"表音文字"的理解不同上。

索绪尔（1980：50~51）认为文字的存在是为了表现语言，并由此推出文字只有两种体系：即一个词只用一个符号的表意文字（ideagraphic writing）和摹写词声音的表音文字两种，布龙菲尔德（1980：360）认为这种提法很容易引起误解，便把表意文字改称表词文字（word writing）或言词文字（logographic writing）。由此可见，表意文字与表词文字、言词文字应该是一个概念，即指一个词只用一个符号表示，这个符号和整个词发生关系，因此，也就间接地和它表达的观念发生关系。按照这个观点，表意文字中的词可以有读音，表音文字中的词也可以有意义，也就是说，文字与语言形式之间，与所记录的语言中的词之间并不是毫无关系的。然而，在中国大众所使用的表意文字是另外一个意义，人们常常把表意文字理解为见形知义的文字，词的意义直接可以从字形上反映出来。基于这种观点，有人只把甲骨文、小篆或此之前的文字画看作是表意文字，甚至只把图画文字算作表意文字，隶楷以后的汉字就不能叫表意文字了。（姚孝遂1980）或者形旁可以表意的话，也经该算是意音文字。（周有光：1993）相应地，把表音文字理解为有读音的文字，这样通俗的概念和专业术语的含义就大相径庭了。比如有人就认为："就甲骨文的整个形体来说，就它的根本功能和作用来说，它的每一个符号都有固定的读音，完全属于表音文字的体系，已经发展到了表音文字阶段。"（姚孝遂1980）显然这是把有无固定读音作为"表意文字"和"表音文字"的区别了。实际上每一种成熟的文字体系其组成部分都是有义也有音的，这是文字记录语言的事实决定的，文字要记录语言成分，就必然要负载语言成分的音和义，我们总不能说一切文字都是表音文字或一切文字都是表意文字吧？退一万步说，即使可以这样说，这对区分不同性质的文字又有什么帮助呢？所以从文字符号本身是否有读音和意义上去理解"表音文字"和"表意文字"，又力图以表音文字和表意文字划分文字类型是徒劳的。难怪有人发出感叹，认为文字不能分成表音和表意两种类型，因为"许多文字不是纯粹表音或纯粹表意的，就是被当做表意文字的代表——汉字也不是只表意不表音的"（宋振华、刘伶 1984）。这显然是错误理解后的无奈，这无异于说文字不能区分类型，因为所有的文字都一样。于是有些人就有另辟蹊径，对文字记载的音和义避而不谈，而是从文字符号的构成上入手去揭示文字的性质，用文字结构特点代替文字的性质。说古代汉字是"象形拼符表词文字"，现代汉字（汉隶以后的汉字）是"方块拼符表词文字"（王伯熙 1984）。其实，"象形"和"方块"之间并不矛盾，除了图画文字时代不是用方块表示的，汉字早在西周末年一字一格的方块布局就已经基本确定下来了。西周末年的《虢季子白盘》的铭文一共 8 行，每行 13 个字，每个字不但大小一样，而且距离相等。再如《宗妇鼎》《宗妇盘》都是先画好了方格，然后再铸，每行五格，每格一字。所以说古代汉字是象形，现代汉字是方块，未免把汉字的性质简单化了。还有人从文字本身所使用的符号出发，把汉字称为"意符音符文字"或"意符音符记号"文字（裘锡圭 1984）。作为汉字的构成特点这是无可非议的，但汉字结构特点不等于汉字的性质，打一个简单的比方，人的本质是能劳动，如果把人的本质说成是"头身子胳膊腿"大概没有人会同意，尽管这大致能区分人和禽类，但结构是不能代替本质的。

4　确定汉字性质的前提是什么

4.1　确定现代汉字的性质，至少要考虑以下四个方面的问题

4.1.1　现代汉字使用的基本单位是什么？是字还是构成字的字符？如汉字"笑"，它所使用的单位是"笑"还是"竹"和"夭"？目前学术界有不同意见。一种认为汉字使用的基本单位是字符，正如英语"man"是由"m""a""n"组成的一样，汉字"笑"也是由"竹""夭"组成的。另一种则认为汉字的单位应该是字，它与英语中的字母是相当的。理由

是：第一，汉字体系中一个书写单位是一个汉字，而西方拼音文字中一个书写单元是一个字母。第二，一个现代汉字来源于古代的一个表词字，而现代西方文字的一个字母也来源于古代的一个表词字。第三，按铸造铅字所占用的面积来说，一个汉字也等同于西方文字的一个字母。第四，西方文字以一个字母为基本单元跟语言要素发生联系；汉字体系以一个汉字为基本单元跟语言要素发生关系。我们认为后者更加可取，而且可以再提供两个证据：第一，现代汉字的字符究竟有多少？什么样的算是字符？一个字由哪几个字符组成？这些都没有一个明确的标准，对这些问题的认识不同，则会影响到对现代汉字性质的进一步探讨。而字则很明确，清晰可辨。第二，英语的词是由一个个字母组成的，而汉语的词是由一个个汉字表示出来的。如果认为汉字使用的单位是字符，则不好说清楚汉语的多音节词是由哪些字符构成的，是怎样构成的，因为字符的确定没有很明晰的标准。

  4.1.2 现代汉字使用的基本单位记录语言中的何种单位？语素文字说认为汉字的基本单位是记录语言中的语素这一单位的。而词—音节文字说则认为汉字既记录语言中语法层面的词这一单位，又记录语音层面的音节这一单位，是一种双语言单位说。语素—音节文字说也是双语言单位说，即认为汉字既记录语法层面的语素这一单位，又记录语音层面的音节这一单位。我们认为汉字记录的语法单位是语素而不是词，因为现代汉语已经复音词化了，复音词在现代汉语中占据绝对优势，而一个汉字很明显不能够记录一个复音词，而只能记录其中的一个语素。汉字能不能记录音节呢？汉语是单音节语言，基本上是一个汉字对应于一个音节，但是一个音节并不对应一个汉字，有人据此认为汉字不表音节，因为不是一一对应的关系。比较日语等音节文字，日语的 50 音图记录了 44 个音节，有些浊音是一个字符记录两个音节，日语的拗音、拨音却是两个字符拼成一个音节，也不是一一对应的。我们只是探讨汉字记录什么语言单位，并不一定要求必须一一对应。所以，我们认为现代汉字是表达汉语言单位的语素—音节文字。

  4.1.3 现代汉字是从哪个角度来记录语言的？语言是音义的结合物。

文字符号记录语言的时候，或者从音入手，或者从义入手，二者必居其一。英语等是通过字母记录音素，从而来表达语言的；日语等是通过假名记录音节，从而来表达语言的。这两者都是从音入手的，称为表音文字。而汉语主要是通过象形、会意等方式记录意义，从而来表达语言的。即使是形声字，它的声旁本身也是一个表意字。所以说汉语是从记录语言的意义角度表达语言的，属于表意文字。

4.1.4 现代汉字记录语言所使用的符号形态是什么？根据记录语言的文字单位的符号形态，可以把世界上的文字分为图符文字、字符文字和字母文字。图符文字如古埃及的楔形文字、中国古代的甲骨文；字母文字如日语、英语等；现代汉字则属于字符文字。

4.2 文字的性质即一种文字区别于另一种文字的根本特性，所以它应该是唯一的，判定文字性质的前提也应该是一致的，只有用最统一的前提，才能得出区别性的结论

我们认为，文字是记录语言的符号体系，要确定文字的性质就要看文字单位和语言单位的关系，要看用什么样的文字单位记录什么样的语言单位。在这个问题上，需要澄清两种不同的观点：一种是认为应该从文字记录语言的方法上看，一种是认为应该从文字本身的结构去看。

4.2.1 第一种看法中，"文字"应该有两个含义，第一个含义记录语言的符号系统，这个含义上的"文字记录语言的方法"无法区别不同性质的文字，因为这种方法是共同的，即都是采用形音义的方式，把语言的听觉符号变为视觉的书写符号，正像有人说的："世界上所有的文字，都是以不同的形体记录语言的各个成分。"（王振昆、谢文庆、刘振铎1983：262）于是就必须转向第二个含义，指一个个具体的字。说"单个字记录语言"不通，因为"单个字"与语言是两个层面上不等级的单位。即单个字不与语言对应，只与语言的组成单位发生联系。所以确切地说，这种观点应该表述为"从文字（单个字）记录语言成分的方法上看"，也就是说，从文字基本单位与语言基本单位的关系上看，而这正是我们的观点。

4.2.2 第二种看法是从文字本身的结构看。如前所述，它只能揭示一种文字的构字特点，而非本质特性。把现代汉字说成是"音符意符记号"文字，只能说明现代汉字的构成多是意符加音符、意符加记号、音符加记号或者纯记号字。事实上文字的结构是由语言的结构决定的，语言要求文字反映它的变化，改变文字影响交际功能的因素，这也是一些国家文字改革成功的原因。所以，字的结构不反映文字的本质，更多地反映语言的特点。比如日本最初把汉字作为日文字母（表音符号），一句话有几个音节就用几个汉字来表达，这很不符合黏着语的特性，后来便产生了草书字母——平假名，另外又模仿楷书字体，切取其中一部分，形成日本楷书字母——片假名，进而形成音节文字。汉语是孤立语，才决定它采用一个个单字的形式来记录汉语，说穿了，只有语言单位与文字单位的关系，才决定了文字的本质特征。

那么，这个文字单位是什么呢？它就是记录语言单位的符号——字。它既不同于作为记录语言的符号系统，也不同于文字本身所使用的符号。因为前者是从文字记录语言的一般方法上看，后者是从文字本身的结构看。之所以出现文字学上的"字"的概念，显然是拼音文字和汉字比较的结果。而在字与字母、字与词之间的关系上，一向是争论最多的，到底是字与字母同级，还是与单词同级？裘锡圭（1988：16）在《文字学概要》中说："英文里几乎每个字都代表一个词，大家不是并没有把它看成表词文字，而是把它看作音素文字的吗？"很显然，这是拿汉字与英文字母组成的单词比，认为一个个汉字和一个个单词既有音又有义，不能给文字分类，所以只好看下一个层次——文字本身所使用的符号。其实字母和词不能互相代替，汉字也不能简单对应西文中的词。因为字符作为文字本身所使用的符号只能属于文字系统，不能属于语言系统。语言是听觉符号，其基本单位是词；文字是视觉符号，其基本单位是字。一个个汉字是汉字体系中的成员，而用字母拼成的一个个单词不是文字体系的成员，而是英语词汇中的成员，只有字母属于文字的体系。

4.2.3 总之，考察汉字性质的对象只能是文字的基本单位——字，要看用什么样的文字记录什么样的语言单位。方块汉字记录的是以音节为单位的语素，所以是语素文字，西文记录的是语言的音素或音节，所以这样的文字是音素文字或音节文字。

5　现代汉字的性质是什么

　　明确了考察对象和前提，汉字的性质就不难确定了。既然文字的性质要看文字单位与语言单位的关系，那就需要明确汉字与汉语之间的关系。

　　我们知道，文字是记录语言的，文字是用形体负载语言成分的音和义，所以只有形是文字独有的，它与语言的关系直接表现在音和义两个方面，这样文字的音和义与语言单位的音和义的联系就是我们考察文字性质的两个方面。

　　从音上看，汉字的字音所标示的绝大部分是汉语语素的声音，即一个字音与一个语素音基本对应，换句话说，在现代汉语中，一个语素基本对应一个汉字，所以语素文字便是现代汉字的性质。诚然，有些情况是两个字音或多个字音与一个语素对应，但这种现象不足以构成对语素对应汉字的影响，因此也就无法构成对现代汉字性质的影响。正像现代英语中并不是每个字母或字母组合都有发音一样，并不影响英语作为音素文字的性质，而且这种现象比起汉语来有过之而无不及。比如"bomb"中的最后一个"b"，comb 中的最后一个 b，robe 中的 e，eight 中的 gh，gingham 中的 h，bogh 中的 gh，等等。相反，汉语中两个或多个字音对应一个语素音的情况只限于双音联绵词和译音词等为数不多的词。

　　从义上考虑，汉字所谓的字义直接与语素义或词义发生联系。单音节语素的意义往往被看作字义，如山、水、人、木等。双音节或多音节的词义也往往与构字的字义相关。从这个角度说，现代汉字依然是表意文字。

　　综合以上两点，现代汉字可称为表意体系语素文字，古代汉字可称为表意体系的词文字。也就是说，无论古代汉字还是现代汉字，仍然属于"一个词（语素）用一个符号表示的表意文字。"

参考文献

[1] 布龙菲尔德. 语言论（中译本）[M]. 北京：商务印书馆，1980.

[2] 高家莺，范可育，费锦昌. 现代汉字学 [M]. 北京：高等教育出版社，1993.

[3] 汉字问题学术讨论会论文集 [C]. 北京：语文出版社，1988.

[4] 李禄兴. 现代汉字学要略 [M]. 北京：文津出版社，1998.

[5] 梁东汉. 汉字的结构及其流变 [M]. 上海：上海教育出版社，1959.

[6] 彭泽润. 普通文字学中的"字"及有关理论 [J]. 湖南师范大学学报（社会科学版），1994（1）.

[7] 契克巴娃. 语言学概论 [M]. 北京：高等教育出版社，1955.

[8] 裘锡圭. 汉字的性质 [J]. 中国语文，1985（1）.

[9] 裘锡圭. 文字学概要 [M]. 北京：商务印书馆，1988.

[10] 索绪尔. 普通语言学教程（中译本）[M]. 北京：商务印书馆，1980.

[11] 宋振华，刘伶. 语言理论 [M]. 沈阳：辽宁人民出版社，1984.

[12] 王伯熙. 文字的分类和汉字的性质 [J]. 中国语文，1984（2）.

[13] 王德春. 语言学通论 [M]. 南京：江苏教育出版社，1990.

[14] 王振昆，谢文庆，刘振铎. 语言学基础 [M]. 北京：中央广播电视大学出版社，1983.

[15] 姚孝遂. 古汉字的形体结构及其发展阶段 [J]. 古文字，1980（4）.

[16] 赵元任. 语言学问题 [M]. 北京：商务印书馆，1980.

[17] 周有光. 人类文字学刍议 [J]. 语言文字应用，1993（4）

[18] 周有光. 文字改革概论 [M]. 北京：文字改革出版社，1961.

[19] 高名凯. 普通语言学. 上海：东方书店，1954.

[20] 丁晓虹. 论汉字发展的阶段性 [J]. 浙江师范大学学报，1991（2）.

[21] 高明. 论陶符兼谈汉字的起源 [J] . 《北京大学学报》（哲学社会科学版），1984（6）.

[22] 孙钧锡. 中国汉字学史 [M] . 北京：学苑出版社，1991.

[23] 王宁. 汉字构形学讲座 [M] . 上海：上海教育出版社，2002.

[24] 张玉金. 当代中国文字学 [M] . 广州：广东教育出版社，2000

[25] 苏培成. 二十世纪的现代汉字研究 [M] . 太原：书海出版社，2001.

[26] 詹鄞鑫. 20世纪汉字性质问题研究评述 [J] . 华东师范大学学报（哲学社会科学版），2004.

[27] 吴玉章. 文字改革文集 [M] . 北京：中国人民大学出版社，1978.

（本文中的一部分曾以《试论现代汉字的性质》发表于《汉字书同文研究》第4辑，鹭达文化出版公司，2003）

现代汉字与现代汉字学

【提要】 随着现代白话文的推广和应用，随着文字生活中字量、字种等的改变，汉字的研究对象也在发生着变化，传统汉字学的概念已经难以包容新汉字研究范围，于是一个新的术语"现代汉字"和一门新的汉字学科"现代汉字学"也就孕育产生了。如何厘定"现代汉字"的界限，如何更系统、更深入地研究"现代汉字"及"现代汉字学"，是一个亟须解决的问题。本文在前人的研究基础上，从几个方面分析了研究现代汉字的必要性、现代汉字的研究范围以及现代汉字学应该包括的主要内容。

【关键词】 现代　汉字　汉字学

汉字的研究可谓源远流长。早在先秦时代，就有了对文字的解释，比如《左传·宣公二年》："夫文，止戈为武。"《宣公十五年》："……故文反正为乏。"《韩非子·五蠹》："古仓颉之作书也，自环谓之私，背私谓之公。"到了汉代，汉字的研究从零星的、无系统的散论变成了条理的、系统的学科。从事文字研究的人很多：刘向、刘歆、扬雄、贾逵、班固、郑众、许慎……其中许慎的《说文解字》被公认为我国的第一部字典。汉以后的各个朝代，对汉字的研究几乎没有停止过。

1 现代汉字与传统汉字

1.1 现代汉字是以形声为主要造字方式，以楷书为通用印刷体，基本上采取语素—音节原则来记录汉语的一套符号系统

1.2 现代汉字是从古汉字基础上发展起来的，它沿袭了以字写词（或语素）、字词（或语素）对应，综合表示词（语素）的音义原则来记录现代汉语

按照一般的说法，认为汉字中10%左右是象形字、指事字和会意字，有90%左右是形声字（这是从造字法上说的，从构字法的角度来说，比率远没有这么高）。这些字大部分源自古代汉字，只有一小部分是新造字，所造字也有一部分采用了形声的构字方法，例如：炸、烤、咖、啡、氧、砸、猹、叼、癌、腺、碘、胺、傣、酯、吨、哎、哟、撂等。可以看出，现代汉字从个别符号到造字方法，依然保持着以形声为主的结构特点。

1.3 汉字从产生以来，形体不断地演变和简化，其结果使汉字在不同的时代呈现了不同的形体

在近四千年的过程中，出现过甲骨文、金文、大篆、小篆、隶书、楷书、草书和行书八种形体。甲骨文通行于殷商，因刻在龟甲兽骨上而得名，已经考释的有近千个。因为当时的书写工具是刀笔和骨板，所以笔画细瘦，圆转和方折相间，字形大小不一，往往因笔画多少而异，字的形体结构也不够定型，同一个字的笔画，有时繁简悬殊，异体字很多。金文主要通行于西周，多见于周代的钟鼎等青铜器上，又名"钟鼎文"，已经考释出的有两千多字。由于多铸在青铜器上，笔画比甲骨文丰满粗圆。金文的形体结构仍不够定型，笔画比甲骨文简化一些，异体字也比甲骨文少一

些。大篆是通行于春秋战国时代的一种字体，也叫"籀文"，大篆结构工整，笔画均匀，圆转弯曲。小篆是秦代在大篆基础上统一的标准字体，小篆是大篆的简化和整理，去掉了一些繁杂和重复的部分，淘汰了不少异体字，保留了篆书的圆转笔画特征。隶书是由小篆的省略快写而形成的一种字体，是汉字历史上一次空前的大简化，从出土文物看，它主要由古代奴隶、工人差役（皂隶）、小官吏等书写发展而成的。隶书在汉代是正式字体，后来的隶书经过艺术加工和美化，在笔画方面添了波势和挑法（弯钩）。用点、横、竖、撇、捺等笔画改写篆书所发生的变化叫"隶变"。可以说隶变像一把利刃，将文字划分为截然不同的两个阶段：古文字阶段和隶楷阶段。

1.4 楷书兴于汉末，是隶书的简化或变体，比隶书更便于书写，楷书又称"真书""正书"

"楷"是可作模范榜样的意思。楷书盛于魏晋南北朝，它吸收隶书结构匀称明晰的优点，把隶书笔画的波折改为平直，把形体的扁平改为方正。楷书出现后，方块汉字就定型了。它一直沿用到今天，成为通用时间最长的标准字体。随着印刷术的发展，楷书又有印刷体和手写体两种，常见的印刷体有宋体（老宋体）、仿宋体、长仿体、正楷体、黑体等。草书在汉初时出现，由秦隶连笔快写而成，从历史演变来看，有章草、今草和狂草三种。行书始于魏晋，是介于草书和楷书之间的一种字体，它简化楷书笔画，兼采草书连绵笔法。写得稍微规矩一些，接近楷书的叫作"行楷"；写得放纵一些，接近草书的叫作"行草"。行书比楷书简便，比草书易写易认，所以直到今天还是手写应用极为广泛的一种字体。

1.5 现代汉字的字体在魏晋南北朝时就已经定型了，但这并不等于说魏晋南北朝时的楷书就是现代汉字，因为它还必须采取语素—音节的原则记录现代汉语

在现代汉语中，单音节语素占绝大多数，通常一个汉字就是为一个单音节语素造的。汉字的书写单位就是一般所说的字，每个字通常念一个音节，像"儿"起儿化作用时不能自成音节，"浬"（海里）、"瓩"（千瓦）一个字两个音节的情况极少，而且也都不再是规范的现代汉字了。

2 研究现代汉字的必要性

2.1 研究现代汉字是科技发展的需要

对现代汉字的重视和研究是近些年才开始的。过去对汉字的研究主要侧重于古代汉字，即甲骨文、金文、小篆等，侧重于对文字起源、结构、形音义的演变的研究。在古代，这种研究主要是为读经、解经而服务的，是在古籍整理中发展起来的，是经学的奴婢，许慎首先是名噪一时的"五经无双许叔重"，然后才是《说文解字》的编撰者。以后许多文字学家也都致力于《说文解字》的注释和研究，用《说文解字》考古字、考今字、考方言、考俗语。到了现代，对古文字的研究方法和内容并没有实质性的改变。近些年来，由于科技发展的需要，促使文字工作者不得不从现代汉字这个角度出发，在汉字信息处理、规范化和标准化、教学效率等方面做深入细致地探讨。

2.1.1 科技的发展要求提高汉字的运用效率。汉字运用包括阅读、书写、检索、教学等。

阅读方面，由于汉字是一个个孤立的形体，所以需要一个个记忆、背诵，掌握了每个汉字的正确书写方法后，并不等于解除了阅读中的障碍。即使认识了3755个最常用的汉字（国标一级字），有些幼儿读物中的常见字依然是阅读的障碍，如：蝙蝠、狒狒、蛔蛔、猢狲、獾、（尺）蠖、（斑）鸠、蝌蚪、蟋蟀、喵、哞、蜻蜓、蚯蚓、螳螂、喔、蟋蟀、蜥蜴、鼷（鼠）、莺、鹦鹉、蚱蜢等。所以我国学生大量阅读一般要等到初中或高中以后。而拼音文字情况不同，拿俄罗斯的小学课本与我国的相比较就可看出端倪。俄罗斯的小学课本共三种：《识字课本》《语法课本》《阅读课本》。而《识字课本》仅在小学一年级第一学期使用，之后就同时使用《语法课本》和《阅读课本》。《阅读课本》共四册，翻译成中文 73 万字，内容有古典名著、科学常识、历史地理等，而中国的小学制六年课本总共才 25 万字，阅读部分很少，仅限于一些简单的寓言、故事、歌谣、谚语等。

教学上，由于汉字的种种困难，使得我国初期语文教育普遍滞后于先进和发达国家，大量时间花费在字体的学习与掌握上。书写问题则更加突出。汉字笔画繁多，结构复杂，书写困难。尽管经过一番整理和简化工作，但还有相当一部分字笔画偏多，如霸、露、繁、髓、爨、齼、赣等；汉字的结构也很复杂，合体字要分出偏旁部首，先写哪一部分，后写哪一部分是固定的，哪部分占多大面积、在哪个位置也不容随意变更，有些看似简单的字却不易书写，如凹、凸等。

检索方面，汉字自动检索虽然已经十分普遍，但是由于汉字本身的特点以及汉字数量的庞大，使得汉字检索依然是一项比较艰巨的任务。对于不能认读拼音的汉字来说，只能依靠汉字字形的因素和字形的特征，检索方式既多且烦，笔画、拼音、著者、类别，其中笔画又有笔画数、起笔笔画、一笔笔画、两笔笔画等不一而足。

2.1.2 科技发展要求提高汉字的应用效率。汉字的应用指汉字在技术领域中的利用。随着电子计算机的应用与普及，人类社会对语言文字的信息处理提出了许多新的要求，传统的语言文字应用领域正逐步被计算机软件的应用所代替，汉字的信息处理要求人们对汉字展开更多的研究。

技术应用中汉字的基础研究。它包括许多研究内容：通用字量、常用字量、次常用字量和罕用字量；不同语体、不同学科用字量；繁体、异体、简体的用字量；笔画数和笔画分布；综合字频统计；构成汉字的字素；不同语体、不同学科的字频统计；字的使用频度和流通频度；高频字的选取；同音字、多音字、形声字；构词能力；字义频度和分布……

2.1.3 汉字属性的研究。汉字字形、读音和输入编码等方面的特征都属汉字属性。各种输入方法的研究与运用，无论是音类、形类或形义结合类，其输入编码的制定都利用了汉字字音、字频、构词能力等多方面的属性。其中的形，包括汉字的笔画、部首、起笔、笔画数、字素等；输入编码包括国际编码、四角号码、电报码等。汉字属性常用在情报检索与管理、人事档案管理、经济信息管理、办公自动化、印刷排版等各种事物处理领域。近几年来，汉字识别的研究，使得汉字属性的应用更加重要了。

2.2 研究现代汉字是汉字学科自身发展的结果

为了赶上信息时代，汉字由于各种因素也在不断变化和发展。以字形来说，简化是汉字发展的总趋势，不仅线条简省，而且不断产生着简化字。这些简化字起初产生在民间，用在民间，用在手写体上，尤其是草写体中。《简化字总表》有许多都是直接从草书中借用过来的，如"长、对、时、东、易、夹、乐、麦、孙、书、学、为、爱、罢、参、带、单、当、动、断、会、尽、娄、仑"等。这些字成为正体后，要求人们去研究它、解释它。显然，单从六书出发，单从古代汉字学的角度出发，很难给这些字一个合理的拆字方法。另外，即使是形声字，有的形旁和声旁也难以辨别，比如"金"从土今声，"年"从禾千声，"布"从巾父声，"在"从土才声……对于这些字，知道不知道是否形声，对于记忆来说已没有多大必要了。汉语常用字3500个，通用字7000个，单就1964年的《简化字总表》而言，就有简化字2238个（尽管并不完全包容在常用字或通用字之中），这对汉字结构是个巨大的冲击。虽然有些字仍可用传统六书方式去解释，如小土为"尘"，火上加一横为"灭"，土火为"灶"等，但数量十分有限，有相当一部分字成为特殊字形：

标记符号：區—区 義—义 風—风

特征字：奮—奋 婦—妇 豐—丰

轮廓字：马龟鱼虎豕虫山

在信息处理的字形编码中，这些字如何分解，有许多争论。所以必须对现代汉字重新认识，并做出统计、概括，从一个新的角度去开拓研究领域，这正是现代汉字学所要解决的问题。

2.3 社会、时代要求汉字规范化、标准化

我们知道，甲骨文、金文中一个字往往有多种写法，构字字素的位置也可以有多种，这是由当时书写工具、材料、文字特征所决定的。发展到今天，社会、时代、科技要求汉字趋向规范化、标准化。从科技的角度来说，汉字与计算机紧密结合，从编码、输入、存贮到输出、打印，都需要标准化模式，都需要一个规范的、标准的字形。从社会的角度来说，近年来我国对外交流日趋频繁，汉语汉字在国际交往中的地位日益提高，作用日益加强。汉语在联合国成为六种工作语言之一，这就要求汉语和汉字朝着规范化、标准化方向发展。其实文字作为约定俗成的符号，本身就具有社会性，只有规范化、标准化，也才能使它更好地为全社会服务。从时代的角度来说，各国为推进政治、经济、文化的发展都在制订语文政策。而中国目前语文政策的制订，就离不开对现代汉字的认识，如汉字的性质特点、汉字的难易与文化普及、汉字的发展方向、汉字工作的经验教训等。

3 现代汉字的研究范围

现代汉字的范围很广，应用也很普遍。可以说，只要与现代汉字有关的研究，都可以纳入现代汉字学的研究之内。不过粗分一下，它可以包括三个方面：一是现代汉字自身的研究，二是现代汉字的运用研究，三是现代汉字的应用研究。

3.1 现代汉字自身的研究

现代汉字自身的研究，即有关现代汉字的理论研究，主要指汉字的性质、范围、特点、字音、字形、字义等。一方面它可以帮助人们正确了解汉字，另一方面也帮助人们正确运用汉字。

汉字是一种什么性质的文字？古代汉字与现代汉字的性质是否相同？目前学术界讨论较多的是古汉字的性质，或者泛泛称为汉字的性质，缺乏对比的研究。实际上现代汉字与古代汉字已经表现出了很大不同。首先是形体的区别，古汉字保留着较多的图画性质，即所谓的象形特征，如"日"字是太阳形，"牛"字是牛头形，"虎"字是老虎形，尽管小篆的形象性有所减弱，线性特征有所增强，但依然属于表形的范畴。其次从汉字和汉语的关系看，古汉字记录古汉语，字与词基本对应，现代汉字记录现代汉语，字与语素基本对应，字义与词义的关系也表现出了多样性。另外，字的结构方式也发生了很大变化，古汉字可以明确地按六书进行分析，象形、指事、会意、形声各有所属，而现代汉字中记号的比重增大，包括了象形、指事、会意、形声中的许多字，如山、水、鱼、火、马等典型的象形字。不懂古文字的人也能辨认出甲骨文符号所表示的这些词的意义，而处在现代汉字体系的这些字，丧失了象形的特征，变成了纯记号；更、寺、罔、台等字在古汉字中是形声字，在现代汉字中却已经无法分辨其形旁与声旁了。所有这些变化，势必要影响到文字性质的变化，现代汉字必然表现出与古汉字不同的性质。剩下的问题便是如何认识这个性质了。

现代汉字的特点包括了它的优点和缺点两部分，可以说，汉字的优点和缺点差不多是共生的，甚至是相辅相成的，这样说也符合唯物辩证法的观点。汉字特点的研究，是近年来的热门话题，涌现出了许多新的提法、新的观点。许多人从不同的角度得出了不同的认识。从书法角度，有人说汉字是世界上唯一可以成为书法艺术的文字，这是它的特点；从神经心理学的角度，有人提出它是复脑文字，这也可以成为它的特点；从文字符号性的角度，有人说它具有超时空性，这同样是它的特点，不过这个特点不独为现代汉字所有，而是所有的文字所共同的。总之，从语言学、信息学、认知心理学、实验心理学、神经心理学等不同学科出发，研究汉字的特点是新尝试、新探索，相信这种尝试和探索对于正确认识汉字是有裨益的。

现代汉字的范围从历时角度来说，即现代汉字与古代汉字的分水岭在哪个时期，这是研究现代汉字学的立足点和出发点。它既是现代汉字学的问题，也关涉古汉字学的问题。因为如果现代汉字的范围宽泛了，那古汉字的范围就会缩小；反之，现代汉字的范围窄小了，古汉字的范围就会宽泛。"古文""古文字"的名称古已有之，远在汉代，人们就把当时不通行的先秦文字称为古文或古文字。许慎在《说文解字·叙》中说："郡国亦往往于山川得鼎彝，其铭即前代之古文。"班固在《汉书·郊祀志》中说："张敞好古文字。"关于古文字的下限，学术界尚无明确而一致的看法。从广义上说，楷书以前的汉字均可称为古文字，也就是说，秦汉的隶书也在古文字范围之内。然而从文字形体上来考察，我们倾向于把小篆作为古文字的终结，小篆以后的文字称为隶楷文字，但这还不是真正意义上的现代汉字。研究现代汉字的范围，就要研究汉字形体、结构的变化，切实总结出划分的依据。

如前所述，现代汉字的形体较古汉字发生了很大变化，那么字形的研究也就不应该仅仅局限在传统六书的造字方式上，而应该有新的突破。以往人们使用"字形"这个术语，所指并不完全相同，一种指汉字的字体，如甲骨文、金文、篆书、隶书、楷书的区别在于字形有差别；一种指汉字的结构，如是独体的文，还是合体的字，合体字从字形上分，又有偏旁组合的多种方式，这里的"结构"，又包括结构单位、结构层次、结构关系、结构模式等。同是甲骨文、金文、小篆、隶书、楷书，每个字的字形是不同的。字形是字记录语言中词或语素的音义载体，现代汉字怎样由它的成形线条构成字素，字素又如何构字，这就需要对汉字的结构进行剖析。现代汉字字形的研究，在文字学领域和信息处理领域取得了丰硕成果，出现了多种析字方案，使汉字字形的编码呈现出百花齐放的局面。

所谓"字音"和"字义"，是指"字所记录的词（语素）的声音"和"字所记录的词（语素）的意义"。古代汉字学侧重微观的研究，即对某个字、某组字的考释，现代汉字学更注重宏观上的研究。运用科技手段进行量的统计，把握现代汉字字形与音义之间的联系，以及字音、字义的总体特点。比如有人研究声旁的表音功能，统计汉字的构词频度，研究字义与词义之间的联系类型，尤其是复合词中字义与词义之间的关系等等。

3.2 现代汉字的运用研究

现代汉字的运用无所不在。它虽不属于汉字自身的研究，却也是不可忽视的内容。包括汉字字量、阅读、书写、教学、排序等。

现代汉字研究区别于古汉字研究的一个重要方面是越来越注意量的研究，这个"量"，既指汉字的数量，又指在每个问题上的量化分析；既指汉字的总体数量，又指汉字的使用频度。在字量研究上，越来越注意对使用状态中的字的研究，从静态的储备状态的字，到动态的流通状态的汉字研究，是现代汉字研究的显著特征。古汉字学大多总结静态的字量，结果字典一本比一本厚，字数一本比一本多。《说文解字》收字9353个，《字林》收字12824个，《字汇》收字33179个，《康熙字典》收字47043个。现代汉字的研究更侧重于从使用的角度看汉字，重视字的频度统计与分析，这对汉字教学、信息处理是十分重要的。

对文字阅读的研究，包括阅读速度与文字信息量关系的研究、文字视觉分辨率的研究、文字占据空间的研究以及文字与语言要素的结合度研究。为了大力开发信息资源，广泛获取知识，也为了更深入地认识汉字特点，比较汉字与西方文字的差异，应该加强这方面的研究工作。与其他方面的研究相比，这方面的研究还是相对薄弱的。

汉字教学包括识字教学和写字教学两个方面。学好汉字是学好语文的基础，也是学好其他学科的关键，汉字教学的研究虽有很悠久的历史，但为了迅速扫除文盲和改进中小学语文教学的现状，我们仍然需要在这方面下大力气。

字序是指现代汉字的排列次序。汉字的字形结构复杂，表音功能差，使得汉字排序工作变得很艰难。尽管长期以来不少人从事这方面的研究，但到目前为止，几乎找不出一种无可挑剔的排序法，然而排序在汉字运用中的地位又是举足轻重的。它直接关系到编排工具书索引、编排图书资料、档案目录以及研制电子计算机输入汉字的编码方案等各个方面。

3.3　现代汉字的应用研究

汉字的应用指借助于机器、设备对汉字符号进行处理的科学技术，尤指汉字的信息处理。它是中文信息处理的一个关键部分，包括汉字的编码、输入、输出、汉字的识别、汉字的频率统计等。文字作为最古老的交际工具之一，已经和最先进的电子计算机结合起来，这种结合，使文字不仅是"人际"交流的信息工具，同时也成为"人机"沟通信息的纽带，汉字使用范围和功能上的变化，使文字具有的功能产生了质的飞跃，汉字在信息处理中的功能究竟如何，这是汉字研究的新课题。

4　现代汉字学已成为一门独立学科

汉字学的历史也是十分悠久的，清代末以前，一直把研究汉字的学问称为"小学"。《汉书·艺文志》中说："古者八岁入小学，故周官保氏，掌养国子，教之六书。"《说文解字·叙》说："周礼，八岁入小学，保氏教国子以六书。"所谓"六书"，就是文字。可见，"小学"因文字是小学教学科目而得名，后人便用以指称研究文字的学问了。汉代以来1800多年间，汉字学的历程是光辉的，成果是丰硕的。然而，社会和科学是不断向前发展的，新事物、新现象的产生或出现，要求人们去认识、去研究。汉字应用到今天，无论在形体结构上，还是在读音、意义上都发生了很大变化，于是越来越多的人开始着眼于现代汉字的研究，无论在研究方法上，还是在研究对象、内容上都有了新的突破。研究成果日渐丰富，理论也更臻成熟，以致有人呼吁建立以研究现代汉字为主的新学科——现代汉字学。

研究现代汉字的学问被称为"现代汉字学"，这个名称是1980年周有光在《现代汉字学发凡》中提出来的。事实上，历史上就曾有人对当时的汉字状况进行研究，不过只限于编纂字书而已，如唐代的《字样》书。民国初年又有人尝试改进查字法，提倡简化字，后来进一步有小学用字统计、汉语常用字研究等。1962年，文字学家唐兰就呼吁过展开"近代文字学"（意即"现代汉字学"）的研究。

"现代汉字学"这个短语，从语法的角度看，可以作两种切分：现代/汉字学和现代汉字/学。采用哪一种切分方式。牵涉到对现代汉字研究的认识问题。

现代/汉字学与古代/汉字学相对应，是汉字学在时间上的断代。现代/汉字学可以理解为"现代的汉字学研究"，它可以包括古汉字的研究，也可以包括现代汉字的研究。

现代汉字/学与古代汉字/学和外族汉字/学对应，是从研究内容上区分的。现代汉字/学可以理解为"研究现代汉字的学问"，而古代汉字/学可以理解为"研究古代汉字的学问"，外族汉字/学可以理解为"研究外族汉字的学问"。应该说，它们都是汉字学的一个分支。文字是记录语言的书写符号，汉字是记录汉语的书写符号，古代汉字是记录古代汉语的书写符号，现代汉字是记录现代汉语的书写符号，外族汉字是用汉字记录外族语言的书写符号。现代汉字与古代汉字和外族汉字在字形、字音、字义上都有明显的差异。依据研究对象的不同，即使在古代汉字、现代汉字和外族汉字内部，也还可以细分。比如古代汉字又可分出：甲骨文、古金文、古玺文、春秋文字、战国文字、秦汉文字……现代汉字又可分为：繁体字、简化字、新造字……借用汉字字形的文字又可分为：越南的喃字、广西壮族的僮字、古代西夏的西夏字、契丹大字、女真大字、日本假名、朝鲜谚文……

由此可见，现代汉字/学包含在现代/汉字学之中，它属于"现代的汉字学研究"。它的侧重点在现代汉字上，研究它的性质、范围、特点、形音义等。

参考文献

[1] 周有光. 现代汉字学发凡 [M]. 语文现代化，1980（2）.

[2] 苏培成. 现代汉字学纲要 [M]. 北京：北京大学出版社，1995.

［3］苏培成．二十世纪的现代汉字研究［M］．太原：书海出版社，2001．

［4］高家莺，范可育．建立现代汉字学刍议［J］．上海师范大学学报，1985（4）．

［5］孙钧锡．中国汉字学史［M］．北京：学苑出版社，1991．

［6］王凤阳．汉字学［M］．长春：吉林文史出版社，1989年．

［7］詹鄞鑫．汉字说略［M］．沈阳：辽宁教育出版社，1991．

［8］张静贤．现代汉字教程［M］．北京：现代出版社，1992．

［9］高家莺，范可育，费锦昌．现代汉字学［M］．北京：高等教育出版社，1993．

现代汉字的范围和特点

【提要】 现代汉字的范围和特点，是现代汉字学研究的基础，只有明确了特定的研究对象，才能更深入地开展学科研究，对于现代汉字的研究尤为如此。在现在汉字的范围和特点上，我们还存在很多争议。本文从隶楷阶段后的汉字分析开始，对于哪些字可归为现代汉字，哪些字需排除在现代汉字之外，做了比较明确的说明。同时针对汉字的特点的分析，进一步印证这个范围和界限的合理性。

【关键字】 现代汉字　范围　特点

汉字的形体既然经历了很多阶段的演变，依据时代标准，可以划分成四系：（1）殷系文字，以甲骨文为代表；（2）两周系文字，以金文为代表；（3）秦系文字，以小篆为代表；（4）隶楷文字，由秦至今。四系文字可分成两个大的阶段，即古文字阶段和隶楷阶段。前一阶段起于商代，终于秦代，后一阶段自秦末一直延续到现代。

1　现代汉字的范围

古文字阶段的汉字当然不属于现代汉字，隶楷阶段的汉字也不完全是现代汉字。由秦至今，文字形体上虽然没有太大的改变，但在结构、意义以及记录汉语的方式上却发生了显著变化。在这漫长的两千多年里，汉字又可分成两个阶段，即近代汉字和现代汉字。

1.1　文言文与白话文的分界点——1919年的"五四运动"为这种阶段的划分提供了可能和依据

大量白话文的出现使得用字发生了巨大变化，相当数量的古汉语用字成了死字，代之以新字的不断产生，在常用字数量上，"五四"前后截然不同。古汉语"之乎者也"的频度非常高，而到了现代汉语则不然。据《三千高频度汉字字表》统计，百字中"之"的频度是0.2467，"乎"为0.0203，"者"为0.1259，"也"为0.3174，而现代汉语中的"的"则高达4.0855，占第一位。记录古汉语的字和记录现代汉语的字可以以此为分水岭。

1.2　从汉字和汉语的关系看，古汉语单音节占优势，一字一词，一词一字，字义即词义，汉字基本上对应语言中的词

现代汉语中多音词（双音词）数量增加，至少可以与单音词平分秋色，一个词往往用两个或多个汉字来书写，词义一般不是字义的简单相加，汉字和汉语的适应程度已有所变化。此外汉字的读音和意义古今差别也很大，比如"暗"从"音"声，"涤"从"条"声，"答"从"合"声等。再如"好"，本义为"貌美"，《史记·滑稽列传》中有"呼河伯来，视其好丑"的句子，现在"好"指"优点多、使人满意"，跟"坏"相对。又如"骄"，从马乔声，古义为"六尺高的马"，今义与古义完全不同。

1.3　字形越来越丧失其理据性也是古今汉字的一大差别

尤其是新中国成立后简化汉字成为正体字，汉字的符号化进一步加强。例如"鸡"，如果在近代汉字阶段还可把"鸡"分析为形声字的话，

到了现代汉字只能算半个形声字了。

有人认为古代汉字与现代汉字的区别在于是否以形声字占多数为标准，即以"形声"划代。认为"古汉字大多属于象形、指事、会意字"，"现代汉字大都属于形声字"，其实这是欠考虑的。因为早在周代，特别是春秋战国时代，形声字增加的速度就超过了表意字，形声字的数量也就占了多数。小篆更是如此。《说文》所收9353个小篆中，形声字的数量就占了80%还多。据清代朱骏声《六书爻列》统计，形声字约占82%强，如果把所谓"兼形声"的象形、指事、会意字也算在内，比率便可提高到86%。南宋郑樵对两万多个汉字的结构做过分析，认为当时的形声字比重已超过90%。据此，如果一定拿形声作为依据，也只能区分春秋时代用字与春秋以前的用字。此外作为汉字造字方式的一种，形声不宜作为划代的根据。如果以造字方式区分的话，也应该综合起来考虑。比如以简化字的省略、改形、代替、新造与传统的象形、指事、会意、形声相比较，把现代汉字中的简化正体字与古汉字或近代汉字区别开来。从造字方法上看，近代汉字、现代汉字没有太大差异，区别在于音义两方面。现代汉字是记录现代汉语的一套符号系统，它的字音和字义是由书写的词音（语素音）和词义（语素义）决定的，一个字从结构、形体上看，可以是古今同一的，但从音义上看，往往有一定的差异，现代汉字的字音反映了现代汉民族共同语的音系，字义反映了现代汉民族共同语的语义系统。

1.4 我们以时代为标准为汉字做了分类，划定了阶段，厘定出了现代汉字，那么以"现代"作为切口，从横的方面看，它又包括哪些类别呢

从形体结构上说，现代汉字多源于古代汉字，因此古今通用字是构成现代汉字的主体，再加上后起的新造字如"氕、铵、铀、氦、硅"等和简化字如"实、宝、义、军、态"等就构成了它的全部。

专门的古汉语用字不能算作现代汉字，但它们可以进入现代汉字体系。现代汉字体系指书写现代汉语的所有字的总和。比如用现代汉语写成的古文字论文、历史剧、考古文献等中都要用到大量古汉字，但这些专门的古汉语用字决不属于现代汉字。

外族语言用字也不能算是现代汉字。因为现代汉字要具备三个条件：以形声为主要造字方式、以楷书为通用印刷体、基本采取语素—音节原则记录现代汉语。外族语用字显然不符合这些条件。进入外族语言的汉字只是形体相似，读音已进入该民族音系，不可能是形声字，也不可能采用语素—音节原则记录该民族语言。退一步说，即使如此，它所记录的也不是现代汉语。拿日文来说，日文属于音节文字，每个音节都有一个固定的文字符号，文字是表示语言中音节的。而汉语体系的语素—音节文字不同，从文字体系来说，还处于传统文字学所说的表意阶段（字词对应），文字所记录的音节只是语素的音节，是以语素为记录单位的。一个音节可以用多个文字符号记录。比如"shi"，可以有"是、士、仕、视、事、侍、世"等不同的汉字。这是两种截然不同的文字体系，不能混淆。

2 现代汉字的特点

现代汉字的特点一方面指它区别于别种文字的不同之点，另一方面指它区别于古汉字、近代汉字的不同之点。后一方面我们在上文已有论述，这里着重谈第一方面。

2.1 汉字是二维度平面构形的文字

拼音文字绝大多数是线性的，即在单维空间上延展它的长度。个别也有呈方块形的，如朝鲜的谚文，但汉字与谚文不同，谚文方块里面是拼音的字母，而汉字方块里面是笔画和笔画组合（字素）。方块体汉字的特点决定了汉字是二维的，它不是沿直线平面展开，而是在立体空间里向四个方向展开。字符可以左右方向排列，也可以上下方向排列。例如："暂时"两个字，"暂"由字符"斩"和"日"上下组合而成，"时"由字符"日""寸"左右组合而成。如果进一步分析，"斩"又由字符"车""斤"左右组合而成。这种二维度空间的构形方式，为汉字字符的组合提供了多种互相区别的因素。不同的字符可以构成不同的汉字，这是最普通的区别方式，除此之外，相同的字符也可以构成不同的汉字。

2.2　现代汉字具有一定的表意性

表意性可以从两方面理解：

1. 字形与字义相联系。从图画文字发展过来的古汉字，有不少保留了明显的图画意味，经过隶变和楷化，尤其发展到现代汉字阶段，图画意味消失了。不过仍有大量的字能说出构字道理，尤以形声字的形旁为代表，其本身的意义与字义在不同程度上保持着一定联系。如"手"部字，一部分表示与手有关的名称，如指、掌、拳；多数表示与手有关的动作，如"推、拉、拿、抓、握、揉、拽、搂"等。有些会意字形义统一也很明显，如小土为"尘"，三人为"众"，两手分物为"掰"，日月为"明"。从学习和使用的角度说，形义比较明显的字自然方便，形义联系不明显或者说不清的字只能靠死记，为了减轻记忆负担，有人人为地设想了一些联系，即所谓的"俗文字学"。比如"裕"，《说文》中说："衣绕物也，从衣谷声。""裕"的现代常用义是"丰富、宽绰"，为了教学方便，有人把它分析为从衣从谷，又把谷看作五谷，讲成丰衣足食，这种讲法带有很大任意性，容易产生流弊。

近年来，不断有人强调汉字的联想功能，说"汉字是发展联想的积木、七巧板、万花筒，是开发智力的魔方"。事实上联想是一种心理活动。识汉字的人也许认为"笑"的字形就像眉开眼笑，"哭"的字形就像眼泪汪汪的样子，而一个不识汉字的人根本就不会有这样的联想。可以说这种联想是字义与所代表事物之间的一种条件反射，它带有很大的主观性，常常因人而异。汉字是记录汉语的符号，是辅助汉语进行交际的工具，联想不是汉字固有的属性和职能，更不是汉字的特点。

2. 字义与语素义相联系。现代汉字中大多数字所记录的语言单位是语素，语素是最小的音义结合体，因此大多数汉字被认为有意义。汉字的字义与词义之间存在着密切的联系（有时则是完全一致的），汉语词义中包容着字义的内容，所以认知字义后很容易明白词义，有时可根据字义推知词义，无需翻阅辞书。从这一点上说，汉字的字义控制了汉语词汇量的扩增。

近年来讨论的"汉字字量算不算大"的问题，直接与汉字的这个特点有关系。按照传统，我们说汉字的字数多，结构复杂，难学、难记、难认。不过也有人持相反的观点，认为"汉字字数不算多"，"（汉语）常用词（应该说成常用字，笔者注）约 2400 个，其出现次数占总次数的 99%，如果一个人认识了这 2400 字，一般白话文的书报刊物上的字他认得 99%。英文《牛津大字典》有 60 万个词……汉语中常用词有人估计为 4 万条，那就比英语词汇少得多了"。其实这段话的意思是：认识了大部分汉字之后，就容易掌握汉语词汇，而汉语词汇比英文少得多，所以 2400 个汉字相对于 60 万个词（其实常用词远没有这么多）来说是个小数。如果真是这样，我们的汉字便用不着改革和简化了。事实并非如此，我们记忆 2400 个字形包括意义以及 4 万多词条所花费的精力远比学拼音文字的人要大。那是因为文字的不同特点决定的，汉字的字形与字义是约定俗成的关系，明确了语言中的声音并不能据音求形，如果拿 2400 个汉字与英文 26 个字母来比的话，我们要先学会 2400 个字（尽管它与语素义、词义相联系，但联系毕竟不是等同），再去拼词；而英文只要拿 26 个字母直接去拼就可以了，何况英语是音素文字，多数可以因声而求形。单说这 2400 比 26，这是多大的差距呀！

2.3 同音字、多音字数量大

普通话有 1200 多个音节，现代汉语通用字为 7000 个，那么平均每个音节有 5.8 个汉字。当然，同音字的分布并不是这样均匀，但同音字的数量可想而知，单"yi"这个字节的拥字量就达 135 个之多。

多音字与同音字就像一对孪生子，据统计，《新华字典》（1971 年）有 734 个多音字，占总字数的 10% 左右。《现代汉语常用字表》中的 3500

个常用字,多音字占405个,占总字数的11.6%。《辞海》(1979年)有2641个,占总字数11834的22%。

同音字、多音字数量大的特点是由汉语的特点决定的,因为汉语语素的数量远远大于音节的数量,这样就只能在同一个音节分布不同的语素,这就造成了同音字。反过来说,如果区分不同的语素义,用不同的音节来代表,也是一种常见的方法,这样就势必造成多音字的增加,例如"调"字有两个音,一个音读diào,表示"调动""分派""访查""曲调、语调"等意义,另一个读音为tiáo,用于"使(配合得)均匀、和谐""调整"等意义。

同音字、多音字数量大的特点,决定了学习汉语和汉字的难度,尤其是在对外汉语教学中,留学生常常会感觉负担比较重。很多字都读同一个音,而在书写上又完全不同,同一字在此处读一个音,在彼处读另外一个音,要时时刻刻区分清楚。

2.4 字符中的记号成分在增多

有人对2500个常用汉字的结构做过分析,得出结论:记号意音字占0.2%,记号意符字占11.44%,记号音符字占5.24%,记号字占21.44%,含有记号的字占38.32%。苏培成从构字法的角度把现代汉字分为7类。(1)独体表意字。(2)会意字。(3)形声字。(4)半意符半记号字。(5)半音符半记号字。(6)独体记号字。(7)合体记号字。从中可以看出,含有记号成分的汉字有4类之多,占了总类别的一半还多。

现代汉字由于字形已经楷化,失去了原来图画性、象形性的特征。例如"日""月""人"等字,原来是象形字,现在完全看不出其形与义之间的任何联系了。一个明显的证明就是,让一个从来没接触过汉字的人,猜测一下甲骨文的"日"和"月",大概30%以上的人能够猜测出来,而现在的字形则完全猜不出来。所以这类字明显成了一种记号,这也符合文字发展的根本特点。另外就是形声字中的形旁和声旁有些失去了其表义和表音的特征,也会变成记号。

汉字的其他特点，现代汉字仍然具备，例如具有一定的超时空性、结构复杂、具有书法的审美特质等等，这里就不详述了。

汉字的特点既包含了其优点也包含了其缺点。汉字的优点与缺点同在，使它对汉语和汉语社会既有适应的一面，也有不适应的一面。汉字的适应性表现在：1. 方块汉字与带声调的音节基本对应，很适合汉语孤立语的特点。具体来说，方块汉字表音功能差，而汉语音节恰好没有内部屈折；方块汉字标音手段抽象笼统，而汉语音节并不黏着多变的别义附件。2. 汉字结构变化多、数量多，具有较强的再生力，可以基本适应汉语词汇的发展。3. 汉字可以分化多义音节。汉语音节数少，语素数多，所以汉语音节往往是多义的，不同意义的音节用不同的汉字书写，汉字便起了分化多义音节的作用。与此同时汉字也有不适应的一面，表现在汉字表音率的下降，偏旁标义作用的减弱或消失，标音写义功能的衰弱等。对于现代科技的发展，汉字也出现了不适应，比如言语工程学的语音合成，电讯设备汉字编码效率低等。

我们认为，对文字持高低优劣论观点是错误的，对于语言和社会，任何文字制度都有适应和不适应两个方面，非汉字独然。

参考文献

[1] 裘锡圭. 文字学概要 [M]. 北京：商务印书馆，1988.

[2] 裘锡圭. 汉字的性质 [J]. 中国语文，1985（1）.

[3] 费锦昌. 汉字研究中的两个术语 [J]. 语文建设，1989（5）.

[4] 胡双宝. 关于汉字的性质和特点 [A]. 汉字问题学术讨论会论文集 [C]，北京：语文出版社，1988.

[5] 王伯熙. 汉字特性和文字改革 [A]. 汉字问题学术讨论论文集 [C]. 北京：语文出版社，1988.

论现代汉字的三级结构

【提要】 现代汉字的组成不是杂乱无章的,它遵循一种内部规则,这就是现代汉字的结构规律。那么,现代汉字结构是如何构成的?可以分为几个层次?各层次的关系是什么?前人并没有过多的论述,本文就笔画、字素、整字三级层次关系逐一进行了分析,尤其集中在对中间层次也就是字素的讨论。因为中间层次起着承上启下的作用,其内部结构也最为复杂。本文将字素分为位素、根素、字素三个层次,并就此讨论汉字的结构类型。

【关键词】 现代汉字　结构　字素

现代汉字的字形结构是有层次的,它的最高层无疑是整字,最底层无疑是笔画。对于中间层次争论最多,分歧也最大,诸如偏旁、部首、部件、元件、构件、零件、字根、字元、字素、笔画组合、形母等等。我们姑且不去理会这些名称,从理论上说在笔画与整字之间有一个层次,对于所有的汉字都应该是这样。比如"一",只有一笔,既是笔画又是整字,中间层次一定与某一层次暗合了。怎样正确认识这个中间层次,将是我们讨论的重点。

1 笔　画

汉字的笔画是汉字从篆书到隶书之后产生的,汉字在甲骨文、金文、篆书阶段,可以说是由线条构成的,直到隶书阶段才从线条变成笔画。

1.1 笔画的基本类别

晋朝卫夫人在其《笔阵图》中，把汉字的笔画划分成七种，但没有给七种笔画定名。相传王羲之写"永"字，得"永字八法"，但语焉不详。直到唐代张怀瓘在《玉堂禁经》的"用笔法"一节中，才定出八种笔画的名称，即侧、勒、努、趯、策、掠、啄、磔。此后人们划分汉字的笔画渐趋细密，笔画名称也日趋统一。现在一般分成两类：一类是不曲折笔画，称为平笔；一类是曲折笔画，称为折笔。

平笔笔画有六种：横、竖、撇、点、捺、提。其中"提"笔一般不单独列出，而是包含在横中。因为汉字中没有"提"起笔的字，另外汉字书法规定末笔是横的独体字或不能单独使用的偏旁，当它们出现在合体字左边时，其末笔的"横"变为"提"。如：堤、地、垠、壤、站、竭、飒、端、理、斑、球等。因此可以说"提"是"横"的变形。"捺"笔被包含在"点"中，因为汉字没有捺起笔的字，另外书法也规定，捺在特定条件下要变成"点"。如：泰、达、漆、趣、迭、迷、奇、牵、囚、林、树、松、植、粘、和等。经过这种归并，平笔只有横、竖、撇、点四种了。

曲折笔画有单折笔和复折笔两种，传统上把单折笔和复折笔统称为折笔，这样平笔和折笔加起来共有五种，这五种笔画被称为汉字的基本笔画，即"札"字法。

1.2 笔画组合的类型

除单笔外，两笔和两笔以上的字都有个笔画组合问题。现代汉字中，根据笔画之间的空间关系，可以分出三种笔画组合类型：

（1）散列式（相离关系）：三、川、八、小、氵
（2）连结式（相接关系）：人、巨、幺、口、正、血
（3）交叉式（相交关系）：九、才、丰、艹、井、文、聿

有人作了更细的分析，例如交叉又分为横竖交叉、竖横交叉、撇捺交叉、上下交叉、左右互交、内外上交、外内下交等。由于现代汉字大多数笔画在9画左右，这就决定了笔画之间不是单一组合模式，而是复合式，即同一字内笔画之间可以有多种关系，如鱼、比、身、责、噩、鬼、现、是、笔、清、概、法、联、想等。

汉字笔画的组合不是杂乱无章的，而是有规律可循的，据分析统计，横笔和点笔的组合频率最高，撇笔和点笔出现的位置最活跃，钩笔与其他笔型组合时笔形变化最多，捺笔与各种笔形组合率最低。

1.3 笔画顺序

书写汉字时笔画的先后顺序称为笔顺。笔顺不仅仅是先左后右、先上后下等书写规则问题，作为研究内容来说，它是实现汉字规范化、标准化的内容之一。按照一般规则，我们可以这样总结：

散笔与连笔之间
- 组合式
  - 从上到下（上下式）：冀、各
  - 从左到右（左右式）：副、村
- 包围式
  - 从右到内（半包式）：习、句
  - 从内到左（左半包式）：进、兄
  - 从轴心到边角：小、办、承
  - 从外到内（全包式）：田、国
  - 从框盖到轴座：中、万、火、坐

交笔之间
- 先横后竖：十、井
- 先横后撇：丈、判
- 先撇后捺：义、人

对于这样的规则来说，也只能是个大概。实际书写起来，还会出现许多情况，这就需要一些具体细则，同时允许有例外。比如"区"，应属于从内到左，但同时又有从上到下的问题，所以不得不综合考虑，先写上，再写里，最后写左下。再如"戈"应该是从上到下，但先写斜钩也是从上到下，于是采取先完成交笔再写散笔的办法。再如"亚"，一横之后，按先左后右应是点，但同时它又有从轴心到边脚的问题，因此第二三笔就先写两竖。像这种写法很大程度上与书法有密切关系，先写两竖的主要目的在于替后面的笔画布局立一个基准线，其左右的点撇才容易安排，字体也显得相互映衬。书法有写"川"先写中间一竖的，中竖确定之后，"左右之竖相背"才能做得合适，写"弗、羽、兆、非"先写中间或框架其用意也是如此。由此看出，汉字的笔顺虽然依据自然位置上下左右之序为基本，但同时也照顾到形体匀称方面所提出的要求。汉字的组形结体是艺术的，而不是机械的。

应该看到，有些字的笔画顺序存在着多种分歧，这些字的笔顺难以用一个标准去统一，它们往往是既有左右关系，又有上下关系，符合多种标准，造成写法上的不统一。如"比、敝、脊、臣、辰、出、火、非、里、母、皮、升、凸、凹、幽、乃"等，如何规范这些字的笔顺，是目前亟待做好的一项工作。

1.4 有关笔画统计的分析

笔画统计主要包括：笔画数的统计、基本笔画使用频度统计、汉字起笔末笔的统计、笔画拥字量的统计等方面。通过这些统计分析，可得出有关笔画的一些规律性东西，从而为汉字的整理和研究工作提供更充足的材料。

2 中间层次和字素

2.1 关于部件问题的讨论

随着计算机输入汉字的需要，人们开始对现代汉字的结构进行重新认识，切分字形不再完全按照古汉字六书的方式，切分出来的笔画组合也不再称为偏旁，于是开始使用"部件"这个名称。"笔画组成部件，部件构成整字"的观点也渐渐得到学术界认同。但是，对于部件的定名和认识，至今未能做到全面、统一。且不说不同意"部件"名称的大有人在，就是同样使用"部件"术语的，对部件的数量、特征、构成也不完全相同，甚至出入很大。

从1980年前后，就开始有了专门讨论部件名称的论文。如费锦昌《关于规定偏旁部件名称问题的讨论》、苏培成《现代汉字的部件切分》、陶小东《也谈部件定义》、晓东《现代汉字独体与合体的再认识》《现代汉字部件分析的规范化》、费锦昌《现代汉字部件探究》等。

苏培成（1995）《现代汉字的部件切分》一文认为，部件大于或等于笔画，小于或等于整字。他提出了确定末级部件的五种方法：单笔画、相离关系的笔画或笔画组合、相交关系的笔画组合、封闭的笔画组合、相接关系的笔画组合，每一种都作了具体说明。

晓东在（1995）《现代汉字部件分析的规范化》中明确提出了部件的四个基本特征：绝大多数部件具有通用性、具有不可分割性、部件与部件之间常常有分隔沟（相互分离）、构成一个部件的笔画一般具有笔顺关系。并且对现代汉语3500个常用字进行了分析，得出了474个部件。

鉴于部件中单笔的切分问题，很多人提出了自己的看法，苏培成认为可以把分离状态的横、竖、撇、折都定为部件，费锦昌（1996）认为这并不能解决所有的问题，"韭"与"且"一样，下面的一横都指地面，为什么"且"中的横可以取得部件资格而"韭"下的一横却不可以呢？"币"上的撇与"气"下的撇一样，从造字法角度看都是声旁，如果"气"切分成两个部件的话，为什么"币"就不能呢？于是他提出"让单笔部件取得合法地位"，把部件分为基础部件和复合部件两类。

种种分歧，在于对汉字结构的理论认识上的不同。部件是不是构字的直接单位？为什么会出现一级部件、二级部件……末级部件的名称？是末级部件直接构字呢，还是末级部件构成一级部件再构字呢？

2.2 字素的概念

字素是从理论上推导出来的一个概念，指字以下、笔画以上的中间构字成分，是构字的基本单位。字素具有明显的物质性，它有着可供人们共同识别的形体。其中绝大部分还有被共同认知的读音和意义，字素与字素之间的结构关系、潜在特点支持着汉字的性质。

　　字素不同于笔画。字素是现代汉字的构字单位，笔画则是构成字素或字的最小单位。如"知"有两个字素："矢"和"口"，"矢"是5笔，"口"是3笔。二者是截然区别开来的。但字素作为构字的中间单位，又不排斥某一笔画成为字素，这是由汉字的结构特点所决定的。比如"丿"是一般所谓的笔画，它可以用在"爫、夂、乐"里，也可以用在"币"里，其所处位置的不同，决定了它的价值或地位是不等的。在"爫"中，它只是组成构字成分的一个笔画（可作为"采、捋、妥、受"等字的字素），而在"币"中，它与"巾"等价，从现代汉字字形切分角度看，"币"可分上下两部分，上半部是"丿"自身就是一个字素。再如"气"是形声法创造的字，"丿"表示读音"pie"，它与形旁"气"相等位，理所当然地成为一个字素。所以我们认为"字素"大于或等于笔画。

　　字素不同于传统文字学中的偏旁。偏旁过去在左为"偏"，在右为"旁"，尽管现在范围扩大了，无论在左、在右、在上、在下、在中间、在周围，都叫偏旁，但偏旁部首毕竟有它特定的范围和指称对象，它多着眼于六书理论的分析，而现代汉字字形分解更多地着眼于现代汉字字形，如果说偏旁说更适用于古汉字的话，字素说则更适用于现代汉字。

　　偏旁多指合体字分析出来的两个相离部分，如"杉"有两个偏旁"木彡"，"花"有两个偏旁"艹化"，可见偏旁是按照文字结构用二分法对合体字进行一次切分而获得的结构单位。而字素不然，它不仅适用于合体，而且也适用于独体。如"人"从理论上说同样具有三个层次，同样应该具备构字的基本单位，只不过构字基本单位与构字的最小单位重合了而已。那么这时，我们仍然承认"人"有两个字素"丿"和"㇏"。也就是说笔画与字素同位，而"丿"和"㇏"是无法称为偏旁的。此外，偏旁一般可以溯源，可以从古汉字那里求得相应的音和义，即具有可释性，而字素则往往只具有可分解性，未必能说出其中的道理来。比如"及"，小篆从又（手）从人，"人"和"又"是它的偏旁，而现代汉字字素分析只着重形体：分解为"丿乙"两个字素。再如"衷"，一定要知道"衣"和"中"是两个构字偏旁，而我们只分析为三个字素。还比如"颖"按偏旁分析法，一定要"从禾，顷声"，"禾""顷"是它的两个偏旁，而字素分析则只要区别基本构件就可以了，可以是"𥝌页"两个字素。不过，字素在许多情况下并不排斥偏旁，比如"湖"分为两个字素时，就分别是两个偏旁"氵、胡"，再如休、认、们、说、沟、江、独、祥等也是这样。

字素也不同于部件、字根。部件一般有两个含义：一是指对汉字（合体字）一次切分后所得的结构单位，二是指汉字（合体字）多次切分后所得的单位，第一个含义上的部件相当于"偏旁"，这里就不再多说了。第二个含义上的"部件"，就是有人讲的"元件"或"字根"。事实上，"字根"不是构字的直接单位，亦即它们在很多情况下不直接构字。它们往往先组合成再大一级的构字单位才去构字，所以字根不是字与笔画之间最直接的层次。"字根说"也认识到这一点，常在文中自觉不自觉地谈到"字根具有承上（笔画）启下（整字）的作用，合成整字时需要几个字根"。这实际上是说字根是构字单位的单位，在字根之上还有一个层次也叫字根，这其实就是字素。当然有些字直接由字根组成，有些字根处于备用状态时是字，但汉字的大多数是多层次的，这从多根说的分析上就可以证明：

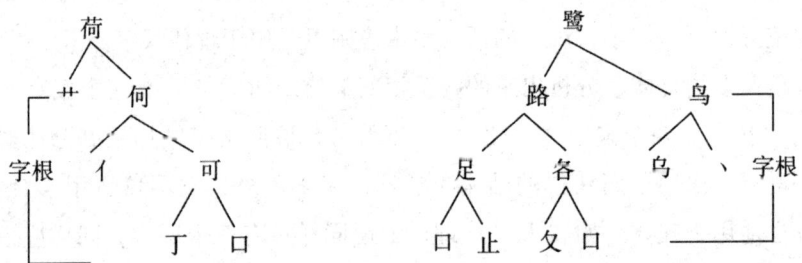

无奈之下，只好分别出一级字根（部件）、二级字根（部件）……末级字根（部件）……这种区分几乎是毫无意义的，因为一级字根具有不可穷尽性，除去重复外，它几乎等于常用汉字数量。"鹭"中二级字根就含了笔画"、"，三级字根中却还是笔画组合"口、止、夂"等，单列出来则显得毫无道理。此外，说"何、路、鸟"是一级字根，那么"各、可"在

48

"洛、河"中不也可以是一级字根吗？到底"一级字根"是什么样的概念，恐怕就公说公有理，婆说婆有理了。

总之，字根不是组字的直接层次。不能说字由字根构成，只能说字中包含着字根，字根按不同的结构方式组成构字成分，再由构字成分组成字，那么这个构字成分只能是字素。

2.3 字素的范围和种类

字素是一个通称，不仅合体字中有，独体字也包含字素。独体字中字素大于等于笔画，合体字中的字素即现代汉字一次切分后的构字单位。合体字的字素在备用时往往成字，但进入合体字之后，这些原字仍然可以划分层次和结构，即字素本身也有构成问题。字素的底层是位素，即构成字素相互区别的最小单位。位素之上是根素。即构成字素的基本单位，根素有时是可以分级的，可以有一级根素，二级根素……末级根素，这样，字的层次可以建立为：字——字素（根素—位素）——笔画。如：

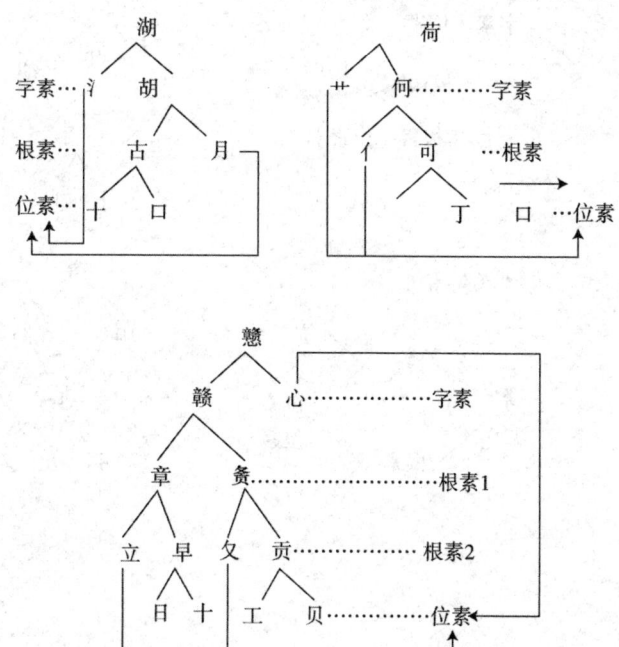

由于汉字结构的复杂性，造成了字素与根素、位素之间，根素、位素与整字之间错综复杂的关系。从理论上说，现代汉字结构只有一个构成模式，即三级结构，但实际上并非每个汉字都具有同样清晰的可分性。因此，位素只是字素的底层单位，而当字素不具备复杂层次的话，这时字素就具备了位素的资格。同样，当根素位于最底层时，它也同样取得位素资格。可以说，位素是具备一定形体，具有一定含义，在构字中反复出现的笔画或笔画组合的最小单位。

这样，字的复杂层次就可以划分出不同类型，如：

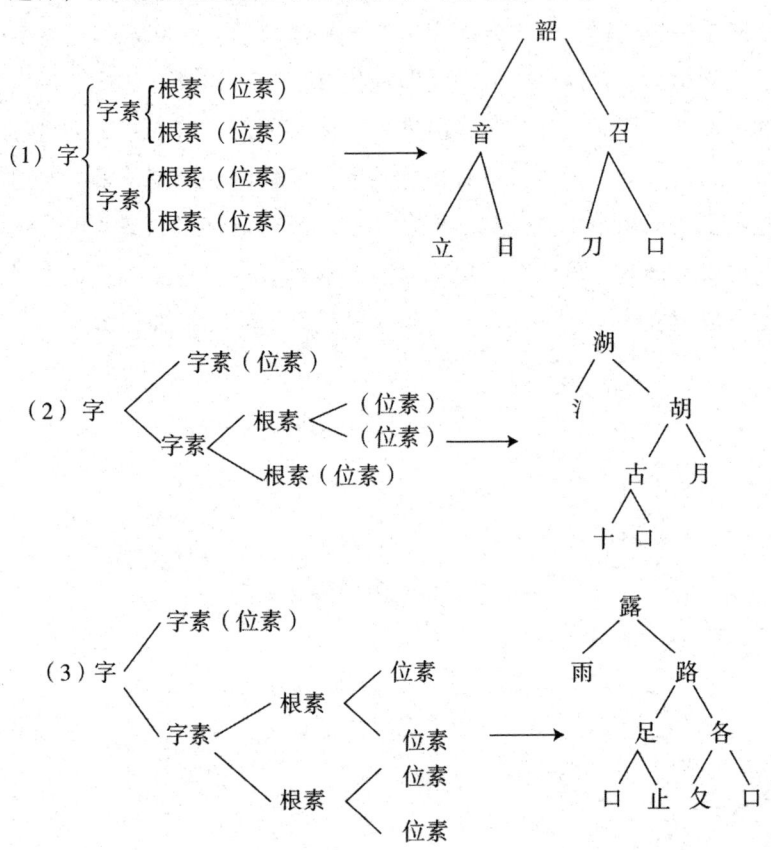

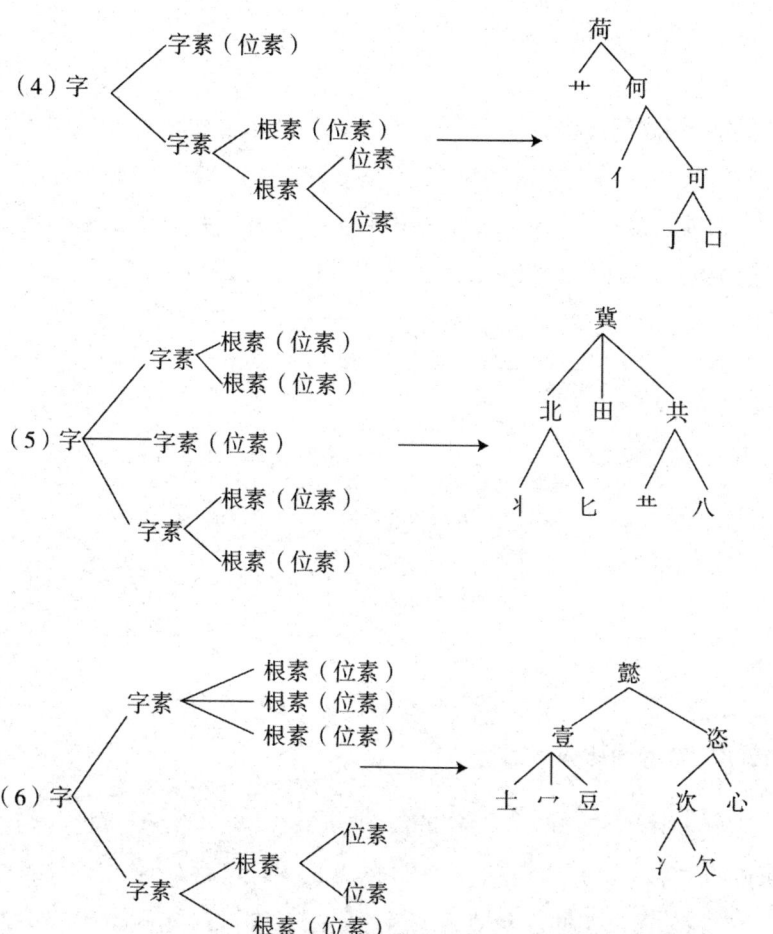

从字素本身的结构来看，合体字中的字素可以分为单素和复素两类。单素指由一个位素构成的字素，即直接由笔画组成的字素，如"氵、木、亻、口、艹、人、目"等。复素指包含两个或两个以上位素的字素，如"湖"中的"胡"，"鸿"中的"江"，"魔"中的"麻、鬼"等。复素处于备用状态时，大多数是字。

从字素与字的关系上分，字素可以分成字字素和不成字字素。成字字素指处于备用状态时，有音有义的位素结合体，如"胡"处于备用状态时读 hu，有义，进入字之后，就成为一个字素，如在"湖、葫、糊、鹕"等中。此外"人、目、口"等都是成字字素。不成字字素指处于备用状态时，没有固定语音和意义的字素，如"亻、刂、氵、犭、礻"等。成字字素可以是单素，也可以是复素。

成字字素与不成字字素之间的关系，类似语言中成词语素和不成词语素之间的关系。当某个成字字素进入文字体系之后，它就取得了字的资格；当它进入文字的结构之后它就取得了字素的资格。所以字与字素之间是有兼类的，至此，我们可以用下图表示：

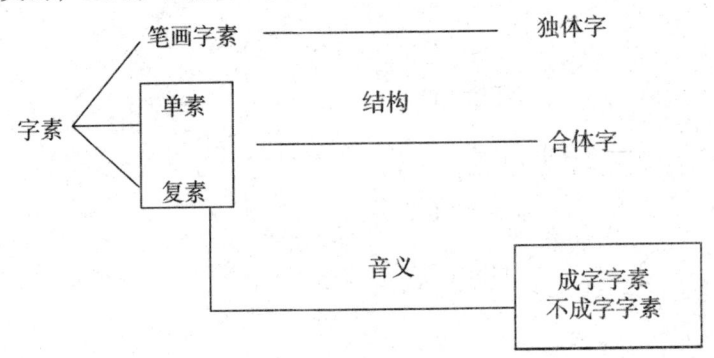

2.4 字素的切分原则

从上文中可以看出，一般所说的"元件"或"末级字根"，相当于我们所说的位素，切分出位素是很有必要的。据粗略统计，汉字的位素在200个左右，而汉字的字素即第一级切分在3000个左右。由于"部件"说法名称不一，所指不同，切分方式有别，各家所得的"部件"差异也很大，有105、128、160、166、177、205、250、300、344、512、686等。用什么标准来肯定某一结构可以作字素而不是字素中的笔画，某一构字成分是单素还是复素呢？一个绝对单一而又合用的标准如果找得出，当然是好事，但事实上很难找到这样一个标准。对于字素的切分，我们认为可以区分必要切分和不必要切分。必要切分即必须对汉字进行的切分，不必要切分即无用切分，它指在某一范围内的无效切分。对于汉字编码来说，将汉字切分至位素一级是必要切分，如果再将位素切分成笔画则是不必要切分。对于识字教育来说，将独体字切分成笔画或将字素切分成笔画则是必要切分，因为笔顺、笔形、笔画组合、笔画数是识字的一项重要内容，不切分到笔画就难以学好汉字。所以明确切分目的，明确服务对象，是决定切分原则的前提，这里主要谈供计算机用汉字字素的切分。

2.4.1 层次分析法。即把合体字分级予以切分，依次切分到位素为止。"字素"一词本身就是层次切分的结果。因为现代汉字的传承性，决定了它的结构多是有理据性的。而且形声字占大多数，再加上会意字和部分象形字（楷体）也可以切分成两部分，所以适于层次分析法的现代汉字就占了绝大多数。

2.4.2 依据现代汉字字形，可分析性和可组合性相结合。可分析性即字形的可分解性，如"音"明显分为"立"和"日"两部分，"冀"分为"北田共"三部分，"麖"分为"鹿""金"两部分，"虎"分为"虍""几"两部分，可分析性只据楷体字形，完全不顾汉字的来源和历史。可组合性，即分析出来的字位必须是在字中的同一方式反复出现的单位，具有较高的组合频率。比如"彐""爫""立""土"：

彐：寻、灵、彐、当、雪、归、扫

爫：采、孚、觅、谣

立：音、竖、端、位

土：寺、坚、地、吐

但有时也免不了少量单素，如"⺽"（衰）、"㠯"（虐疟）等。

2.4.3 不拘泥于字源。明确了切分目的，便不必拘泥于造字历史。比如"器"，不切分成"品""犬"，而是切分成"吅吅 犬"，"赢"不切分成"亡贝"，而直接切分成"亡、口、朋"。"夫"不切分成"一大"而切分成"二人"，因为作为字位来说，笔画的出现频率较低，而"二"的组字频率则较高。

2.4.4 字素可以包括单笔画位素。如"轧、礼、札"中的"乚"，"玉"中的"丶"。再如：

2.5 字素和位素的音义问题

字素和位素是从现行楷体字分析出来的，汉字字体历经多次变动，尤其是隶变和简化以后，许多汉字已经丧失或部分丧失了其构形的有理性，这样，分析出来的字素（位素）必然会有一些是无音无义的，如"彐、卝"等。我们主要用形体标准来确定字素或位素，所以不能因为它们未具备音义而不承认它是位素。另外像"氵、刂、灬、囗"等也不算是有明确读音，只是有个称呼而已。但这不等于说位素定名无关紧要，它关系到汉字的学习和使用。20世纪60年代中期，《文字改革》上曾经展开过规定汉字偏旁名称的讨论，一些意见仍值得参考和采纳，如"左旁右边""上头下底""外框内心""中腰四角"等。

3 整 字

3.1 独体字和合体字

现代汉字字形结构可分为笔画字素与偏旁字素两类，前者为独体字，后者为合体字。具体来说，独体字在字形结构上只能分解出笔画，而不能分解出意义字素，比如"川、八、人、手、小"等。合体字指在字形结构上能够分解出偏旁字素的字，如"初、厅、村、析、结、细"等。有时分解出来的两个或多个字素并非都是偏旁字素，但只要含有一个或一个以上我们就认为该字为合体字。如前面所举的"币、韭、事、札"等。

现代汉字的独体字和合体字与古汉语所指不同。现代汉字是以字形分解为基础来定义的，而古代所谓"独体""合体"是以造字方式为基础定义的。

现代汉字的独体字可能是古代汉字的合体字。比如"曰"，《说文》解释为"从口乙声"，认为是个合体的形声字；"甘"，《说文》解释为"美也,从口含一",认为是个合体会意字,在现代汉字中,它们则属于独体字。

现代汉字中的合体字可能是古汉字中的独体字。比如"虎",甲骨文为像老虎之形,《说文》中说:"从虍,虎足像人足,象形。"仍然认为是个象形字,在现代汉字中可以切分成"虍、几"。"泉"在《说文》中为象形字,像水源之形,而近代汉字则认为是"白""水"组成的合体字。"阜"的小篆字形为像土山之形,现在则分成"𠂤、十"两部分。

同一个字的不同写法可以有独体与合体之分。比如"厂"为独体,"廠"为合体;"千"为独体,"韆"为合体;"头"为独体,"頭"为合体等。

值得指出的是许多字古今所指独体与合体是同一的,有分歧的只是少数。

3.2 现代汉字的结构类型

汉字的结构模式即汉字字素与字素之间的关系问题,一般从两方面来分析。

3.2.1 空间关系:一个合体字字素与字素之间的关系有三种类型:相离关系,如"相、信、品"等;相接关系,如"局、吊、市"等;相交关系,如"事、果、东"等。

3.2.2 方位关系:指合体字字素所处的位置以及位置与位置之间的结构关系。从字素这个层次看,有三种类型:上下关系,如"思、呆、苗"等;左右关系,如"相、信、课、江"等;内外关系,如"局、司、围、这、困"等。如果继续分析根素与根素、位素与位素之间的关系,仍可以划分出许多小类来。

上下关系
- 上下均分式:思、芯、吾
- 上中下式:冀、草、舅
- 上复杂式:想、攀、臀
- 下复杂式:霜、赢
- 上下复杂式:赢、鬻

```
              ┌ 左右均分式：相、如、研
              │ 左复杂式：部、鼾
       左右关系┤ 右复杂式：婚、鳞、懒
              │ 左中右式：衕、街、谢
              └ 左右复杂式：疑


              ┌         ┌ 左上包围：庙、病、房、尼
              │  两面包围┤ 右上包围：句、可、匀、氧
              │         └ 左下包围：连、延、旭、赶
              │         ┌ 上包围：同、间、闹、向
       内外关系┤  三面包围┤ 左包围：区、医、匡、匹
              │         └ 下包围：凶、画、击、函
              │
              └ 四面包围：困、国、团、回
```

极个别的字作为个别处理，例如"噩、坐、乘、爽"。也有人采取平面分析法分析汉字的结构，如傅永和在《汉字的结构》一文中，分成"两个部件构成的合体字""三个部件构成的合体字"……"九个部件构成的合体字"，并对每一种合体字的具体结构做了分析。

(1) 两个部件构成的合体字，其结构方式有 9 种，代表字为：吕认压达勾问匹凶团。

(2) 三个部件构成的合体字，其结构方式有 20 种，代表字为：荣抛树型花培部庶厢缠逞逊间润挺捆抠圉幽乖巫。

(3) 四个部件构成的合体字，其结构方式有 21 种，代表字是：阔匮欧营辔蕊蓝停额摄燃游韶遮腐瘠鳌筐极剩。

(4) 五个部件构件构成的合体字，其结构方式有 20 种，代表字为：渤澡搞敲蒿缀樊器鄩骼戳篮寝潋躺蓬赢魔膏噩。

(5) 六个部件构成的合体字，其结构方式有 10 种，代表字为：歌豁麓豌鬻瀛衢臀冀灌。

(6) 七个部件构成的合体字，其结构方式有 3 种，代表字为：戆麟饕。

(7) 八个部件构成的合体字,其结构方式只有一种,代表字为:龖。

(8) 九个部件构成的合体字,其结构方式也只有一种,代表字为:豑。

应该说两种分析法各有其应用的范围,有的领域多采用平面分析法分析合体字的结构,有的领域多采用层次分析法分析汉字的结构。

总之,现代汉字的三级结构,决定着现代汉字的很多方面,例如现代汉字字形的结构、构形的特点、对外汉语教学中的汉字教学、汉字信息处理等等方面,因此,正确认识结构层次论,对于汉字应用具有重要作用。

参考文献

［1］陈原主编. 现代汉语定量分析［C］. 上海:上海教育出版社,1989.

［2］孙钧锡. 汉字基本知识［M］. 石家庄:河北人民出版社. 1980,

［3］王凤阳. 汉字学［M］. 长春:吉林文史出版社,1989.

［4］苏培成. 汉字字形规范的理论和实践［J］. 语言文字应用,1992 (2).

［5］张普. 汉字部件分析的方法和理论［J］. 语文研究,1984 (1).

［6］傅永和. 谈规范汉字［J］. 语文建设,1991 (10).

［7］高更生. 谈异体字整理［J］. 语文建设,1991年 (10).

［8］高更生. 汉字笔顺应执行统一的标准［J］. 语文建设,1992 (10).

［9］苏培成. 现代汉字的部件切分［J］. 语言文字应用,1995 (3).

［10］费锦昌. 现代汉字部件探究［J］. 语言文字应用,1996 (2).

［11］晓东. 现代汉字部件分析的规范化［J］. 语言文字应用,1995 (3).

现代汉字的字义系统

【提要】 现代汉字的字义不是孤零零存在的，它有其特定的构成系统和特点。本文从三个方面讨论汉字字义系统的构成。一是字义与词义的关系，这体现了汉语和汉字本身的特点，即字义与词义的相互依存性，以及字与词之间复杂的关系，文章把复合词中的字义与词义分为五个类型，基本体现了字词关系的实际情况。二是分析形声字中形旁的表义功能和作用。形旁的历史演变以及形旁隐匿和消失，为现代汉字的分析带来了诸多不便，我们综合了各种因素进行综合考量。三是单义字和多义字问题，这同样是汉字意义系统化的一个重要方面。

【关键词】 现代汉字　字义　系统

1　字义和词义

　　长期以来，人们把汉语"字"这个记录语言要素的书写单位也当作语言单位，所谓"字有形音义三要素""字正腔圆"。刘勰在《文心雕龙》中说："夫人之立言，因字而生句，积句而成章，积章而成篇。"也是把字当作语言文字二位一体的单位了。可是严格说来，汉字不是汉语词的成分。构词的成分应该是语素。字义是单音节语素的声音形式所表达的内容。因为一个汉字基本代表一个语素，所以文字学上一直没有根除"字义"的说法，通俗谈问题时，"字义"的出现频率更是比语素义高。一般文字学著作和现代汉字学著作也都谈到字义问题，所以我们也姑且这样称呼，把"字义"当作语素义，讨论复合词中字义与词义的问题。

1.1 字义与复合词的特点

汉语中的复合词，特别是双字复合词数量多、能产性强，其词义的特点集中体现了字义与词义的关系。

1.1.1 组合性。同单纯词比较起来，复合词的词义具有组合性的特点。许多词的意义由两个构词字的意义组合而成，可以对词义进行构成成分的分析，这个构成成分就是字义。如：

实情：真实的情况。

纳税：交纳税款。

法规：法律、法令、条例、规则、章程等的总称。

雷同：指随声附和，也指不该相同而相同。

尽管上述词词义的组合情况有某些差别：前两个词字义按构成方式组合起来直接形成词义，后两个词除了包含构词字的意义外，还含有字义以外的某些意义。但不论哪一种情况，词义的组合性显而易见。如果以含有一个相同字义的复合词为例，这点就会看得更加清楚。比如"灯"字构成的复合词：

电灯、台灯、红灯、绿灯、油灯、彩灯、吊灯、探照灯、花灯、床头灯、白炽灯、路灯、霓虹灯、闪光灯

灯光、灯会、灯泡、灯管、灯罩、灯伞、灯节、灯市、灯花、灯饰、灯芯、灯台

这些带"灯"字的名词，词义既有相同的部分，也有不同的部分。相同之处来自"灯"的意义"能发光发亮的器具"，不同之处来自于与"灯"不同的那些字的字义。在对比中词义的组合性看得更清楚了。

1.1.2 整体性。复合词词义的整体性与组合性是一对矛盾，两者既相互对立，又相互统一，相互制约，又相互依存。主要表现在：

（1）词义的非组合性。即词义不是字义的简单相加，它含有更丰富的特定内容和特定的适用范围。如"流言"的字面意义是"流传的话"，如果这样解释就把词义的实质内容和贬义色彩抽去了，这个词的更深层意义在于字外义，即"流传的没有根据的话，多指背后议论、诬蔑、挑拨的话"。再如"点头"不仅指"头往下点"的动作，还含有"表示允许、赞成、领会"的意思。

（2）字义受整体词的限制，在基本义不变的情况下，位于复合词中的字的具体含义发生变化。如"板"的基本义是"成片的较硬的物件"，可在下面这些词中，这个意义却变成了几种不同的具体含义：

带"板"的词	"板"的具体含义
板报	黑板
板壁	大木板
板挫	钢板
板凳	长方形的小木板
板胡	胡琴筒口蒙着的小薄板
板书	在黑板上（写）
板鸭	压成板状的（作为特制食品的）

从对比中可以看出，"板"字在不同的词里的意义差别受到了各个词整体意义的制约。

（3）构词字不能随便用同义字替换。词义作为一个整体固定在语音形式中，每个字的字义都受到彼此制约。如"声"和"音"是同义字，但"音节"不能说成"声节"。"足"和"脚"同义，"足球"不能说成"脚球"。有的替换后，虽也能成词，但意义迥然不同，应该看作两个词，而不是同一个词的不同表达方式。仍以"声"和"音"为例：

① ｛ 声符：①形声字中的表义偏旁。
　　　　②乐谱中表示音长或音高的符号。
　　　音符：乐谱中表示音长或音高的符号。

② ｛ 声响：发出的声音。
　　　音响：①声音（多就听所产生的效果而言）。
　　　　　　②高档组合式收录机。

③ { 声乐：唱歌的音乐。
音乐：用有组织的乐音来表达人们的思想感情，
反映现实生活的一种艺术。

④ { 高声：（说话）声音高。
高音：（歌唱或乐器发声）高音域。

不难看出，字义虽然在词义中起着一定作用，但在词中的意义完全受着整体意义的制约。

1.1.3 表义的确切性。双字复合词，两个意义单位密切配合，就能把纷繁万状的事物、复杂细致的思想感情以及事物的性质或状态的细微差别表现出来。如表示"风"的名词，就有：春风、微风、暖风、和风、轻风、晨风、秋风、寒风、朔风、冷风、大风、疾风、烈风、狂风、飓风、台风、旋风等。

1.2 复合词字义与词义联系的类型

复合词中字义与词义的关系错综复杂，既有字义相加体现词义的复合词，也有字义相加难以体现词义的复合词，还有字义根本不可能相加的复合词。认识了字就能识词的说法会在很多复合词上碰壁。如"开释"就不是"分开来解释"，"速写"也不是"很快地写"。复合词中构词字的意义要受词义的制约，多义字在词中的表现往往是单义的，另外词的构成方式体现了两个字之间的语法关系，也体现着它们之间的意义关系，这也是理解复合词词义的重要方面。综合复合词词义与字义联系的不同情况，可以分成五种类型。

1.2.1 合义，即词义是两个构词字字义的直接组合，表示成 A + B = AB。如：

高大：又高又大。
发觉：发现并察觉。
品德：品质道德。

1.2.2 偏义，两个构词字中，只有一个字的意义在词义中起作用，表示成 A + B = A 或 B。如：

国家　云彩　模样　味道　事情

人物　家庭　褒贬　恢复　沐浴

商量　忘记　睡觉　舒服　冒失

方便　干净　容易　仔细

上面这些词中，有一个是承担词义的主体字，另一个只是起音节上的陪衬作用，不贡献意义。有人称之为化石语素。

1.2.3 等义，词义与两个构词字的意义都相同，表示成 A + B = A = B。如：

都市：大城市。（都：大城市，市：城市）

改变：更动。（改：改变，变：改变）

弯曲：不直。（弯：不直，曲：不直）

明亮：光线充足。（明：明亮，亮：光线强）

这类词在现代汉语里为数不少，它们有一些共同特点：（1）构词方式均为联合式。两个构词字平等并列，而且构词字的词性跟复合词的词性一致。（2）有些词里的构词字，给词提供意义时作用不一样，有的前强后弱，有的前弱后强。如荒芜、给予、报纸、柔软等前强后弱，分离、更改、光明、行驶等前弱后强。（3）这类复合词成型较早。在从古汉语原单字词向现代汉语双字词发展过程中，两个同义的字相互衬托、相互补充，逐渐凝固为复合词。如：

出自《诗经》的：反复　征伐　颠覆　安息

出自《论语》的：朋友　衣裳

出自《孟子》的：尝试　声音　空虚

出自《楚辞》的：骄傲　刚强　追逐　长久

出自《荀子》的：恐惧　端正　变化

1.2.4 附义，词义中除了字义组合直接显示出来的意义外，还附加了字义外的内容。表示成 A + B = AB + C。这类词中，构词字字义在词义中的地位和作用远不如前三种类型那么重要。词的字面意义与内含意义之间有一定距离，有的有相当大的距离。尽管如此，字义仍是词义全部内容的基础，对词义具有提示作用。

对于这类词，争论最多，意见分歧也最大。有人直接把 AB 两个构词字外的意义分成多种类型：

$z = c_1 + c_2 + a$

$z = c_1 + c_2 + b$

$z = c_1 + c_2 + a + b$

$z = c_1 + c_2 + （a） + （b） + s$

$z = c_1 + c_2$ 的引申比喻意

（z 代表词义，c 代表语素义，a 代表词的暗含内容，b 代表表述需要的补充内容，S 代表知识性附加内容）如：

光斑：<u>太阳表面上</u>　特别　明亮的　纤维状　斑点，<u>是太阳活动比
　　　　　　a　　　　b　　　c_1　　 b　　　　c_2
较激烈的部分。</u>
　　s

我们把构词意义之外的内容一律看作 c，这个 c 就是字义组合后产生的新生意义，可以称为"字义组合的新生义"或叫"字外义"。它可以包括很多内容：

（1）词本身含有的深层内容。如：

景物：<u>可供观赏的</u>景致和事物。

（2）词的特定适用范围或对象。如：

见解：<u>对于事物的</u>认识和看法。

精练：（<u>文章或讲话</u>）扼要，没有多余的词句。

（3）必要的补充性说明。如：

清唱：不化装的戏曲演唱形式，<u>一般只唱某出戏中的一段或数段</u>。

螺栓：有螺纹的圆杆和螺母组合成的零件，用来连接并紧固，<u>可拆卸</u>。

图书：图片和书刊，<u>一般指书籍</u>。

充斥：充满，塞满（含厌恶意）。

1.2.5 别义，词义是字义组合后转移而成的一个新意义。表示成 A + B = C。别义是就现代汉字的角度来说的，从字源和词源学上说，构词字的字义与词义还是有联系的，只不过到了现代不那么直接和明显罢了。比如"街坊"指邻居。"街"和"坊"只是与整个词义在语源上有关系，而在字面意义上则缺少联系。这种类型的词包括引申义、比喻义、借代义和典故义等。

(1) 引申义。字面所表示的意义在语言交际中已经不用或不常用，常用的是引申义。如：

毛病：原指马的毛色有缺陷，引申指人的缺点。

动身：原指移动身体，现指行程开始。

另外如把握、根源、呼声、借口、问世、斟酌、操纵、出卖、响应、锤炼、清醒等。

(2) 比喻义。两个构词字组合而成的意义是比喻的喻体，词的内涵意义是比喻的本体。如：

眉目：事情的头绪。

铁蹄：比喻踩躏人民的残暴行为。

有些词本义与比喻义并存。如"喉舌"，泛指说话的器官，多比喻代为发表言论的工具或人。"包袱"，包衣服等东西的布，比喻某种负担。再如枷锁、风暴、风波、背景、栽培、序幕、搭桥、泡影、草包、城府、苦海等。

(3) 借代义。借相关事物的名称来代替事物的本名，固定在词中。如：

看守：监视和管理（犯人），也称监狱里看守犯人的人。

主编：指主持编写或编辑工作，也用来指主持编写或编辑工作的人。

(4) 典故义。如梨园、杜撰、知音、染指、垄断、青睐、东床、涂鸦、逐鹿等。

2 形声字的表义功能

　　现代汉字结构因素的表义功能，主要表现在形声字的形旁作用上。对于形旁表义的研究应该说很早就开始了。文字学史上曾有所谓"偏旁学""字原学"，如唐李腾《说文字原》、林罕《字原偏旁小说》、宋释梦英《偏旁字原》、元周伯琦《说文字原》、明赵宦光《说文长笺》和《说文表》清蒋和《字原表》等。这些都是对作为部首的偏旁进行考察的，形声字的形旁都是部首，因此偏旁学有助于形旁的研究，为即形推求字义提供了方便。然而形声字形旁的表义功能如何，即形声字形旁是怎样与字义相联系而发挥一定表义作用的则很少论及。现代一般文字学著作谈到形旁表义，往往简而言之，说形声字的形旁可以标示词的意义范畴，即表示词义的类属或某种相关的词义，如唐兰《中国文字学》、张耿光《汉字通论》、孙钧锡《汉字基本知识》等。有人把形旁的表义功能分成表示类属和直接表义两类，且说明第二类是晚期的形声字，字数很少，如梁东汉《汉字的结构及其流变》、经本植《古汉字文字学知识》、杨五铭《文字学》。另有一些专门文章，对形旁的表义作了分类。较早的是陈仲年，他在1937年《论学》第2期上发表《形声字之字义与形旁之关系》的论文，认为形声字可以分为：

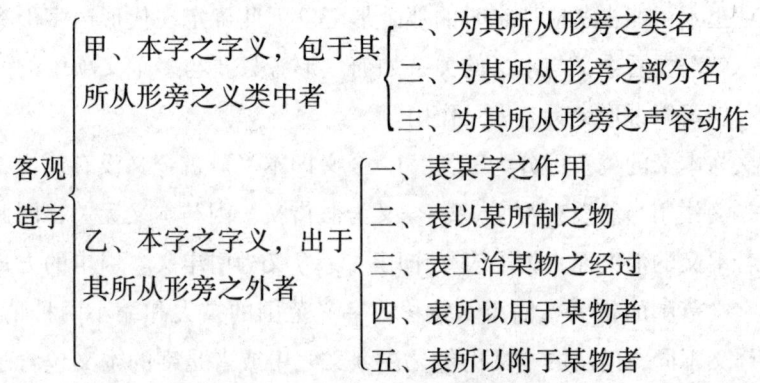

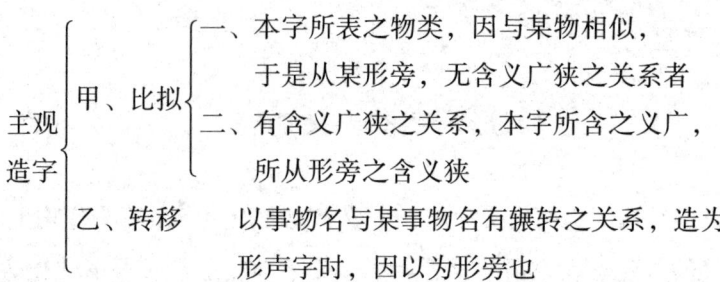

此外,赵仲邑(1983)《谈形声字》把形旁表义分为三类:一是事物的种类,二是事物的性质,三是事物的作用和有关动作。向多林(1982)《形声字形符分类试说》把形旁分为标类形符、相关形符、比况形符、标义形符四类。

尽管对形旁表义研究得很细致、很深入,但就现代汉字来说,就与声旁的表音功能相比,这项研究仍显得薄弱。原因大致有三个:1.表义功能缺乏像表音功能那样的客观依据,表音功能可以根据现代读音,相同或相近也有一个明确的标准,如声母韵母同而调不同,或韵母声调同而声母不同等。表义功能则不然,形旁的意义与字义之间有着千丝万缕的联系,不同文化程度的人判别的标准很不一样。2.语义演变的复杂性。3.不同字书对汉字义项不同的取舍、归纳,增大了表义功能衡量标准的随意性。

我们认为,形旁表义是相对本义而言的,因为一个字选定什么样的形旁,也是造字之初的事情,或者说是那个字产生时的事情。本义应该只有一个,而今义往往有很多,形旁不可能跟今天的每个义项发生联系,这些后起义项也不可能去适应造字时的那个形旁。因此确定现代形声字形旁是否表义,就需要看今义与本义的关系如何。形旁只要与多个义项中的一个相联系,就可以说形旁具有表义作用。

今义与本义的关系可分为三类:1.今义即本义。古今义没有改变,其形旁的表义作用当然没有改变。2.今义为假借义。因与本义无关,因此形旁也随着本义的消失而丧失了表义作用。3.今义为引申义。引申的方式即常说的字义范围的扩大、缩小、转移。字义范围的扩大和缩小两种情况,虽然古今义不同,但字的本义仍包含在今义之中或者是字的本义包含了今义，因此形旁仍可以通过本义与今义相联系，形旁仍然可以起表义作用。字义的转移，新的义项代替了本义，字的本义消失，又分两种情况：（1）经过意义的同类联想或比喻产生了新义，今义与本义的联系直接，其间有脉络可寻，形旁与本义的联系在今义中得到延续。比如"汤"，《说文》："热水也。从水，昜声。"今本义消失，只在"固若金汤""赴汤蹈火"等成语中保留下来。"汤"的今义为"汁、液"，如米汤、菜汤、泥汤。今"汤"仍是液体的东西，主要成分是水，故与水仍有联系。（2）今义与本义关系太远，几乎找不到联系。这样本义与形旁的联系中断，形旁不再表义。如"适"，《说文》"往也"，今义为"合适"，两者相去甚远，形符失去了表义作用。再如"買"上面的形旁与买的现代通用义相去甚远。又如"聊"，《说文》"耳鸣也"，形旁与今义的联系已经看不出来了。还有：牢（牛圈）、辑（车厢）、职（记微也）、聘（访也）、短、矮、矫（揉箭箝也）等。

近代新造形声字中形旁的情况有两类：1. 形旁体现与字义的联系。比如新造的化学用字，表示金属元素加"金（钅）"符的字，如"锂、钠、铬、锰"等；表示非金属元素加"石"旁，如"砷、硒、啼、碘"等；表示气体元素加"气"旁，如"氖、氢、氮、氦"等；表示液体元素加"水"旁，如"汞、溴"等。另外音译词采取音义并释的形声字，如"舢舨"等。2. 形旁只为区别符号，与意义无任何关系。比如从"口"的"吨、吋、哗、叽、咔、喹、啉"等。

按照上面的标准，我们对现代形声字的形旁表义功能作了一个抽样统计，从《新华字典》中抽取18个常用形旁，结果发现2738个形声字的表义率为90.03%。因为这些字中有不少专名和非常用字，而专名和非常用字的古今义变化较小，所以表义率偏高。我们还就《最常用的汉字是哪些：三千高频度汉字字表》作统计，1985个形声字中形旁有表义作用的1720个，占总数的86.65%，形旁没有表义作用的265个字，占总数的13.35%，应该说这个数字更切合实际。

由于汉字时代久远，字形字体多样，使一些形旁的表义出现复杂性。有些字形旁的有无并不影响表义的程度。语言靠声音辨义，所以许多联绵字或地名字在造字时就没有用形声字，有的虽然用了形旁，但后来脱落了，造成同一个字的有形旁字形和无形旁字形同时并用的局面。如：

   婉转—宛转   鲨鱼—沙鱼

   喽啰—喽罗   崂山—劳山

   叮噹—玎珰—丁当 吩咐—分付

  同一个字形因形旁不同而出现异形并存现象，也造成了形旁表义的复杂性。如：猫—貓、雞—鶏、炮—砲、熔—镕。当然，由异体形旁构成的异体字，多数都有时代和区域的限制，也有正俗之分。加上正字法或规范活动也促使其自我调整，使汉字向更标准、更规范的方向发展。

  尽管现代形声字形旁表义作用比起古汉字来有所减弱，但有表义作用的仍占80%左右，我们可以利用形旁表义的不同作用和意义类别加以分析归纳，制作"形旁义类表"，这有利于儿童学习汉字，也有利于对外汉语的教学。比如"水"部按意义可分为：

1. 河流名称：河江渭淮湘洹
2. 水的形貌：静水形貌：浅泓汪清淑

      流水形貌：洪湍滔涓涌
3. 水流的声音：浑淙
4. 水所处的地方：海沟洼渠浦
5. 渡济类：渡津泳浮漂泛潜泒
6. 洗涤类：浇淋沐浴澡浙汰滓洒沃
7. 雨或与雨水相关：滩淫淖沤瀑溟
8. 液体类：泣涕汗湎汤
9. 水的特点：汀滑泽淡沧
10. 描写水的状态：渗漏溢滋满涸滞
11. 与水有其他关系：汲漱
12. 无义类：派洞涣活

3 单义字和多义字

《双语信息字典》对所收的 7785 个字的义项数做了统计，得出单义字 4139 个，多义字 3053 个，两者比例为 1∶0.737。然而在常用字中，单义字的比例远远低于多义字。而且越是频度高的字，其义项往往就越多。各种语文性辞书，同一个多义字的义项数和排列顺序往往不尽相同。如"上"在各辞书中的义项数分别是：

辞书	辞源	辞海	现汉	新华词典	四角号码词典	新华字典
义项数	11	17	25	8	13	10

义项数的差别是由于编纂目的不同，对象有别，要求不一等因素形成的。

一般说来，字在产生之初都是单义的。随着客观事物本身的发展，它的应用也出现了复杂性。保留在现代汉字中的单义字多数是科技用字、姓名用字、古生僻字、动植物名用字、食品名用字、地名用字等。

多义字的义项与义项之间的关系比较复杂，需要认真分析。

3.1 不属于同一语素的义项

《现汉》在编排上对这个问题作了处理，字头分立条目，可以辨认。一般来说，意义有联系的是属于同一语素的，意义没有联系的或失去了明显联系环节的，分属于不同的语素。如"花钱"的"花"，与"开花"的"花"；"雕刻"的"刻"与"时刻"的"刻"。

3.2 属于同一语素的各义项之间的联系

各义项之间体现了纵横交错的关系。我们可以从历时的和共时的两方面分析。体现历时的义项关系，即字义发展的历史脉络；体现共时的义项关系，则是字义的现代使用频度。

文字学上常谈到字的本义、比喻义、引申义，就是义项之间的历时联系见证，也是单义字向多义字发展的基本方法。尤其是引申义，有直接从本义引申的，也有从引申义而再引申的，形成单向引申和多向引申相互交叉的关系，也就使字的义项呈现错综复杂的关系，以致有的义项很难说是从哪个意义上引申而来的了。例如"止"的本义是"脚趾（这个意义后来由转注字'趾'替代）"。脚趾到哪里，人就停止在哪里，所以表示"停止"义时，也使用"止"字标识，如止步、学无止境，于是"止"字有了"停止"的意义。后来用"止"表示"使……停止"义时，也用"止"字标识，如止血、止疼。于是"止"字又有了"使……停止"等义。后来表示"行为停止时间和事物数量的限定"时，也用"止"字，如"自2008年起至2012年止""不止一次"，于是"止"又有了"截止""仅仅""只"等义。"停止""使……停止""截止""仅仅""只"等意义都是从"脚趾"这个本义派生演变出来的，是"止"的引申义。

3.3 字的成词义项和不成词义项

有些多义字的各个义项都是单字词词义，或者说是"成词义项"。例如"守"字有四个义项：①保持、卫护：守住阵地；②看守：守着病人；③遵守、依照：守纪律；④靠近、依傍：守在病人旁边。这些义项都是可以独立运用的，所以都是词义。有些多义字的各个义项都不是单字词词义，而是不成词语素的意义，或者说是不成词义项。如"习"有三个义项：①温习、练习：自习；②对某事物常常接触而熟悉：习以为常；③习惯：积习难改。"习"字的这些意义都只能出现在复合词中，不能在句中单独使用。有些多义字的各个义项，既有成词义项，也有不成词义项。如果能编纂一部《义项频度字典》，可能会对字义的学习、使用带来很大方便。

参考文献

[1] 赵仲邑. 谈形声字 [J]. 语文园地, 1983 (6).

[2] 向多林. 形声字形符分类试说 [J]. 常德师专学报, 1982 (2).

[3] 符淮青. 现代汉语词汇 [M]. 北京: 北京大学出版社, 1985.

[4] 费锦昌, 孙曼钧. 形声字形旁表义度初探 [A]. 汉字问题学术讨论会论文集 [C]. 北京: 语文出版社, 1988.

[5] 符淮青. 词义与构成词的语素义的关系 [J]. 辞书研究, 1981 (3).

[6] 张伟. 字义与词义 [M]. 北京: 物资出版社, 1987.

[7] 施正宇. 现代形声字形符意义的分析 [J]. 语言教学与研究, 1994 (3).

[8] 施正宇. 现代形声字形符表义功能测析 [J]. 语言文字应用, 1992 (4).

[9] 邹酆. 语文字典的义项排列 [J]. 辞书研究, 1981 (3).

[10] 戴汝潜. 汉字教与学 [M]. 济南: 山东教育出版社, 1999.

谈徐通锵的字本位理论

【提要】 徐通锵先生提出的字本位理论引起了语言学和文字学界对于汉语理论以及汉字理论的深刻反思，同时直接导致了一场规模空前的传统语法理论与印欧语法理论的大讨论。这场讨论直接涉及了语言研究的核心问题和方法问题。本文仔细梳理徐通锵字本位理论的主要内容，提出其在对外汉语教学上的直接应用是把汉语教学的突出难点——汉字教学提升到了一个新的高度，引起了人们空前的重视，出现了以字本位为编写理念的对外汉语教材。

【关键词】 字本位　字　意义

1　字本位理论的提出

自 1898 年中国第一部汉语语法著作《马氏文通》出版之后，汉语研究基本上是以印欧语的理论为立脚点，把汉语结合到印欧语的理论框架中研究，或者说以"印欧语的眼观"来观察汉语，使得汉语的词类，主、宾语的确定以及句子成分的分析等老大难的问题一直解决不好，总是发生周期性的争论。有鉴于此，徐通锵独辟蹊径，提出了"字本位"理论。他立足于汉语传统研究，科学地吸收西方语言学的理论精神，把"字"作为汉语基本结构单位，为实现西方语言理论和汉语研究的结合探索出了一条新的道路。

徐通锵的字本位思想在1991年的《语义句法刍议》中已见端倪，但真正张本则是1994年连续发表在《世界汉语教学》上的《"字"和汉语的句法结构》和《"字"和汉语研究的方法论》两篇论文，提出"汉语语义句法的结构单位是'字'，而不是语素之类的东西"，明确提出了他的"字本位"观。之后，徐通锵又先后发表了十多篇字本位的研究论文，不断完善其字本位理论，特别是1997年出版的徐通锵历时十年著成的《语言论》，较完整地构建了宏伟的字本位理论体系，并以"字"的研究为基础进行了一次语言理论研究途径的探索。

徐通锵认为："字"是语言中有理据的最小结构单位，是"一个字·一个音节·一个概念"的对应物，具有"结构简明、语法功能模糊、表义性突出"等特点。"字"通过结合，以核心字为基础，通过向心、离心两种结构形式逐层扩展，构成字组，或为"固定字组"，或为读为句。汉语是以"字"为基本结构单位、以临摹性原则为编码基础、可以用"话题—说明"进行结构框架分析或表述的"语义型语言"。

"本位，这是研究语言结构的理论核心，牵一发动全身。"（徐通锵1994）徐虽未给字本位下一个确切定义，但可看出字本位是一种以"字"为汉语语法结构和汉语语言结构的基本单位的汉语言系统观；字本位要求从根本上摆脱印欧眼光的影响，以"字"为基础进行汉语语义句法的研究，从而对整套汉语语法体系及汉语研究方法进行根本革新。

2 字本位理论的主要内容

2.1 字与汉语结构的关系——"字"是汉语句法结构的基本单位

2.1.1 字是什么？"字是汉语所特有的一种结构单位，印欧系语言没有与此相当的结构。它的含义广泛、模糊，并没有专一的所指。""既可以指它的书写形体（如'说文解"字"'），也可以指一个音节（'吐"字"

清楚'、'"字"正腔圆'），还可以指音义结合的语言结构单位（如《文心雕龙》的'因字而成句，积句而成章'等），甚至还可以兼指以上各项内容。"总之，"字"不仅仅是一个文字单位（徐通锵1994）而是"一个字·一个音节·一个概念"的对应物。（徐通锵1994）是语言中有理据的最小结构单位，具有"结构简明、语法功能模糊、表义性突出"等特点。

  2.1.2 字与语素的区别。有些学者认为"字"大致相当于汉语的语素，对此徐通锵1998年发表的《说字》中明确指出："字与语素互相之间没有可比性，不能把它们混为一谈。"他具体说明："结构语言学把语言结构分为表达和内容两个方面，语言学只研究表达的方面。语言的表达系统是一种线性结构……""语素只是语言表达系统的一种结构单位，虽然它与内容系统有联系，但研究的时候不必涉及内容，以便有效地说明'语素由音位组合构成'的原理和语言结构的二层性。"也就是说，语素代表了一种线性结构单位，与现实无意指关系，"字"是非线性单位，与现实有意指关系，所以二者不能等同。徐认为"'字'是语素，其实是一种结构语言学观点"。

  2.1.3 字为什么是汉语句法结构的基本单位？徐通锵提出确立语言的基本结构单位有三个标准：现成的，拿来就能用；离散的、封闭的，很容易和其他的结构单位区别开来；在语言社团中具有心理现实性（徐通锵，1998）。他认为印欧语的语法结构格局是"双轨制"：一轨是"主语—谓语"结构，一轨是名、动、形的词类划分；只有二轨合一，特定的词类进入特定的句法位置，才能造出符合语法结构规则的句子。所以，上述二者就是印欧语的基本结构单位，而形态变化则是联系这两个基本结构单位的桥梁。汉语句法结构的基本单位只有一个，那就是"字"。"字"是汉语音义关联的基点，是现成的结构单位；一个字一个音节，离散性或封闭性很强，形成"1个字·1个音节·1个概念（意义单位）"这样的结构格局。"字"是汉语社团中唯一具有心理现实性的结构单位，即使是一个文盲，也知道一句话中有几个字。

  总之，"字"的最重要的特点是它的顽强的表义性，以"字"为汉语的基本结构单位，就应该进行单轨制的汉语语义句法的研究，考察它的生成机制。

2.2 以"字"为基础的汉语语义句法

语言与思维有着密切的联系。徐通锵从汉语社团"比类取象"和"援物比类"的两点论思维方式的特点,提炼出由西方语言理论提炼出来的"向心"和"离心"两个概念",即以"类"为经,以"象"为纬,"向"纵,"离"横,从两个不同的角度观察汉语纵横交错的语义结构网络,建立语义句法框架。

2.2.1 单字格编码格局。汉语思维方式的特点是"比类取象""援物比类","汉语的语义结构规律就是这种思维方式的反映"(徐通锵1997)。徐从字族入手,由西方语言理论中科学地移植了的"向心"和"离心"两个概念,把"字"分为"向心字族"和"离心字族",从两个不同的角度概括出字的理据性所在。向心字族以声即"类"为核心,如"刃"声族字"忍、认、纫"等,它们都有一个共同的意义核心"止",着眼于"同"中的"异",反映字义之间的纵向联系和音义结合的理据性。与此相反,离心字族以形即"象"为核心,如"崧、岑、峤"等字,从不同侧面描写山的状态,从不同的义类中抽象出相同的语义特征,着眼于"异"中的"同",反映字义之间的横向联系和形义结合的理据性。这样,向心和离心就形成汉语语义结构的纵、横两轴,每一个字的意义都可以在纵、横两轴的交叉点上找到自己的位置。据此,徐把字义的结构规则定义为,"1个字义=1个义类×1个义象"。

2.2.2 双字格编码理据。随着语言的发展,双字编码格局逐渐代替单字格局。徐认为,虽然汉语语义的表现形式发生了由单字格向双字格的变化,但汉语类、象互相依存的结构原理并没有因其表现形式的改变而改变,只是类、象由单字格里的单个字承担转化为各由一个字来承担而已,如原本类象合一于一个字中的"师"后来演化为"军队",变成类象各由一个字来承担。因此双字格的理据已不在字内,而在字与字的组合上。

徐先生强调,双字格的向心和离心结构原理是单字格的向心和离心结构原理的延续和发展。如向心字族"称谢、酬谢"等,前字代表义象,后字是核心字,代表义类,前字用以描述后字的语义特征,整个字族是通过核心字的语义特征而发生某种纵向的联系的;离心字族"谢病、谢词"等,前字是核心字,代表义象,后字则代表义类,受前字修饰、管辖,整个字族是通过核心字的语义特征而发生某种横向的联系的。

单字格局的解体催生了二字字组,二字字组又会产生四字字组,形成四字格,正如一生两仪、两仪生四象一样,而三字字组如"红通通,明晃晃"等也可以看作二字组的变体,因为它们虽然结构形式是3,但性质上相当于2,其中AA或AB都是1的转化。

2.2.3 创建了汉语语义句法。徐通锵一个较大的贡献是深刻地揭示了"汉语完全以语义规则为基础,生成相关的句子"这一重要特点。印欧系语言的结构关联的基点是一致关系所控制的主谓结构,所以其句法结构是封闭性的。汉语句法结构与之截然不同,它的结构关联的基点是字,其"因字而生句"的结果是开放的,对于句子的生成没有硬性的标准。徐把富有形态变化的印欧语的句法叫语形句法,把汉语类型的句法叫语义句法。鉴于汉语社团"比类取象"和"援物比类"的思维方式,徐把汉语语义句法的结构框架确立为"话题——说明"。"'援物比类'的'类'实际上就是说话的主题或话题,是陈述的对象,'援物'的'物'相当于其他层次所说的'象',是用来衬托、说明这个'类'的。"由于汉语不受什么形式规则的制约,内部之间没有什么形式标记,因此"象——类"即"话题——说明"之间的关系比较松散。徐从"话题——说明"的语义关系概括出两种最为基本的句式:"一种是话题能对说明产生作用和影响的句子,即施动句",如"中国队大胜日本队(日本队败)";"一种是话题承受某种力量的作用而成为一种陈述对象的句子,即使动句",如"中国队大败日本队(日本队败)"。徐认为施动句和使动句是古代汉语的两种重要句式,到了现代汉语则演变为今日的"动补式"。"动补式"由"动字1+动字2+名字2"结构组成。如果"动字2"的语义指向"动字1"的受事,该结构是使动句,如"打倒帝国主义",可以理解为"打而使帝国主义倒",其中的"倒"的语义是指向"打"的受事"帝国主义"。如果

"动字 2"的语义指向"动字 1"的施事,那么该结构是施动句,如"窗外飞进来一只小鸟",其中"进来"的语义是指向"飞"的施事"小鸟"。这两种句式是古代汉语施动式和使动式的变异和遗留。

"民族的语言即民族的精神,民族的精神即民族的语言。"这是洪堡特的经典名言。赫德尔也有类似的表述:"一个民族怎样思维,就怎样说话,反之亦然,怎样说话就怎样思维。"徐通锵认为汉民族"比类取象"和"援物比类"的思维方式渗透在汉语的整个语义句法结构之中:从汉字编码的理据性,字组的内部结构、语义组合,到语义句法的基本框架:话题——说明,无不显示出汉民族思维的精华,他由此发现了汉语结构独特的意指性,并把意指关系作为主攻方向,找到了一条适合汉语的研究道路。而"字"则是这一研究道路的出发点和基本点。

3　字本位的理论意义和影响

徐通锵首先区别了他提出的字和我们通常认为的字:认为字有它自己的书写形体,可以指文字,但它绝不是文字的专利品,口头说出来的单位也是"字"。认为汉字是汉语所特有的一种结构单位,含义广泛、模糊,并没有专一的所指。而且"字"是汉语中结构清楚、界限明确的单位,最容易分辨出来,不需要专门学习就能分辨的单位,是音形义的结合体。因此"字"是汉语中最自然的单位。并以此为基础提出了汉字是汉语句法结构的基本单位。这种看法是颇有新意的,突破了我们对字的常规认识,是非常有进步性的。汉字成了中心主题,词却成了辅助性的单位。

其次区别了汉语中的字和词:字是汉语的基本结构单位,词是印欧语的基本结构单位,问汉语中有没有词实际上是用印欧语的眼光来衡量汉语的结构单位,以此为视角来考察汉语,自然可以找出相当于词的语言现象,不过汉语中相当于印欧语的"word"的词也与印欧语的词的性质和特点不同,所以正像赵元任所说的那样:"汉语中没有词但有不同类型的词概念",而这种词概念在汉语中通过字来体现,这就是汉语字和词的关系。

这种观点其实就是认为汉语中的所谓的词是由字层层组合而成的。而且汉语中词不能和英语中的 word 相对应，要对应的话也只是角色相当。

徐通锵还认为"字"本身的结构特点为汉语句法结构的开放性提供了可能，字的结构独立，不受一种统一的形式规则的支配，因此造句时可以灵活多变，自由地组成词组和句子。字的功能模糊，因而字和字的搭配也是自由的，只要符合搭配的习惯，意义上可以讲得通就可以。

徐通锵"字本位"的理论的意义：在语言学界引起了极大的反响，其理论有创新性，突破了传统的观点，是一种全新的看问题的方法，虽然后来也引起了很大的争议，尽管我们现在还无法证明它的"字本位"思想的可行性，但是至少徐通锵的理论的提出，转变了语言研究的方向，使我们注意到了"字"在汉语中的重要性，我们在研究与教学中都开始注重汉字的作用，现在在对外汉语教学中已经有人开始重视汉字教学，例如白乐桑和张朋朋编写的对外汉语教材《汉语语言文字启蒙》，这本教材可以称之为"字本位教学法"的教材，开卷就介绍了汉字的概貌，其中又突出了汉字的笔画，编者在这里充分重视了汉字的重要性。而且从多年的对外汉语教学的实际情况来看，汉字是汉语学习的难点，汉字是汉语特有的，而且被公认为难写、难认、难记。很多留学生能认识一个个的词，但是对于从词中抽出的单独的字却不能辨认，我想这可能就是我们传统对外汉语的失败之处。我们只重视词语和句子的教学，忽视汉字教学，这在汉语教学的初级阶段也许是可行的，可是如果一直采取这种教学方法，就会造成形和音义的分离，学生记不住汉字的字形，这就使汉字学习难上加难，因此造成目前这种情况，我们不得不思考汉语教学的新思路，充分考虑汉语的特点，从汉语的特殊性出发。对于是否在对外汉语教学中贯彻字本位思想，目前还是一个颇有争议的问题，但是有一点可以肯定：在对外汉语教学中必须注重汉字教学，这是由汉语的特殊性决定的。汉字是汉语中一个特殊的成分，是有形的，应该根据其特殊性来教学，而不应该采取拼音文字的教学法。

现在有人提出字本位理论是汉语教学的基本原则，也许这种观点较为片面，我们还不能完全证明字本位在汉语教学中的实际可行性，还不能完全改变以前的汉语教学法，但我们却应该由此注意到汉字在汉语中的重要性，不能再把汉字置于附属地位，更不能忽略汉字教学。汉字教学应该有新的发展，不能停留在原来的位置上。《马氏文通》以来汉语语言学界受"印欧语眼光"影响走了不少弯路，而语文教学界乃至年轻的对外汉语教学界也因此放弃了许多传统的、行之有效的教学手段，比如对联、书法、背诵。这些教学法适应汉语"字本位"的特点，比如书法对于汉字的教学、组扩词（和对联法有相似之处）对于词汇的学习以及背诵对于具有汉语特色的句型的掌握都大有帮助。可惜现在运用却很少。

字本位理论作为一种新的理论还不完善，肯定还存在着很大的问题，我们传统的语言研究都是借鉴印欧语的术语，语法规则因此不免会有一种先入为主的现象，汉语研究在一定时期内还很难摆脱这种束缚，虽然可以做很多有创意、进步的理论探讨，但很难让人接受，很多人还不能习惯这种新的理论，正因为如此字本位理论曾遭到很多批判，这种理论的继续研究和实行基本上停止了。正像陆俭明先生说的那样："当提出一种新思路、新理论、新学说、新方法时，一定要对自己的解释所使用的新的概念、新的名词术语加以明确的定义。这是科学本身所要求的。"事实上现在字本位理论还没有做到这一点，所以不被人接受是可以理解的。

从现在的实际情况来看，虽然人们已经注意到了字在汉语中的重要性，承认了字本位理论的合理性和进步性，但是我们在教学和研究中还没有真正重视汉字，还不能摆脱印欧语的影响，印欧语法早就在人们的心目中先入为主、根深蒂固，我们现在建立的汉语语法体系都是在印欧语法的基础上建立的，一下子废除所有的术语，语法体系，再去建立全新的体系是一个长期的过程，是需要大量的工作要做的。所以以字本位理论为基础来研究汉语，建立全新的汉语语法体系现在还无法实现，因为目前很多问题还不能解决，比如说字到底是个什么样的单位，它和印欧语的什么单位对应，语素、词，还是词组，还是它和这些单位都不能对应，它是汉语中一个特殊的单位，那么我们应该怎样规定字，如果强调字是一个音节一个概念的结合体，那么我们怎样对待外来词，外来词的几个音节表示一个概念，那它应该算几个字？所以字本位理论还不完备，还不具备实现的条件。但是我们还是要重视字本位理论，承认它的进步性，起码它注意到了汉字的特殊性和重要性。这可以改变多年来人们对汉字的误解，改变汉字的地位。而且字本位理论的提出从根本上改变了汉语研究的方向，这是一个进步，它的提出体现了可敬的学术勇气，给语言研究带了鲜活的血液，就算这种理论到最后不能实行，但至少它给了我们启发，启发我们研究时一定要改变角度去思考问题，这样才能推动科学的进步。字本位理论的提出足以让我们重新认识到汉字的重要性，使多年来被忽视的汉字回到它应有的地位，这已经是很大的进步，这就足以说明这种理论的进步性，至于其他的方面我们有待研究。

参考文献

［1］徐通锵．语言论［M］．长春：东北师范大学出版社，1997.

［2］孙剑艺．汉语的字、词、词素探析［M］．济南：山东大学出版社，2002.

［2］徐通锵．"字"和汉语的句法结构［J］．世界汉语教学，1994 (2)

［3］徐通锵．"字"和汉语研究的方法论——兼评汉语研究中的"印欧语的眼光"［J］．世界汉语教学，1994 (3)

［4］徐通锵．加强"字"的研究，推进中国语言学的发展［J］．语言文字应用，1995 (1).

［5］徐通锵．核心字和汉语的语义构辞法［J］．语文研究，1997 (3).

［6］徐通锵．说"字"——附论语言基本结构单位的鉴别标准、基本特征和它与语言理论建设的关系［J］．语文研究，1998 (3).

［7］徐通锵．"字"和汉语语义句法的生成机制［J］．语言文字应用，1999 (1).

［8］徐通锵．字和汉语语义句法的基本结构原理［J］，语言文字应用，2001 (1)

［9］徐通锵．自动和使动——汉语语义句法的两种基本句式及其历史

演变[J].世界汉语教学,1998(1).

[10]陈曼君.试论徐通锵的汉语演变观[J].甘肃社会科学,2004(5).

[11]王佳存.汉语言理论研究的新探索——评徐通锵先生的字本位理论[J].语文研究,2001(2).

[12]陈曼君.语言演变理论研究的新视野——读徐通锵的《语言论》[J].青海师范大学学报,2004(5).

[13]尹蔚.浅析徐通锵字本位思想[J].株洲师范高等专科学校学报,2004(1).

[14]张宜(记录、整理).徐通锵教授谈语言理论研究[J].外语教学与研究,2004(4).

[15]夏晴.汉语研究的另一种思路——徐通锵"字本位"研究述评[J].学术论坛,2005(6).

[16]王骏.字本位理论和对外汉语教学[J].云南师范大学学报(对外汉语教学研究),2005(1).

[17]王若江.由法国"字本位"汉语教材引发的思考[J].世界汉语教学,2000(3).

[18]潘文国.字本位与汉语研究[M].上海:华东师范大学出版社,2002.

从繁简字的理据性看汉字简化[①]

【提要】 汉字简化究竟对汉字的理据性造成了多大的冲击？本文围绕这一问题，从现代汉字学的角度采用字符理论对《简化字总表》一表、二表的繁简字逐个进行了比较分析，从而对汉字简化后理据性的变化有了一个更量化的认识。在此基础上，提出了汉字简化应该遵循的一些规律和应该注意的一些事项。

【关键词】 繁体字　简化字　理据性

0 引　言

现代的汉字简化运动始于 20 世纪初，到简化字最终取得正体字的地位，其间历时近百年。与繁体字相比，简化字在减省笔画、便于学习和书写、提高阅读的清晰度等方面体现了它毋庸置疑的优越性，但是我们在积极肯定简化字的优点的同时，也不得不看到在简化过程中出现的一些问题，其中一个较为突出的方面便是汉字简化给汉字系统的理据性造成了一定程度的冲击，本文拟就汉字在简化过程中理据性的变化作一分析研究。

作为记录语言的符号，文字符号和语言的音与义之间建立了某种固定

---

① 本文与宣丽娟合作完成。

的联系，如果这种联系是有道理可说的，或者说，文字符号的组成对所记录的语言的音或义有某种预示或提示的作用，那么我们就认定这个字是有理据的，反之，如果字的构造对所记录的语言的音与义没有任何提示信息，那么就认定这个字没有理据。本文所讨论的汉字的理据，指的是汉字的构字理据，而非造字理据，即不从溯源角度讨论汉字的理据，而是从当前的字形、字音、字义的现状着眼去寻求构形条例。所谓汉字的理据性即汉字的内部构造的可解释性，表现为汉字部件与整字音义联系的紧密程度，根据它们之间联系的疏密程度来判定该汉字理据性的高低。从符号学的角度看，有理性的符号容易理解，便于记忆，故理据性越高的汉字，学习和使用起来就越方便。

  本文分析的对象不是整个汉字系统，而是着重对部分具体的汉字进行定量考查，主要以国家语委1986年颁布的《简化字总表》中的一表和二表（以下简称《简表》）作为考察对象，共计482个简体字，502个繁体字，考察的角度立足于现代汉字，即无论繁体字还是简体字，都以现代汉语中的读音与意义作为考察标准，从共时的角度对这些汉字进行统计分析，在考察方法上采用字符理论对繁简字的理据性高低做比较分析。根据字符理论，构成现代汉字的三类字符是音符、意符和记号，其中，音符、意符和整字的字音字义有联系，音符具有表音性，意符具有表义性，故含有音符、意符的整字就是有理据的，而记号和整字的字音、字义没有联系，故是无理据的。由此，现在汉字的内部构成方式主要可分为六大类，即通常所说的"新六书"：音符＋意符，音符＋记号，意符＋记号，意符＋意符，记号＋记号，独体记号字。出于减省笔画的目的，汉字简化往往使繁体字原有的音符、意符、记号被笔画较少的更为简单的字符替换，有的字原有的构造方式也发生变化，这些变化必然带来汉字理据性的变化，本文所讨论的就是汉字在简化后，由于字符的更换，或结构的变动，对具体汉字的理据性的影响。这种影响主要分为三类：1. 理据性增强；2. 理据性减弱；3. 理据性基本不变。

1 简化后理据性增强的字

1.1 简化以后表音度增强，表义度不变的字

1.1.1 繁体字无音符，简体字有成字音符。

主要包括这样几类结构：

（1）繁：意符+记号——简：音符+意符

《简表》中这类字有：

遲（迟）遞（递）墳（坟）膚（肤）護（护）殲（歼）講（讲）進（进）遷（迁）纖（纤）竊（窃）鑰（钥）癰（痈）徵（征）潔（洁）憂（忧）懺（忏）

（2）繁：合体/独体记号字——简：音符+记号

闆（板）幫（帮）樁（桩）畢（毕）賓（宾）達（达）華（华）曆（历）歷（历）豈（岂）審（审）藝（艺）簽（签）勝（胜）勢（势）嚇（吓）憲（宪）樣（样）郵（邮）醖（酝）黴（霉）叢（丛）據（据）劇（剧）態（态）選（选）

说明：

1) 其中遞、鑰、癰中的声旁实际上是独立成字的，但由于这几个字比较生僻，构字能力弱，一般人（高中文化以上）很难从这些字中提取出对整字读音有指示作用的信息，它们的作用等同于记号，故按记号处理。

2) 其中"钥"中的月也被认定为音符，本文中对音符的界定标准是：只要字符的声韵调三个因素中有两项与整字读音声韵调中的两项相吻合，或字符的韵母与整字的韵母相同，就认定该字符为这个字的音符。"钥"中的"月"的声母和声调与"钥"整字的声母和声调相同，故"月"为"钥"的音符。

1.1.2 繁体字的音符不成字，简体字中的音符成字。

关于不成字音符的界定：一些不成字的字符虽然不像成字音符有固定

的读音，但是从它参与构成的一组字来看，这些字在读音上相近，通常是韵母相同，那么我们就认定该字符为不成字音符，但由该字符所组成的读音相近的汉字必须可以类推三个以上，这样，这类音符才具有一定的稳定性。例如："叚"这个字符，由它构成的"假、葭、暇、遐、瑕"这组字中，它们的韵母都相同，故"jia"具有可类推性，我们就认定"jia"为这组字的不成字音符。

比起成字音符，不成字音符在独立表音和准确表音，以及表音的稳定性方面都不如成字音符，因此，用成字音符替换不成字音符，也是表音度提高的一个表现。

《简表》中这类字有：

補（补）　擔（担）　膽（胆）　膠（胶）　鄰（邻）　蝦（虾）

1.1.3　繁体字有成字音符，简体字也有成字音符。

在这一类中，简化前后的音符尽管都成字，但在表音准确程度上，有高低之分。根据音符中的三个要素——声韵调与整字的关系可以分为以下几种情况：

（1）繁体字音符的读音中有两项同于整字读音，而简化后替换的音符则是声韵调三项全同，如：償（偿）　猶（犹）　蘋（苹）　傭（佣）

（2）繁体字音符的韵母与整字相同，而简化后替换的音符除韵母与整字相同外，还有一项（声调或声母）与整字相同：趕（赶）擬（拟）讓（让）運（运）證（证）

（3）繁体字中的音符为多音字，简化后替换的音符为单音字：糧（粮）戰（战）艦（舰）懼（惧）

此外，还有几组繁简字音符较复杂，不能用单一的标准来界定，而需要综合考虑。判定的标准为：成字音符优于不成字音符原则；完全表音优于部分表音原则；单音音符优于多音音符原则；易于认读的音符优于难读音符原则。这四条原则中，如果需要考虑多条原则，那么，我们认定第一条原则优于第二条原则，第二条原则优于第三条原则，第三条原则优于第四条原则。下面我们具体分析这几组字：

①溝（沟）構（构）購（购）

这组字中繁体字的音符为 gou，是成字音符，较为生僻，但是由这个字构成的一组字中，这些字的读音相近，这又使得 gou 的表音度有所增强，"勾"虽然易于认读，但是"勾"是多音字，这在一定程度上又削弱了"勾"的表音度。本文将这三组字认定为简化后表音度增强的一类。

②竅（窍）氈（毡）

这两组字中，敫、亶虽都单独成字，但较生僻，简化后的音符易于认读，故认定为简化后表音度增强。

③鍾（钟）鐘（钟）

这两组中，繁体字的音符均为部分表音，而简化后的音符"中"为多音字，但其中一项读音可完全表音，故也属于简化后表音度增强的一类。

④撲（扑）僕（仆）樸（朴）遼（辽）療（疗）

在这五个字中，繁体字中的音符为不成字音符，而简化后的音符为成字音符，虽为多音字，但其中一项读音声韵与整字相同，故认定为表音度增强。

1.2 简化后，表音度基本不变，表意度增强的字

願（愿）塵（尘）竈（灶）孫（孙）眾（众）

1.3 简化后，表音度、表意度都增强的字

籲（吁）夥（伙）驚（惊）

可见，汉字简化后理据性增强的共有86组字，其中表现为表音度增强的有74组，占理据性增强的总字数的86.05%；表意度增强的有五组，占这类字总数的5.70%；表音度、表意度都增强的有3组，占这类字总数的8.25%。

由此可见，替换音符，增强表音度是增强汉字理据性的一个重要途径，这是由音符表音的精确性所决定的，而另一方面简化过程中汉字表义度的增强很不明显，这也说明了汉字意符表意的模糊性与概括性，这反而使其获得了相当的稳定性。

2 简化后理据性减弱的字

此类也分为三种情况：

2.1 简化后表音度减弱，表意度基本不变的字

1. 繁体字中有音符，简化后替换为记号。

①繁体字中的音符为成字音符：

幣（币）標（标）彆（别）層（层）廠（厂）觸（触）導（导）鄧（邓）獨（独）個（个）顧（顾）櫃（柜）劃（划）雞（鸡）際（际）揀（拣）癤（疖）舊（旧）僅（仅）煉（炼）練（练）驢（驴）瘧（疟）盤（盘）囌（苏）蘇（苏）隨（随）團（团）養（养）爺（爷）譽（誉）趙（赵）祇（只）莊（庄）總（总）嘗（尝）當（当）動（动）豐（丰）廣（广）國（国）舉（举）麥（麦）窮（穷）屬（属）燭（烛）燦（灿）

②繁体字中的音符为不成字音符：

辦（办）觀（观）歡（欢）纍（累）壘（垒）禮（礼）權（权）勸（劝）衛（卫）薑（姜）

2. 繁体字为成字音符，简化后的音符不成字。

漿（浆）槳（桨）醬（酱）獎（奖）

3. 繁体字为成字音符，简化后音符仍然成字。

①繁体字音符的声韵调同于整字读音，简化后替换了的音符只能部分表音，具体分为以下几种情况：

a. 简化后音符的声韵调同于整字读音的：

礎（础）燈（灯）澱（淀）階（阶）斃（毙）嶺（岭）億（亿）憶（忆）擁（拥）優（优）癢（痒）

b. 简化后，声韵同于整字读音的：

廬（庐）蘆（芦）爐（炉）

c. 简化后音符的韵母同于整字读音的：

廳（厅）

②繁体字音符中的声韵同于整字，而简化后的音符只有韵同于整字读音：

襖（袄）聰（聪）噸（吨）髒（脏）

③几组特殊情况：

a. 價（价）：繁体字音符賈为多音字，其中一项的读音声韵同于整字，"介"则在声调表音精确性上不及賈，故认定简化后理据性有所削弱。

b. 種（种）：繁体字音符"重"的声韵调完全等同于整字读音，而"中"为多音字，只有其中的一项读音完全等同于整字读音，故认定该字理据性在简化后有所削弱。

c. 臟（脏）：繁体字的音符"藏"为多音字，其中一项完全表音，而"庄"则仅是部分表音（有介音）故认定其理据性削弱了。

2.2 表意度削弱，其他字符的理据性不变

鳳（凤）颳（刮）壇（坛）產（产）見（见）買（买）賣（卖）硃（朱）窪（洼）鹽（盐）慮（虑）網（网）

2.3 表音表意度都削弱

醜（丑）蘭（兰）葉（叶）頭（头）瞭（了）團（团）嚮（向）

此外，有一类字需要具体分析，即一部分简化字是通过减省繁体字的部件得到的，但是这一方法对汉字理据性的影响并不相同，其中至少应分为三种情况：

1. 减省部件后的简化字在繁体字系统中表示其他义时，原本就存在，或原本是该繁体字的古本字，如，捲（卷），"卷"字的下列意义在繁体字中仍用卷不用捲：①可以舒卷的书或画；②书籍的册本或篇章；③试卷；④机关里保存的文件。故从结构上看，"捲"的结构是：音符+意符；卷

的结构是：记号+记号。因此可见汉字的表音表意度都降低了，理据性受到削弱。这类字分为两类：

繁体字：音符+记号——简体字：记号+记号，如：

術（术）係（系）餘（余）禦（御）殺（杀）秌（秋）

繁体字：音符+意符——简体字：记号+记号，如：

捲（卷）複（复）復（复）迴（回）傢（家）誇（夸）睏（困）鼕（冬）麵（面）裏（里）鹹（咸）鬚（须）捨（舍）矇（蒙）濛（蒙）懞（蒙）製（制）齒（齿）殺（杀）錶（表）電（电）發（发）雲（云）鬍（胡）颱（台）鬆（松）鏇（旋）窪（洼）塗（涂）

2. 另一类是减省部件后剩下的部件在繁体字体系中不成字，这类字又可细分为两类，一类是繁体字是有理据的，简化后成为无理据字，这类字有：聲（声）鄉（乡）。

另一类是繁体字本身无理据，简体字也无理据。这类字简化后并没有对汉字理据造成冲击，都为无理据字，归入理据值不发生变化的一类。

由上可见，汉字简化后，《简表》中，理据性受到削弱的汉字共计140组，其中汉字的表音性受到削弱的有91组，这一类除了上文列出的第一类：表音度减弱，其他字符理据性不变的83组字外；减省部件的简化字中第一类的七组字也属于这一类，此外还有一组字是鄉（乡），共计91组，占理据性削弱总字数的65.93%；汉字表意性受到削弱的有13组字，占这类字总数的9.29%；汉字的表音度表意度都受到削弱的有36组字，其中除了上文的第三种情况外，还应包括减省部件的简化字中的第一类中的另外29组字，它们占被削弱的总字数的25.71%。

3 理据性基本不变的

根据繁简字的理据性可分为两类：

3.1 简化前后都有理据的字

a. 繁体字、简体字的结构都为音符+记号：

骯（肮）鞏（巩）滬（沪）極（极）釀（酿）認（认）犧（牺）致（致）園（园）遠（远）築（筑）齒（齿）黨（党）寧（宁）懲（惩）

b. 繁体字、简体字的结构都为意符+记号：

礙（碍）蠶（蚕）攙（搀）饞（馋）讒（谗）纏（缠）襯（衬）蓋（盖）婦（妇）懷（怀）繭（茧）熱（热）灑（洒）掃（扫）曬（晒）濕（湿）樹（树）壇（坛）歎（叹）鐵（铁）襪（袜）霧（雾）淵（渊）躍（跃）惱（恼）腦（脑）妝（妆）濁（浊）鑽（钻）愛（爱）虜（虏）時（时）晝（昼）

c. 繁体字、简体字的结构都为意符+意符：

寶（宝）簾（帘）陰（阴）

d. 繁体字、简体字的结构都为音符+意符：

礬（矾）鹼（硷）墾（垦）懇（恳）攔（拦）欄（栏）爛（烂）憐（怜）纖（纤）響（响）踴（踊）症（症）贓（赃）裝（装）腫（肿）衝（冲）

e. 其他的结构：

糶（粜）滅（灭）竄（窜）糴（籴）體（体）聽（听）從（从）過（过）

3.2 繁简字都无理据性的字

繁体字、简体字的结构都为记号字（包括合体和独体）：

纔（才）徹（彻）稱（称）齣（出）處（处）雖（虽）辭（辞）敵

(敵)點（点）鬥（斗）奪（夺）墮（堕）兒（儿）範（范）飛（飞）奮（奋）糞（粪）乾（干）乾（干）穀（谷）關（关）漢（汉）號（号）閤（合）轟（轰）後（后）壺（壶）壞（坏）環（环）還（还）獲（获）穫（获）擊（击）積（积）繼（继）艱（艰）藉（借）競（竞）開（开）剋（克）塊（块）虧（亏）臘（腊）蠟（蜡）類（类）隸（隶）聯（联）獵（猎）臨（临）陸（陆）亂（乱）麼（么）廟（庙）蘘（蒇）闢（辟）憑（凭）啟（启）韆（千）牽（牵）寢（寝）慶（庆）瓊（琼）麯（曲）確（确）擾（扰）傘（伞）喪（丧）澀（涩）傷（伤）瀋（沈）實（实）適（适）獸（兽）書（书）帥（帅）檯（台）臺（台）膳（眷）圖（图）橢（椭）穩（稳）務（务）夢（梦）習（习）戲（戏）顯（显）縣（县）協（协）脅（胁）襲（袭）豐（丰）興（兴）懸（悬）壓（压）陽（阳）藥（药）醫（医）應（应）報（报）鬱（郁）這（这）雜（杂）鑿（凿）隻（只）棗（枣）齋（斋）摺（折）壯（壮）狀（状）準（准）罷（罢）備（备）貝（贝）邊（边）筆（笔）參（参）倉（仓）長（长）車（车）蟲（虫）芻（刍）帶（带）單（单）東（东）斷（断）對（对）隊（队）爾（尔）發（发）風（风）岡（冈）歸（归）龜（龟）畫（画）彙（汇）匯（汇）會（会）幾（几）夾（夹）戔（戋）監（监）薦（荐）將（将）節（节）盡（尽）儘（尽）殼（壳）來（来）樂（乐）離（离）麗（丽）兩（两）靈（灵）劉（刘）龍（龙）婁（娄）盧（卢）鹵（卤）錄（录）侖（仑）羅（罗）馬（马）門（门）黽（黾）難（难）鳥（鸟）聶（聂）農（农）齊（齐）氣（气）僉（佥）喬（乔）區（区）嗇（啬）聖（圣）師（师）壽（寿）雙（双）肅（肃）歲（岁）萬（万）為（为）韋（韦）烏（乌）無（无）獻（献）寫（写）尋（寻）亞（亚）嚴（严）堯（尧）業（业）頁（页）義（义）隱（隐）魚（鱼）與（与）鄭（郑）執（执）質（质）專（专）條（条）親（亲）葡（卜）畝（亩）

由统计可知：一表二表简化后，理据性基本没有变化的为281组字，占总数（503）的56.06%，也就是说，《简表》中有一半以上的汉字在简化后理据性并未受到很明显的冲击，这批字中记号字（含合体记号字，独体记号字）为 206 个，占这类字总数的 73.31%，占《简表》总数的 40.95%，也就是说一表二表中有 40.95% 的无理字并非由于汉字简化所致。

另外 75 组繁体字简体字都有理据，简化后，它们的理据性也没有受到很大的冲击，保持了原有的理据性。

通过以上的分析统计：

汉字简化后理据性增强的共计 82 组字，占总数（503）的 16.31%；

理据性减弱的共计 140 组字，占总数（503）的 27.83%；

理据性未受冲击的共计 281 组字，占总字数的 55.86%；

它们之间的关系可用下图表示：

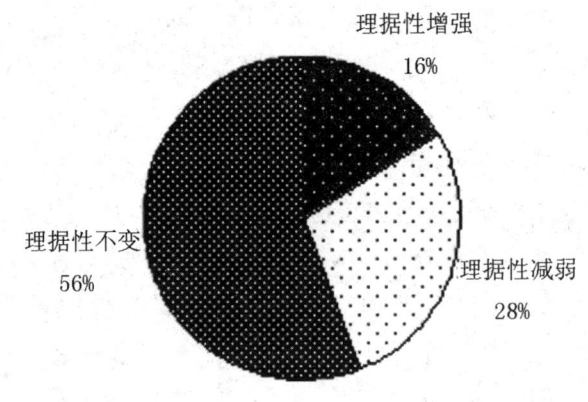

4 简化汉字应遵循的原则

从汉字简化与整理的实践及其效果来看，有些教训值得记取。总结缺点，是为了更好地前进。从过去的工作中，我们可以得出应该遵循的一些原则。

4.1 应以楷书原有偏旁和笔形为依据,不宜增加新偏旁和笔形

偏旁的增加有时不可避免,这时应该注意新立偏旁与原有偏旁的区别度,以免相互混淆,模糊记忆,此外,在可能的情况下应谋求偏旁的一致。如"顾"的偏旁"厄"是新立的,容易与"扼"中的"厄"相混。至于"門鬥"合并为"门",所以"閙""鬩"就简化为"闹、阅",则是值得推广的方法,因为在笔画形式上它们很相似,很多人又难以知道"門"和"鬥"的区别。在偏旁小有差异的情况下,完全可以合并它们。下面这些简体字,其偏旁小有差异,应设法归并。

①蒋(蔣)——将

奖(獎)——

原偏旁相同,简化后却不同了,其他如:将(將)、锵(鏘)、桨(槳)、浆(漿)、酱(醬)。

②卢(盧)栌(櫨)、颅(顱)、鲈(鱸)、鸬(鸕)、轳(轤)

芦(蘆)、庐(廬)、炉(爐)、驴(驢)

原来的偏旁是相同的,如果将"卢、户"合并为"卢",就与第一组取得了一致,何况它们原来的繁体偏旁是相同的。"户"改作"卢",虽然笔画增加了,偏旁却统一了,而与读作"户""护"的一组字有了区别。

笔形方面也是如此,应在传统"横竖撇点折"等基本笔形及其适当的变化上进行简化。现代简化字中"专"中的第三笔,"扬"中的右半边在传统楷书上找不到依据,造成了笔形的繁化,不利于汉字识字教学,也不利于以笔画笔形为设计根据的电子计算机。

4.2 笔形的规范或归并,应有规律可循

汉字的笔形本来就存在原体(本体)与变体,如"文"单用时是原体,在左偏旁时变得瘦小,在上时变得宽扁;"牛"单用或作下偏旁时用本体,在左偏旁时用变体,哪种情况下用正体,哪种情况下用变体,有其

固定的理数。但在简化汉字过程中，很多繁体字的笔形在简体字中有了变异，却理不出头绪来。例如：

榮—荣

東—东　　條—条　　雜—杂

把"荣、东、条、杂"以及"果、茶、杀、朵、集"放在一起，哪个有钩，哪个没钩，并没有一定的理数。再如"尘"字本为新会意字，"小土为尘"，但上面的"小"反而无钩。因此整理或简化汉字要控制笔形，谋求相关笔形的一致。

4.3 一些简化方法和手段应慎重使用

符号代用对汉字体系的破坏性是最大的，现代简化字中，有很大分量的字就是被"又、又"等符号破坏了。本来以简单的符号适当代替繁杂的偏旁，原不失为简化汉字的一种好方法，像"丛、鱼、鸟、马"中的"横"，代替"灬"，既简化了笔画，又方便了书写。但如果某一符号用得太多太滥，则容易造成混乱。比如《第二次简化方案（草案）》中，又用"一"代替了许多偏旁部件。

用同音替代应尽量避免语义上的混淆，更应防止由于多音多义字的增加而形成歧义或误解。

4.4 简化汉字应该考虑到中文信息处理的需要

4.4.1　有些偏旁一分为二，而新增加的偏旁又不能完全取代原有偏旁，给汉字编码带来麻烦，重码率也可能增加，此外还增加机器容量。例如：揀—拣、諫—谏、陸—陆、睦、師—师、薛等。

4.4.2　从电脑图形的识别要求看，汉字笔画繁简要适当，字形差别度要大，清晰度要高。拿"点阵方式"输出来说，一个汉字最基本的打印和显示，需要有 $20 \times 20 = 400$ 或 $18 \times 16 = 288$ 格点，如果以 18×16 的格点为例，它在水平方向可以多达 9 条横线，垂直方向可以多达 8 条竖线。根据这样的格点输出来的汉字才具有起码的清晰度。如果超出了这个要求，字形的清晰度就差了。如"影、街、璃、椅、帽、殿"等字虽然笔画也多，但其横向笔画少于9，纵向笔画少于8，有一定清晰度，从信息处理的角度看，可以不简化。而"嘉、爵、膏、磲、翼、骥、孽"等字其横向墨线都超过9，字形容易形成模糊一团，按中文信息处理的要求就应该简化。相反，如果一味追求笔画数减少，把大部分简化字控制在10画以内，势必使得字形过于接近，区别性很小，不仅不利于人脑记忆，也不利于电脑自动识别。

4.5 简化汉字应建立在字频统计基础上，简化汉字中使用频率不高而结构又复杂的字体，冷僻字或古汉字不必简化

现在的简化字大体上是在《新华字典》7254字的范围内进行处理的结果，许多不依靠工具书读不出字音也讲不出字义的冷僻字也简化了，这是没有必要的。至于偏旁类推，应该在常用字或通用字范围内，超出这个范围的字，就没有类推简化的必要了。

5 简化字的未来

现代汉字还要不要简化？简化字的道路是不是走错了？这是语言文字学界以外的人所普遍关心的问题，也是认识上有模糊的区域。1986年1月，在北京召开的"全国语言文字工作会议"明确宣布：从长远看汉字不能不简化，但今后对于汉字的简化应持谨慎的态度，在一个时期内使汉字的形体保持相对的稳定，以利社会应用。1986年6月24日，国务院在批转废止《第二次汉字简化方案（草案）》的有关报告时也指出："今后，对汉字的简化应持谨慎的态度，使汉字的形体在一个时期内保持相对稳定，以利于社会应用。"这个态度已经很明确，汉字简化将不再是大规模的、强迫性的行政命令和群众运动，在相当一个时期内汉字要保持相对稳定的态势。

但是，这并不等于说汉字简化运动已经宣告终结，因为汉字不再简化几乎是不可能的，因为：(1) 从汉字形体演变的基础趋势和长期以来社会上不断自发简化汉字的情况看，现行的汉字仍然会继续简化，这符合文字本身发展的规律，也符合文字本身的特性。即使没有行政上的命令，在民间也是免不了的。也就是说，汉字的简化更多将是自发的行为。(2) 已公布的《汉字简化方案》和编印的《简化字总表》中少数字简化得不太合适，需要重新加以修改。另外随着社会对文字书写的要求，有些字的形体还在继续发生变化，比如已废止的《第二次简化方案（草案）》中有些简化字在民间流传很广，深受群众欢迎。这些字在适当的时候还应该加以确认。(3) 现代汉字中还有一部分使用频率高、笔画繁的字没有简化，这不符合社会和科技的实际需要。据统计《信息交换用汉字编码字符集·基本集》收入的6763个通用汉字中，就有138个字因结构、笔画繁难而不能在15×16的点阵字形中使用，如"膏、霸、赣、酬、蠹"等，信息学界对这些字不得不强行压缩笔画。这些压缩笔画的字属于不规范字，总要妥善处理。

参考文献

[1] 陈章太. 论汉字简化 [J]. 语言文字应用，1992（2）

[2] 黄亚平，孟华. 汉字符号学 [M]. 上海：上海古籍出版社，2001.

[3] 吕必松，李更新，张德鑫. 汉语与汉字教学论文集 [C]. 北京：北京大学出版社，1999.

[4] 裘锡圭. 文字学概要 [M]. 北京：商务印书馆，1999.

[5] 苏培成. 二十世纪的现代汉字研究 [M]. 太原：书海出版社，2001.

[6] 苏培成. 汉字简化与繁体字对照字典 [M]. 北京：中信出版社，1992.

[7] 苏培成. 现代汉字学纲要 [M]. 北京：北京大学出版社，2002.

[8] 王显. 略谈汉字的简化方法和简化历史 [J]. 中国语文，1955（4）.

［9］谢世涯. 新中日简体字研究［M］. 北京：语文出版社，1992.

［10］高更生. 现代汉字规范问题［M］. 北京：商务印书馆，2002..

［11］周有光.《汉字简化方案》的推行成果［M］. 语文建设，1989(5).

（本文为提交 2003 年 11 月 8 日～11 日举办的第三届全国语言文字应用学术讨论会论文，有增改）

简化字的理据性与汉字书同文[①]

【提要】 谈到汉字理据性的问题,很容易让人联想到简化字。很多人认为,简化字破坏了汉字的理据性,以为现代汉字理据性的降低主要是由简化字造成的。本文通过分析简化字与现代汉字整体结构的关系,认为简化字对汉字的理据度并没有多大的影响。现代汉字理据度的降低是由多种因素构成的,简化字不应该成为"书同文"的主要障碍。

【关键词】 简化字　理据　书同文

1 汉字的理据性

对于汉字理据的理解存在不同的分歧。孙剑艺(1992)认为:"要说早期的汉字'有字理'是可以的。但是汉字发展到今天,它所记录的汉语发展到今天,社会发展到今天,汉字的'六书字理'早已消失殆尽了,或者说早已不起多大作用了。……实际上,汉字本身的发展史,就是一部逐渐淡化自己'字理'的历史。"苏培成先生(1994:81~82)不同意这个观点,他认为:"真正实用的文字都是有理据的。拼音文字的字母按照一定的规则拼合起来,就能表示出词的读音,这就是它的理据。汉字不是拼

[①] 该文为提交2002年于上海举行的"第四届汉字书同文学术研讨会"论文,此次收入有改动。

音文字,是语素文字,它的理据表现为部件和字音、字义间的联系。看到一个汉字,能够从它的部件联想到它的读音和意义。知道它代表的是什么语素,这样的字叫有理据。反之,看到了部件不能引起联想,这样的字就是没有理据。"刘又辛(1997:69)认为:"从两种文字的性质来看,拼音文字是一种无理性符号;汉字则除少数表音(假借字)外,基本上都是有理性符号。"这里对汉字理据性的不同理解,牵涉到对汉字系统规律的认识和对汉字发展演变历史的不同看法。至少涉及以下三个问题。

1.1 对文字理据性的理解

文字的理据性是指文字符号和语言成分的对应关系,既然文字是用来记录语言的一套符号系统,而语言又是音义结合的词汇语法体系,那么文字记录语言,就是使文字符号和语言成分建立联系。这种联系可以是语音的,也可以是意义的。拼音文字的字形(词形)直接记写语言要素的声音,而汉字中的形声字的字形则与语言要素的声音和意义两个方面发生联系。因此,我们说的理据性不仅仅指现代汉字是不是合乎"六书",还指作为一套记录汉语的符号系统,汉字跟语言成分之间是否具有某种联系,换句话说,汉字在记录语言成分的同时,是否体现出某些规律性的东西。从这个意义上说,我们同意苏培成先生的看法,任何实用的文字都是有理据的。汉字记录汉语,它的理据性就表现在汉字字形直接与语言中的音或者义发生联系。比如"众",是由三个人组成的,用它代表"人多"的意思。"抬"两个偏旁一个表义,一个表音。这样的字都体现出了汉字的理据性。不同类型的文字,它的理据性表现出来的方式就有所不同。表音文字用字母表示语言中的音素或音节,字母按照一定的拼合规则来表示相应词的读音。例如英语中的"book,look,cook,boot"等词,其发音就有一定的规律性,词形直接记写语言要素的声音。当然也有一些词不能准确表示读音,但从英语文字的整个体系来看,还是有一定系统规律的,因此我们承认它是有理据性的文字,至于多少词形表音,多少不表音了,那是理据度的问题。

为了把汉字的理据性加以量化，苏培成先生（1994）提出了理据度这个概念。理据度的计算公式是：

实际具有的理据值÷最大理据值＝理据度

按照字符理论，现代汉字的字符分为三类，就是意符、音符和记号。意符、音符有理据，记号没有理据。他以《新华字典》的部分作了抽样测查，推测汉字的理据度在50%上下。

1.2 古代汉字和现代汉字的理据性问题

所谓现代汉字是指记录现代汉语所使用的文字。它主要以形声为主要构字方式，以楷书为通用印刷体，基本上采取语素—音节原则来记录现代汉语。古代汉字是一个非常宽泛的概念，它至少可以划分为两个大的阶段，即古文字阶段和隶楷阶段。前一阶段起于商代，终于秦代；后一阶段自秦末一直延续到现代。在时间范围的大跨度、字形演变的大变化面前，对于古代汉字的理据性也要做出具体的分析。如果说小篆以前的文字，基本保留了象形的特点，那么隶变可以说是汉字历史上的一次空前的大简化，它确立了汉字点、横、竖、撇、捺等现代汉字的基本笔画，它也确立了现代汉字结构的基本雏形。在甲骨文里表示具体事物、动物的字形，一般都是描摹其外形或者外形特征，这些字形直接与所记录的词语发生联系。这些象形字可以看作是有理据的，但大量的甲骨文同时也不是能够"见形知义"的。由于甲骨文没有确立笔画观念，当时的书写工具是刀笔和骨板，所以字形大小不一，字的形体结构也不够定型，同一个字繁简不一，异体字很多。因此其理据性未必就比现代汉字高多少。汉字发展到了周代，特别是春秋战国时代，汉字造字方式发生了根本性转变，形声字增加的速度超过了表意字，形声字的数量也就占了多数。《说文解字》所收9353个小篆中，形声字的数量就占了80%多。这时候，汉字的理据性就越来越强了。发展到隶楷阶段，尽管随着笔画的确立，象形、指事、会意字的理据性有所降低，但形声字的数量发展迅速，南宋郑樵对两万多汉字的结构作过分析，认为当时的形声字比重已经超过90%。因此，汉字的理据性不是削弱了，而是大大加强了。现代汉字中，大部分字形是隶楷阶段汉字的传承，古今通用字仍是现代汉字的主体，简化字和新造字所占的比例不足20%，而即使是简化字和新造字，也不是完全没有理据的，有些字还加强了汉字的理据性。比如"态""证""递"等字就比原来的繁体字理据度高了。

1.3 个别字形和汉字系统

讨论汉字的理据，应该着眼于汉字的整体系统，而不应该拘泥于个别字形，尤其不应该就某个字或某些字的理据，特别是"六书"理据，来否定整个汉字系统的理据性。我们要看这些字是否构成对整个汉字系统的冲击，其冲击度到底有多大，是否到了足以破坏汉字理据的程度。拿"木"字旁的字来说，从整个表意体系上看，汉字从"木"的字，大多还是与木有关的。我们统计了《新华字典》中18个常用形旁，结果发现2738个形声字的形旁表义率为90.03%。我们还就《最常用的汉字是哪些：三千高频度汉字字表》作了统计，1985个形声字中形旁有表义作用的1720个，占总数的86.65%，形旁没有表义作用的265个，占总数的13.5%。所以从总体上看，现代汉字形旁依然保持着较高的理据度。声旁的情况就差一些了，汉字有多少形声字的声旁可以真正表音？即有多少形声字的声旁读音和整字的读音完全一致？周有光先生（1978）统计的结果是：现代汉字声旁的有效表音率是39%。周先生的数据统计中是以"含旁字"所指，其含义比声旁要宽泛一些。李燕等（1992）对7000个通用字中的形声字的统计结果为，声韵完全相同的2285字，占形声结构的比例是40.54%，而事实上，越是生僻字的表音率越高，我们对常用字3500个统计的结果是32%。高家莺（1993）对倪海曙编著的《现代汉字形声字字汇》所收5990个正字进行统计，其中一音声旁所组成的形声字中，字音与声旁读音完全相同的1578个，占形声字总数的26.3%。之所以出现这样的差距，原因在于所选材料及对材料的限制各有不同。不过，据笔者的统计结果，30%左右的表音率应该说接近汉字的事实。从这个意义上说，现代形声字摹写声音的理据度并不高。

2 简化字的理据性

常常有人认为,简体字破坏了汉字的结构,破坏了汉字的理据性。"简体字易写而没有字理"(袁晓园,1989),这样的说法缺乏对简化字的全面分析,也往往是只看到了一些简化字的"树木",而没有看到简化字系统乃至汉字系统的"森林"。诚然,简化汉字在六书的字理上,有它的缺陷,但80%以上的简化字还是可以进入汉字的理据体系的,它与整个汉字体系的冲突并不是想象的那么大,况且由于汉字本身的发展同样也使古代汉字中大约20%的字游离出了汉字结构体系,这部分无理据的字是不能记在简化字身上的。严格要求简化字一定要符合类推规律、一定没有规则例外,是不现实的,也是不符合汉字实际的。

2.1 汉字系统本身不是科学定律,也不是一个严格的科学体系。因此,规则的不对称性和规律的不系统性也就在所难免

汉字不是一时一地某一个人创造的,而是经过长期的发展逐步形成的。在发展过程中,它不是以追求系统的完备性和科学性为主要目标,而主要是书写的简便性,它甚至并没有过多考虑记忆的方便性。再加上语言的发展变化,记录汉语的汉字也会相应地发生音义方面的变化。因此,就会在规则之外出现特例,出现游离于系统之外的汉字。比如从"竹"字头的字,一般说来都与"竹"有关系,但是有些字并不是这样,"笑、笨、答、第、等"常用字都已看不出跟竹子有什么关系了;有些竹字头的字"竹"是声旁,如"笃",从马,竹声,本义为"马缓慢地行走";"筑"是个会意兼形声字,从竹从"玉丮(抱,用手拿。隶变为巩)"。这些字的理据性都是要打折扣的。但从"竹"的另外127个字(根据张书岩主编《标准汉语字典》,汉语大辞典出版社,2000年12月)都可以看作与"竹"有关系。另外形声字声旁的表音规律性就更差了,同样是"皮"作

声旁的字，可以有：pī（披），pí（疲），bǐ（彼），bèi（被），bō（波、玻），bǒ（跛），pō（坡），pò（破）等等。所以认为汉字可以系统类推本身就存在认识上的错误。

2.2 从整个简化系统上看，可以类推的简化字还是占多数的

《简化字总表》第三表所收的1753个字就是根据第二表的简化字和简化偏旁类推出来的。如"貝"简化为"贝"，贞、则、负、贡、呗、员、败、贮、贪、侦、侧、货、贯、贵、贱……等中的"贝"统统简化为"贝"。而这些可以类推的简化字占了简化字总数的78.43%。所以我们应该承认汉字简化的类推规律还是存在的。至于第一表和第二表中出现的简化字更不应该成为批评简化字的理由。因为简化字中80%的汉字是古已有之的（李乐毅，1996），是在群众中间流行了几百上千年并有广泛群众基础的字，只不过我们整理规范了这些字，使它们取得了合法身份并成为唯一合法身份的字体。由此看来绝大部分简体字不是新中国成立后臆造的。其实简化字作为政府行为推广，早在1935年，当时的国民党政府教育部就公布了《第一批简体字表》，共收324个字。就是现在被人们广泛批评的"破坏六书"原则，被人们广泛举例的用"又"代替十多种偏旁，也是当时就有的。比如当时的方案就确定了"觀"简化为观、"歡"简化为"欢"、"權"简化为"权"、"勸"简化为"劝"。所以台湾当局和有关人士完全没有必要背着这个包袱，认为简化字是大陆政治的产物。

2.3 对简化字的理据性我们要做具体分析

简化字有一部分增强了汉字的理据性，有一部分虽然改变了结构，但保持了原来的理据性，还有一部分就是破坏了原来的理据性。

2.3.1 一部分简化字增强了汉字的理据性。主要表现是形声字中有的改用了表音较准确的声旁，有的改换了既能表意笔画又简单的形旁。比如"態""鐘""遷""遞""蘋"分别简化成了"态""钟""迁""递"

"苹",简化后的声旁与整字读音完全一致。"驚""護""響"分别简化成了"惊""护""响",像这些字纳入汉字的整体体系,其理据性应该是增强了,而不是减弱了。因为汉字声旁的表调功能是很弱的,所以简化字后的形声字如果声旁的读音与整字的读音相近,也属于正常现象,而不应该成为批评简化字的理由。当然在可能的情况下,尽量保持或更改为与整字读音相同是最好的。

2.3.2 对汉字的理据性不构成冲击的简化字。这部分字保留了原来繁体字的字形结构,也就保留了繁体字的理据。比如"漢"简作"汉",繁体字右边的偏旁多数人已经不知道它的读音和含义了,那么把它简作"又"对汉字的理据性来说,并不构成什么影响。类似这样的例子还有:忏(懺)、继(繼)、观(觀)、艰(艱)、联(聯)、刘(劉)、确(確)、铁(鐵)、听(聽)、虾(蝦)、礼(禮)、驴(驢)等。这类字在简化汉字中占了60%左右。这也就足以说明,简化字在汉字的理据性的破坏上并没有多大。

2.3.3 汉字简化过程中,的确一些方法的使用明显对汉字理据的系统性构成影响,使得简化后的汉字在理据度上不如原来的繁体字。下面我们具体分析:

2.3.3.1 符号代用的方法是对汉字理据度破坏最严重的方法。

符号的代用可以把繁难的偏旁变成简易的偏旁,适当地使用符号替代可以使字形明晰,就个别单字而言,是非常有效的一种办法。符号可以替代某一个整字,也可以替代某个字中较复杂的偏旁。有人记笔记、写日记都爱用一个"d"代替汉字"的",用"t"代表"问题"的"题",这无疑对书写速度会起到影响。汉字中用"义"代替"羲',显得简单、明了多了。但就汉字的整体而言,过多的符号替代方法的使用,过多的替代符号的出现,必然影响到汉字的整个体系,破坏汉字表音和表意的理据。例如:

以"、"号代替如:办(辦)、协(協)、苏(蘇)

以"丷"代替如:单(單)、夹(夾)、来(來)、丧(喪)、啬(嗇)、伞(傘)

以"⺌"代替：兴（興）、学（學）、誉（譽）、举（舉）

以"乂"代替：区（區）、风（風）、赵（趙）、冈（岡）、卤（鹵）

以"刂"代替：坚（堅）、临（臨）、览（覽）

以"又"代替：如：仅（僅）、汉（漢）、叹（嘆）艰（艱）、难（難）、观（觀）、劝（勸）、欢（歡）、权（權）对（對）、戏（戲）、鸡（鷄）、邓（鄧）、凤（鳳）、双（雙）、树（樹）、轰（轟）、聂（聶）、圣（聖）、发（發）、变（變）

以"云"代替：动（動）、层（層）、坛（壇）、运（運）、酝（醞）

以"不"代替：坏（壞）、怀（懷）、还（還）、环（環）

以其他符号代替，如：乔（喬）、状（狀）、垒（壘）陆（陸）

这些符号是怎么影响汉字理据的呢？首先这些符号代用无规律可循。用哪个符号代替哪个或哪些偏旁并没有一定之规，旧的偏旁又有保留，这样就势必影响汉字理据，很多代用符号与原偏旁混杂在一起，也就势必产生记忆上的混乱。例如：

① （權）→权　灌≠汉　鹳≠鸡

② （鄧）→邓　澄≠汉

③ （難）→难　歎≠欢

④ （層）→层　增≠坛

⑤ （鳳）→凤　（鳴）≠叹

⑥ 壘→垒　纍→累　偏＝？

⑦ （鷄）→鸡　溪≠汉

⑧ （蘇）→苏　稣≠办

⑨ （轟）→轰　森淼蟲＝？

其次给部首理据造成了一定混乱。原有繁体字多数部首比较清楚明了，简化以后变得模糊了。例如："單"字原在口部，"興"原在臼部，"辦"字原在辛部，简化以后，原该部首的偏旁被符号取代了，"单、兴、办"等字该如何归部，需另作安排，甚至打乱原来的部首系统，另增新部首。

另外，偏旁系统的合理性受了一定损失。"趙"简作"赵"，"僅"简

105

作"仅"、"鄧"简作"邓",但其他所有从"肖、董、登"的字却没有简化,形成偏旁系统的例外,因此就个别单字而言,简化字确实减省了许多笔画,但就整体而言,"肖、董"和"登"等组字的偏旁理据体系却又被"义"和"又"的符号破坏了。

2.3.3.2 笔画减省与形体简化在一定程度上降低汉字理据度。

现代汉字的简化字主要是笔画的减省和形体的简化,例如"開"简作"开","聲"简作"声",是笔画的简化;"當"简作"当","龍"简作"龙"是形体的简化。但两者又不是截然对立的,笔画减省的结果,必然简化了原字的形体,字形简化的结果也必然减省了原字的笔画,两者的目的都是设法把汉字繁难复杂的结构,改成简单明了的结构,但改换的结果对汉字理据度造成了一定影响。

(1)读音繁化,理据度受到影响。根据统计,《简化字总表》里的简体形声字共有266个,其中声旁读音与该字读音完全相同的有128个,占总简体形声字的57%,声同调不同的有68个,占30%,声调都不同的音近字有30个,占13%。换言之,声旁不能准确表音的字高达43%,而且同一声旁在不同的简体字里,读音的差距很大。例如:

①千(qiān):忏(chàn)、歼(jiān)、迁(qiān)、纤(qiān、xiān)、跹(xiān)

②井(jǐng):进(jìn)、讲(jiǎng)

③夭(yāo):袄(ǎo)、跃(yuè)

④西(xī):洒(sǎ)、晒(shài)

⑤先(xiān):宪(xiàn)、选(xuǎn)

由此可见,现代汉字中的简化字由于着重笔画的简省而忽略了认读问题,也就是说在简体形声字读音准确、避免误读方面照顾得不太周到,结果是笔画减少了,读音却繁化了。

(2)偏旁繁化,理据度降低。由于"约定俗成"与"系统类推"之间产生的矛盾不可避免,使得简化的偏旁出现了很复杂的情况,有的把原有的繁体偏旁分化成了多个简体偏旁,其中有的又保留原偏旁,这就使偏旁体系更加混乱了。例如:

①專→专→才　　　　　　传（傳）、团（團）
②樂→约→乐　　　　　　药（藥）、烁（爍）
③盧→卢→户　　　　　　栌（櫨）、炉（爐）
④將→将→丬　　　　　　蒋（蔣）、桨（槳）
⑤昜→日→力　　　　　　扬（揚）、阳（陽）、伤（傷）
⑥冓→勾→井→冓　　　　构（構）、讲（講）、靓（靚）
⑦登→丁→又→正→登　　灯（燈）、邓（鄧）、证（證）、镫（鐙）
⑧襄→良→上→襄→　　　酿（釀）、让（讓）、镶（鑲）

以上这些繁体偏旁，有的被分化成多个简体偏旁后，原有的偏旁并没有完全消失，而还保留在一部分字中，例如"登"和"襄"单独用不简，而"镫、镶"则半简半繁；此外，"专、乐"等是以前没有的偏旁，这使偏旁的数目有增无减。可见笔画的简省和形体简化的结果，这部分简化字不仅繁化了读音，而且繁化了偏旁。

（3）形似字增加，理据缺失。汉字简化的结果，不可避免的是形似字的增加，因为简化字的目的在于减少笔画和简化形体，笔画和形体简省得越多，字形就越容易相近。

（4）部首困难造成查字理据不足。简化字的初衷是为了方便书写，易于学习和掌握，而在实际操作过程中却产生了很多问题。偏旁的增加给部首归类带来的麻烦便是其中之一，这些是汉字简化工作者始料未及的。例如新旧部首并存的问题，对于简化以后的部首必须另立新部，而旧的部首又没有被完全取代，就造成了原有部首一分为二的结果。例如："习、讠、饣、钅"是新立部首，而"戏、诉、折、詹、警、餐、饕、鉴、鑫"中的"爿、言、食、金"却是没有简化的部首。

现代汉字理据性降低的原因主要是语言和文字的时代发展，其中阶段性的发展至关重要。从甲骨文、金文到小篆，从小篆到隶楷，每个阶段的字形变化都是对汉字结构的一次调整。语言的发展，尤其是语音的发展，使得汉字的读音也在发生变化，这点对形声字的影响尤为突出，很多声旁与字音相同或相似的读音，变得不相同或不相似了，造成形声字大范围的表音率下降。

3 对海峡两岸汉字前途的思考

目前，大陆和台湾分别颁布了相关的汉字标准字形，根据费锦昌先生对大陆《现代汉语通用字表》和台湾地区《常用国字标准字体表》的分析统计，"如果说得笼统点，那就是在大约5000个使用频率较高的现行汉字中，约有60%的字形存在或大或小的差异"。这个问题已经引起了有关方面的高度重视，不仅在汉字研究的学术界，而且在信息处理界、教育界、新闻界甚至民间海峡两岸"书同文"的呼声也越来越高，解决两岸在汉字书写方面存在的问题、统一现代汉字字形是迟早的问题。为此，我们应该为这一天的到来做好充分的学术研究准备，做好充分的思想准备。

3.1 统一汉字字形首先需要有正常的、良好的心态

汉字"书同文"现在不是哪一个政府的主观意志，而是时代对汉字提出的要求。我们应当首先肯定的是"书同文"不是一场政治运动，也不是政治势力的较量，而完全是有识之士出于对全体中国人利益的关心，是因为不同的汉字字形已经大大阻碍了信息交流，给人们的日常生活、科技、商业、通信等带来了极大不便，因此在这个时候，我们更多应该考虑的是汉字的实用性和方便性的问题，同时也不可能脱离汉字现状。任何忽视现有汉字标准和现有汉字使用情况的极端做法都是不可取的。我们非常同意这样的说法："笔者不赞成把两岸现行汉字的差异任意扩大和缩小；不赞成产生差异的原因简单地归之为大陆推行了简化字或台湾墨守成规；不赞成用过分简单化的办法来消除两岸字形的差异，比如让大陆废除简化字，恢复繁体字，或者要求台湾一字不漏地采用目前大陆通行的简化字。"（费锦昌，1993）

3.2　充分尊重目前两岸汉字使用的现状

我们姑且不论简化汉字的功过问题，事实上简化汉字在大陆已经有了广泛的基础，并建立了各种规范和标准。在今后相当长的一段时间内，汉字的形体会保持相对稳定，以利于社会应用。但这绝不是说，大陆使用和通行的标准就是一成不变的，就是不能更改的。也不是说现行的汉字就都是最合理、最标准的。首先，汉字的发展演变是历史的规律，这符合文字本身发展的特性，即使没有任何官方的或行政的命令，在民间也是免不了的。其次，现代汉字中还有一部分使用频率高、笔画繁难的字没有简化，这不符合社会和科技发展的需要。据统计《信息交换用汉字编码字符集·基本集》收入的6373个通用汉字中，就有138个字因结构、笔画繁难而不能在15×16的点阵字形中使用，如"膏、霸、赣、酬、蠹"等，信息学界不得不强行压缩。这些字总有一天要妥善处理。台湾《标准字体表》中确定的标准形体，也有比较合理的，如果能找到某些结合点，大陆也不应当采取完全漠然处之的态度。尤其是在某些字调整的时候，应当适当考虑台湾的汉字标准。

3.3　科学、公正、历史地看待简化汉字

大陆对汉字进行简化，也绝不是一时头脑发热，汉字简化是文字发展的必然规律。远的不说，在明清时期一些文人学士就开始有意识地使用简化字，五四以后，与国语罗马字母运动兴起的同时，简化字运动也得到了发展。1920年，钱玄同在《新青年》发表文章，提倡简化字。之后，他和胡适、陆费逵、黎锦熙、杨树达等积极奔走，1935年当时的国民党政府教育部才公布了《第一批简体字表》。为什么本来是文字规律的东西会变成政府行为？道理很简单，为了让更多的人掌握和使用汉字。当时我们的文盲和半文盲的数量已占人口的70%—80%，这严重影响了科技的进步、思想发展、国民素质乃至国家前途。而要想学习先进技术，首先要学习记录

它的载体——汉字。所以我们没有理由批评或者攻击当时的简化字运动，也就没有理由批评或者攻击新中国的简化字运动。

总之，我们没有意图颂扬简化字和简化字运动，我们不会忽视简化字所带来的种种问题，但如果我们能客观、公允地认识这个问题，我们才有可能在海峡两岸"书同文"的问题上，达成一致的看法，从而推动这项工作的进一步开展。

参考文献

[1] 陈章太．谈汉字简化［J］．语言文字应用，1992（2）．

[2] 高家莺，范可育，费锦昌．现代汉字学［M］．北京：高等教育出版社，1993．

[3] 费锦昌．海峡两岸现行汉字字形的比较分析［J］．语言文字应用，1993（1）．

[4] 李乐毅．80%的简化字是"古已有之"的［J］．语文建设，1996（8）．

[5] 李禄兴．现代汉字学要略［M］．北京：文津出版社，1998．

[6] 李燕，康加深，魏励，张书岩．现代汉语形声字研究［J］．语言文字应用，1992（1）．

[7] 刘又辛．汉语汉字答问［M］．北京：商务印书馆，1997．

[8] 裘锡圭．文字学概要［M］．北京：商务印书馆，1988．

[9] 苏培成．现代汉字学纲要［M］．北京：北京大学出版社，1994．

[10] 苏培成．二十世纪的现代汉字研究［M］．太原：书海出版社，2001．

[11] 孙剑艺．评"识繁写简"［J］．语文建设，1992（2）．

[12] 孙剑艺．论海峡两岸汉字的现状与前景［J］．山东大学学报，1995（1）．

[13] 颜逸明．海峡两岸统一用字的思考［J］．语文建设，1991（2）．

[14] 袁晓园．识繁写简书同文字共识互信促进祖国和平统一［J］．

汉字文化，1989.创刊号.

　　[15] 周胜鸿. 试拟《统一汉字总表》[J]. 语文建设通讯，1992 (38).

　　[16] 周有光. 现代汉字中声旁的表音功能问题 [J]. 中国语文，1978 (3).

　　(原文发表于《汉字书同文研究》第 3 辑，香港华夏文化出版公司，2002 年 8 月，有改动)

由简化造成的形似字统计分析

【提要】 一般认为,汉字简化使得汉字字形发生了重要改变,而改变之一就是字形不如原来美观了,汉字的形似字增加了。那么到底汉字简化增加了多少形近字?给没给汉字系统带来实质性变化?本文试图通过统计分析的方法来解决这一问题。文章讨论了形似字的标准,然后根据简化前后的字形对 3500 个常用字逐一进行了对比,得出结论,简化前繁体字中形似字占常用字的 16%,简化后的形似字占常用字的 24%,也就是说简化后形似字在常用字中增加了大约 8% 的比例。

【关键字】 形似字　简化字　繁体字　统计

0　引　言

本文所说的常用汉字是指 1988 年由国家语委和国家教委联合公布的《现代汉语常用字表》中所收录的 2500 个常用字和 1000 个次常用字。本文对常用汉字中由简化造成的形似字的数量做一些分析,希望能对今后的汉字简化或者整理工作提供参考。

1 形似字的标准及分类

形似字，也叫形近字、近形字，是指字形相似但意义不同的字。形似字总是成组出现，如"冶—治"、"人—入—八"、"田—由—甲—申"等。《康熙字典》在《辨似》栏里说："笔画相似，音义显别，毫厘之间，最易混淆。"并且分列二字相似、三字相似、四字相似和五字相似，在每字之下，还分别注明音义和笔画结构。可见古人早已深知形似字容易混淆、不易辨认。但是直到现在，关于形似字"字形相似"的标准仍然说法不一。《康熙字典·辨似》中收录形似字以"笔画相似"为标准，显然含糊而不准确。今人研究形似字时，有的以"轮廓相似、大同小异"为判定标准；有的以同形旁或同声旁、音同或音近为判定标准，同样宽泛而不准确，如按后者，"幅—福—蝠—辐"就都算形近字，这样收字显然标准过宽。

那么，"字形相似"的标准究竟是什么呢？笔者认为应考虑以下四种因素，即笔形、笔画数、结构和部件。笔形和笔画数是对独体字而言的，结构和部件是对合体字而言的。

1.1 独体字形似判定标准

（1）笔画数相同，笔形一致，只是笔画的组合关系不同，即笔画相结、相离、相交的位置和方式不同。如"元—无、石—右、开—井"。

（2）笔画数相同，笔形基本一致，只有笔形存在差异。如"开—升、贝—见、用—甩"。

（3）笔形基本重合，但笔画数略有不同。如"丙—两、厂—广、大—太、丹—舟"。

1.2 合体字形似判定标准

结构基本相同；存在相同部件且位置相同；存在相似部件，但数目不能超过两个（指基础部件）；相似部件形差度不能太大。如"败—贩、毕—华、颁—颂"。但以下几组就不能算作形似字。

吴-吞 古-叶 部-陪 宴-晏 旮-旯 呆-杏 碎-粹 陶-淘 邻-怜 从-以 添-漆 厄-危 祭-癸 福—蝠

根据以上标准可以比较准确地判定形似字，但是仍然存在一些例外情况。如"白-臼"并不符合上述独体形似字判定标准；"北-兆、冰-泳、朵-杂、即-郎、拣-栋、旧-归、冒-胃"不存在相同部件，只是构形部件分别相似且形差度极小；"乖-乘、买-卖、免-兔、直-真-具"则不存在相似部件，但它们在字形上的确极为"形似"。此外还有个别独体字与合体字十分形似的情况，如"井-并、出-击、我-找"。这些汉字虽然不符合上述形似字判定标准，但从它们的形似度考虑，笔者认为，应该将它们算作形似字。

综合以上情况，我们可以把形似字分为三类：独体形似字、合体形似字、独体与合体形似字。其中合体形似字根据部件相同、相似的不同情况又可以分为三级：

（1）一级形似字（存在相同部件、有一个相似部件）。如"哀-衷-衰、荏-荐"。

（2）二级形似字（存在相同部件、有两个相似部件）。如"抑-柳、毕-华"。

（3）三级形似字（不存在相同部件、只有相似部件）。如"拣-栋、旧-归"。

至于"乖-乘、买-卖"这类特殊的形似字，我们可以把多出的部件看成是和某个"零部件"相似而归入一级形似字。

2 常用汉字中的形似字

根据以上判定形似字的标准，笔者从 3500 个常用汉字中，择取出了 837 个形似字，约占常用汉字总数的 23.91％％。统计情况如下。

2.1 独体形似字 126 个

（1）元—无 石—右 午—牛 七—匕 失—矢 天—夫 目—且 力—刀 人—入—八 田—由—甲—申 开—井

（2）开—升 凸—凹 风—凤 贝—见 千—千 于—干 勺—匀 未—末 儿—几 土—士 天—夭 犬—尤 寸—才 刁—刀 东—乐 用—甩 五—丑 叉—义

（3）半—羊 丙—两 厂—广 大—太 丹—舟 刃—刀 斗—头 几—凡 小—少 冈—网 个—介 巾—币 今—令 斤—斥 皿—血 木—本 内—肉 乃—及 去—丢 全—金 上—止 尸—户 水—永 术—米 乌—鸟 夕—歹 予—矛 爪—瓜 尤—龙 丈—文 之—乏 心—必 又—叉 丘—乒—乓—兵 白—臼 大—犬

2.2 合体形似字

（1）一级形似字 651 个。

般—船 奥—粤 芭—笆 拔—拨 败—贩 扳—板 班—斑 般—股 颁—颂 邦—那 报—投 杯—怀 比—此 闭—闲 庇—屁 边—迈 辨—辩—辫 扁—扇 博—搏 薄—簿 参—叁 侧—测 茬—荐 差—羞 常—赏 贬—眨 抄—秒 扯—址 撤—撒 尘—尖 忱—沈 沉—沈 噔—瞪 骋—聘 持—特 宠—庞 抽—押 处—外 催—摧 村—材 达—这 担—坦 诞—涎 导—异 掉—绰 档—挡 淀—绽

绽—锭 措—错 赌—睹 钓—钧—钩 盯—叮 叼—叨 锤—捶 吨—
饨 顶—顷—项 缎—锻 奋—奄 肤—肢 伏—优 芙—英 俘—浮
赴—赵 斧—爷 服—股 溉—慨 慨—概 纲—钢 勾—句 肛—肚—肝
各—谷—吝 攻—玫 玫—玖 估—佑 沽—沾 故—敌 挂—桂 古—
占—舌 光—先 哈—啥 含—舍 夯—夺 孤—狐 壶—壹 虎—虏
话—活 坏—坯 环 幻—幼 涣—焕 慌—谎 海—悔 计—汁 记—
纪 技—枝 健—键 渐—惭 缰—僵 奖—桨—浆 娇—骄 届—屈
津—律 仅—仪 竞—竟 拒—柜 俱—惧 捐—损 卷—券 倔—掘
刊—刑 看—着 扛—杠 抗—杭 烤—拷 挠—饶 绕—饶 科—料
客—容 垦—恳 抠—枢 苦—若 挎—垮 矿—旷 傀—槐—愧 梨—
犁 李—季 历—厉 凉—谅 梁—粱 猎—猪 搂—楼 录—隶 旅—
族 虑—虚 仑—仓 拉—垃 癞—癫 拦—栏 梦—梦 蓝—篮 揽—
榄 廊—廓 老—考 肋—助 泪—沮 类—粪 沦—沧 抡—抢—枪
伦—沦—论 萝—箩 骂—驾 埋—理 枚—牧 美—姜 眯—咪 密—
蜜 峰—蜂 苗—笛 描—猫 锚 明—朋 鸣—呜 摸—模 幕—募
慕—墓—暮 呢—昵 拧—柠 偶—隅 拍—柏 排—徘 叛—贩 畔—
衅 篷—蓬 捧—棒 披—坡 朴—扑 柒—染 器—嚣 洽—恰 嫌—
赚 悄—梢 晴—睛 擎—警 请—清—情 庆—庄 厌—压 囚—四
躯—驱 市—布 区—匹 却—劫 仍—扔 闰—闺 寨—赛 沙—纱
瑞—端 洒—酒 杉—衫 擅—檀 莹—萤 权—权 壤—攘 稍—捎—
梢—悄 舌—吞 社—杜 审—宙 肾—贤 渗—掺—惨 设—没 施—
旋 湿—温 使—便 哀—衷—衰 室—窒 受—爱 授—援 述—迷
嗽—嫩 耍—要 帅—师 拴—栓 暑—署 思—恩 送—逆 俗—浴
粟—栗 素—索 它—宅 贪—贫 奏—秦—泰 总—息 帖—贴 恬—
括 挑—桃 秃—秀 徒—徙 陡 团—因—困 捅—桶 防—妨 谈—
淡 捕—塘 膛—瞠 提—堤 推—椎 驮—驳 驼—鸵 唾—睡 微—
徽 味—昧 纹—绞 捂—梧 昔—者 狭—侠 街—衔 陷—馅 响—
晌 萧—箫 销—锁 邢—邪 杏—否 休—体 渲—演 旬—甸 讯—
汛 延—廷 沿—沼 杨—扬 冶—治 页—负 遗—遭 亿—忆 忧—

扰—拢 迁—迂 宇—字 益—盖 阴—阳 茵—菌 誉—誊 远—运
允—兄 仗—杖 瞻—赡 贼—赋 折—拆 质—盾 仲—伸 逐—遂
挂—柱 住—往 壮—状 准—淮 浊—烛 姊—妹 谆—淳 栽—裁—
载 怨—怒—恕 赃—脏 早—旱 隐—稳 谒—喝 详—祥 碑—啤
冒—昌 璧—壁 重—童 亦—赤 页—负 官—宫 友—反 问—向
间—闻 乖—乘 晋—普 买—卖 免—兔 直—真—具

（2）二级形似字38个。

毕—华 城—域 崔—崖 冠—寇 或—咸 惑—感 冀—翼 鉴—
签 坎—坑 欧—殴 窃—窍 善—喜 肆—肄 崇—崇 添—漆 抑—
柳 园—圆 拘—构 监—盐

（3）三级形似字14个。

北—兆 冰—泳 朵—杂 即—郎 栋—栋 旧—归 冒—胃

2.3 独体合体形似字8个

井—并 出—击 我—找 久—欠

统计情况如下表：

分类		数目	总计	所占比例	
独体		126	126	15.05%	
合体	一级	651	705	92.34%	84.23%
	二级	38		5.39%	
	三级	14		1.67%	
独体合体		8	8	0.96%	
形似字总数			占常用字比例		
837			23.91%		

3 汉字简化造成的形似字

我们将这 837 个常用字中的形似字，根据汉字简化前后发生的变化，分为三大类：

3.1 没有被简化的形似字 408 个

这些字多是从隶变以后，直到今天都是形似字，有的字甚至在甲骨文时代就是形似字。这些字约占常用字中形似字的 49%。

石—右　午—牛　七—匕　失—矢　天—夫　目—且　大—犬　力—刀　人—入—八　田—由—甲—申　凸—凹　勺—匀　土—士　天—夭　犬—尤　寸—才　刁　用—甩　未—末　半—羊　丙—两　大—太　丹—舟　刃—刀　小—少　今—令　斤—斥　白—臼　水—永　夕—歹　予—矛　爪—瓜　丈—文　之—乏　心—必　又—叉　丘—乒—乓　兵—皿—血　木—本　内—肉　乃—及　去—丢　全—金　上—止　芭—笆　扳—板　班—斑　比—此　庇—屁　博—搏　薄—簿　侧—测　扯—址　忱—沈　沉—沈　噔—瞪　持—特　抽—押　村—材　盯—叮　叨—叨　芙—英　俘—浮　服—股　勾—句　肛—肚—肝　攻—玫　玫—玖　估—佑　沽—沾　古—占—舌　光—先　幻—幼　技—枝　津—律　倔—掘　刊—刑　扛—杠　抗—杭　烤—拷　旅—族　客—容　苦—若　挎—垮　李—季　科—料　拉—垃　肋—助　老—考　杖—牧　埋—理　苗—笛　明—朋　摸—模　呢—昵　暮—幕—募—慕—墓　眯—咪　密—蜜　峰—蜂　市—布　晴—睛　拍—柏　捧—棒　柒—染　洽—恰　囚—四　捎—梢　悄　舌—吞　瑞—端　杉—衫　稍—仍—扔　它—宅　恬—括　挑—桃　秃—秀　帖—贴　奏—秦—泰　徒—徙—陡　搪—塘　膛—瞠　提—堤　推—椎　唾—睡　味—昧　捂—梧　邢—邪　旬—甸　冶—治　杏—否　宇—字　允—兄　折—拆　仲—伸　免—兔　准—淮　姊—妹　怨—怒—

恕 栽—裁—栽—载 早—旱 碑—啤 冒—昌 璧—壁 重—童 亦—
赤 友—反 乖—乘 拄—柱 住—往 添—漆 抑—柳 北—兆 冰—
泳 即—郎 冒—胃 城—域 崔—崖 冠—寇 坎—坑 惑—感 崇—
崇 善—喜 肆—肆 我—找 久—欠 抄—秒 差—羞 哈—啥 含—
舍 梨—犁 施—旋 篷—蓬 排—徘 婪—梦 捐—损 卷—券 防—
妨 俗—浴 粟—栗 素—索 捅—桶 嗽—嫩 耍—要 官—宫 冀—
翼 思—恩 仗—杖 拴—栓 渲—演 撤—撒 孤—狐 披—坡 傀—
槐—愧 梁—梁 使—便 茵—菌 哀—衷—衰 廊—廓 擅—檀
催—摧

3.2 简化前后都是形似字的 142 个

这些字作繁体字时就是形似字，简化成简体字后仍是形似字。它们约占17%。

貝（贝）—見（见）　烏（乌）—鳥（鸟）　般—船　奧（奥）—粵（粤）　敗（败）—販（贩）　般—股　頒（颁）—頌（颂）　邦—那　閉（闭）—閑（闲）　辨—辯（辩）—辮（辫）　扁—扇　貶（贬）—眨　寵（宠）—龐（庞）　檔（档）—擋（挡）　綻（绽）—錠（锭）　賭（赌）—睹　釣（钓）—鈞（钧）—鉤（钩）　頂（顶）—頃（顷）—項（项）　緞（缎）—鍛（锻）　綱（纲）—鋼（钢）　慨—概　溉—慨　渙（涣）—煥（焕）　漸（渐）—慚（惭）　獎（奖）—槳（桨）—漿（浆）　墾（垦）—懇（恳）　摳（抠）—樞（枢）　礦（矿）—曠（旷）　摟（搂）—樓（楼）　癲（癫）—癩（癞）　攔（拦）—欄（栏）　藍（蓝）—籃（篮）　偶—隅　攬（揽）—欖（榄）　蘿（萝）—籮（箩）　鳴（鸣）—嗚（呜）　撐（撑）—檸（柠）　閏（闰）—閨（闺）　瑩（莹）—螢（萤）　腎（肾）—賢（贤）　滲（渗）—摻（掺）—慘（惨）　沿—沼　延—廷　銷（销）—鎖（锁）　蕭（萧）—簫（箫）　楊（杨）—揚（扬）　頁（页）—負（负）　遺（遗）—遣　億（亿）—憶（忆）　賊（贼）—賦（赋）　隱（隐）—穩（稳）　買（买）—賣

（卖） 間（间）—聞（闻） 微—徽 紋（纹）—絞（绞） 暑—署 送—逆 馱（驮）—駁（驳） 濁（浊）—燭（烛） 壯（壮）—狀（状） 逐—遂 帥（帅）—師（师） 揀（拣）—棟（栋） 悄—梢 狹（狭）—俠（侠） 畢（毕）—華（华） 社—杜 參（参）—叄 歐（欧）—毆（殴）

3.3 汉字简化造成的形似字 287 个

这类字在简化之前，字形区别度较大，一般不易混淆。简化后，区别度降低，成为形似字。这类字占了常用字中形似字的 34.3% 左右。

拔—撥（拨） 報（报）—投 杯—懷（怀） 邊（边）—邁（迈） 荏—薦（荐） 常—賞（赏） 兒（儿）—幾（几） 塵（尘）—尖 騁（骋）—聘 處（处）—外 達（达）—這 擔（担）—坦 誕（诞）—涎 導（导）—異（异） 掉—綽（绰） 澱（淀）—綻（绽） 措—錯（错） 錘（锤）—捶 噸（吨）—旽 奮（奋）—奄 膚（肤）—肢 伏—優（优） 赴—趙（赵） 斧—爺（爷） 各—穀（谷）—谷 故—敵（敌） 掛（挂）—桂 夯—奪（夺） 壺（壶）—壹 虎—虜（虏） 話（话）—活 壞（怀）—坯—環（环） 慌—謊（谎） 誨（诲）—悔 計（计）—汁 記（记）—紀（纪） 健—鍵（键） 韁（缰）—僵 嬌（娇）—驕（骄） 屆（届）—屈 僅（仅）—儀（仪） 競（竞）—竟 拒—櫃（柜） 俱—懼（惧） 看—著 撓（挠）—饒（饶） 繞（绕）—饒（饶） 曆（历）—厲（厉） 涼（凉）—諒（谅） 獵（猎）—豬（猪） 錄（录）—隸（隶） 慮（虑）—虛（虚） 侖（仑）—倉（仓） 淚（泪）—沮 類（类）—糞（粪） 淪（沦）—滄（沧） 掄（抡）—搶（抢） 槍（枪）—倫（伦） 淪（沦）—論（论） 罵（骂）—駕（驾） 美—薑（姜） 描—貓（猫）—錨（锚） 叛—販（贩） 畔—岬（岬） 樸（朴）—撲（扑） 器—囂（嚣） 嫌—賺（赚） 請（请）—清—情 慶（庆）—莊（庄） 厭（厌）—壓

（压）軀（躯）—驅（驱） 區（区）—匹 卻（却）—劫 寨—賽（赛） 沙—紗（纱） 灑（洒）—酒 權（权）—权 審（审）—宙 設（设）—沒（没） 濕（湿）—溫（温） 室—窒 受—愛（爱） 授—援 述—迷 貪（贪）—貧（贫） 總（总）—怠 團（团）—因—困 談（谈）—淡 駝（驼）—鴕（鸵） 昔—者 銜（衔）—街 陷—餡（馅） 響（响）—晌 休—體（体） 訊（讯）—汛 憂（忧）—擾（扰）—攏（拢） 迁—遷（迁） 益—蓋（盖） 陰（阴）—陽（阳） 譽—膳 遠（远）—運（运） 瞻—贍（赡） 質（质）—盾 諄（谆）—淳 贓（赃）—髒（脏） 謁（谒）—竭 詳（详）—祥 晉（晋）—普 直—真—具 問（问）—向 井—并（并） 出—擊（击） 或—鹹（咸） 鑒（鉴）—簽（签） 竊（窃）—窯（窍） 園（园）—圓（圆） 拘—構（构） 監（监）—鹽（盐） 朵—雜（杂） 舊（旧）—歸（归） 元—無（无） 開（开）—井 開（开）—升 東（东）—樂（乐） 五—醜（丑） 鬥（斗）—頭（头） 幹（干）—千 於—幹 廠（厂）—廣（广） 幾（几）—凡 屍（尸）—戶（户） 尤—龍（龙） 巾—幣（币） 岡（冈）—網（网） 叉—義（义） 個（个）—介 術（术）—米 風（风）—鳳（凤）

不难看出，这些汉字中，简化前绝大部分区别度都很大，如"塵—尖""拔—撥""夯—奪""伏—優""競—竟""出—擊""朵—雜""舊—歸""團—困""或—鹹"几组字，如果不是经过简化，单从字形上几乎不会混淆。

值得注意的还有简化后形成的形近部件，因其类推作用而造成了成批的形似字。比如繁体字"侖—倉"形差度大，不宜混淆。简化后，"仑—仓"形差度极小，无论是手写体还是机器识别，都极易混淆，连带造成了"沦—沧""抡—抢—枪—伦""沦—论"成为形似字。再如简化前"言"字旁与"氵"形差度很大，不宜混淆。简化后"讠"和"氵"变成相似部件，同样类推造成了许多形似字。特别是二者的手写体极易混淆，如果没有上下文，下列几组字实在难辨：没有—设有、请谈—清淡、内江—内讧。据笔者统计，由"讠"和"氵"与某一共同声旁组成的形近字就有9

121

组 18 个字。类似的部件还有"纟—糹""饣—飠""钅—釒"等。

因此，一些人批评汉字简化导致大量形似字增加，为人们识读和使用汉字带来诸多不便。例如申小龙在《我观汉字简化》批评到简化字"造成汉字分辨率大大降低，'风''凤'不分，'戈''戋'相淆，'厂''广'易混，'阴''阳'难辨，'设有''没有'几乎肯定与否定颠倒。汉字靠笔画的不同组合区别字义，笔画一简，失之毫厘则谬以千里"。谢世涯（1992）在《新中日简体字研究》中也指出："简体字虽然得了省时间书写的好处，却增加了容易混淆和写错的弊病，有得也有失，而那所得的一面，很快就被失的一面抵消了，真是得不偿失。"

4　如何看待形似字增加

4.1　形似字增加真的是得不偿失吗

我们先来看两组数据。

4.1.1　在 3500 个常用汉字中，简化后形似字 837 个，约占常用字总字数的 24%。简化前形似字 550 个，约占常用字总字数的 16%。简化造成的形似字 287 个，也就是增加了约 8%。

4.1.2　在 837 个简化字中，非简化造成的形似字 550 个，约占简化字的 66%。简化造成的形似字 287 个，约占简化字的 34.29%，约 34%（这里没有考虑因简化而减少的形似字数目，所以实际比例应低于 34%）。

4.2　通过以上数据加以分析，我们可以得出一些结论

4.2.1　形近字的存在是由汉字性质决定的，是汉字固有的问题。汉字作为一种语素文字，必然是字数繁多、结构复杂。要让五六万个汉字尽量做到一个字一个面孔，必然会产形似字。所以在汉字简化以前，形似字就

大量存在，几乎占到常用汉字的四分之一。而这其中，笔画少的会有形似字，如"天—夭、犬—尤"；笔画繁多的同样存在形似字，如"冀—翼""璧—璧"。

4.2.2 形近字增加是汉字简化的必然结果。汉字的简化，主要是减少笔画数目和简化形体，而汉字又只有横、竖、撇、点、折五种基本笔画的变化，笔画数目和形体减省越多，形差度就越小，字形也就越容易相近和易混。因此，汉字简化必然造成形近字增加的结果。

4.2.3 汉字简化后增加的形似字数目与所占比例只是静态数据。我们得出的有关形似字增加的数据是从静态的角度来看的，如果从动态角度分析的话，不同的构词环境和语言环境会大大分化形似字，减少其误用混淆的几率。数理统计也证明，经过第一次汉字简化以后，大多数10—16画的汉字具有相当的清晰度和区别性。所以汉字简化并没有造成汉字分辨率大大降低。

5 结束语

汉字简化不可避免地造成了形似字增加，但不能因此而否定简化运动是"得不偿失"，要知道，形似字的存在是汉字固有的问题，只要汉字的根本性质不发生改变，就不可能从根本上解决形近字问题，因此形近字增加的问题不能都算到汉字简化的头上。应该看到汉字简化是利大于弊的，要给予充分的肯定。但同时也要注意，汉字简化不是越简越好。仅静态数据来看，约占常用字24%的形似字不是一个小数目。有人曾建议把所有复杂的汉字都简化到十画以下，但这势必会大幅降低汉字之间的形差度，使形似字进一步增加，到时恐怕就真的是"得不偿失"了。所以，今后的简化工作应注意求简易和求区别的协调，尽量避免和遏制形近字的增加。

参考文献

[1] 傅永和. 形近字分析. 中国社会科学院语言文字应用研究所. 汉

字问题学术讨论会论文集［M］. 北京：语文出版社，1988.

［2］高更生. 现行汉字规范问题［M］. 北京：商务印书馆，2002.

［3］邵磊. 关于形似字教学［J］. 现代语文（语言研究），2008（10）.

［4］苏培成. 现代汉字学纲要［M］. 北京：北京大学出版社，1994.

［5］苏培成. 汉字简化字与繁体字对照字典［M］. 北京：中信出版社，1992.

［6］王火. 略谈形近字［J］. 辽宁大学学报，1994（6）.

［7］谢世涯. 新中日简体字研究［M］. 北京：语文出版社，1992.

［8］郑继娥.20年来现代汉字形近字研究的考察［J］. 西南民族学院学报（哲学社会科学版），2000（3）.

［9］周文德. 现行汉字形近字分析［J］. 西南师范大学学报（人文社会科学版），2006（3）.

［10］朱盛科. 常用形似字辨析［M］. 广州：广东人民出版社，1982.

（本文发表于《汉字书同文研究》第九辑，鹭达文化出版公司，2011年1月）

说现代汉字的"四定"

【提要】汉字的"四定",即对现代汉字进行"定形""定音""定量""定序",这是现代汉字规范和合标准化的重要内容。汉字的四定工作涉及汉字应用的各个领域,是一项长期、复杂的任务。汉字在随着历史的发展而发展,也在随着历史的变化而变化。现在社会的高效率、快节奏,要求汉字适应这个时代的需求。整理异体字、规范多音字、确立标准字量和字序,是这项工作的主要内容。

【关键词】汉字　定音　定形　定量　定序

1　字形的规范化

汉字字形规范化就是要确立每个汉字的标准字形,包括笔画数、每笔的笔形、笔顺和每个字的整体结构。字形规范化要求严格做到一字一形,消除一字多形。由于汉字使用的种种复杂情况,在难以做到一字一形时,要允许某种条件下的一字多形。在实行现代汉字规范化时,要符合汉字发展的客观规律,要保持汉字本身的系统性。

由于历史的原因,汉字字形在旧中国一直存在着比较严重的分歧,具体表现为繁简并用、异体并存、印刷用字不统一。新中国成立以来,对汉字进行了整理和简化,建立了比较科学的实用的字形规范,并且得到了推广。

1.1 整理异体

异体是和正体（标准体）相对而言的，它指音同义同而形体不同的字。1955年12月22日，文化部和中国文字改革委员会发出联合通知，发布《第一批异体字整理表》，列异体字810组，经过整理，淘汰异体字1055个。1956年3月23日，两单位又联合发出补充通知，修正《第一批异体字整理表》，将坂（阪岅）、锉（剉挫）两个字组修改为坂（岅）、锉（剉），阪、挫不再作为异体淘汰，确认为规范汉字。后来1986年10月重新发布《简化字总表》时，又确认《简化字总表》第三表收入的被《第一批异体字整理表》淘汰的11个字为规范汉字，它们是䜣、谯、晔、詟、诃、鳅、绁、鲙、刬、诓、雠。1988年3月25日，国家语言文字工作委员会和新闻出版署又发表《关于发布〈现代汉字通用字表〉的联合通知〉》，确认被《第一批异体字整理表》淘汰的15个字为规范汉字，它们是翦、邱、於（读wu, yu）、澹、骼、彷、菰、溷、徼、薰、黏、桉、愣、晖、涠。经过这些调整，《第一批异体字整理表》淘汰的异体字，由1955年12月22日发布时的1055个减少到1027个，即减少了28个字。异体字的整理原则是从俗、从简相结合，照顾书写方便。

1.2 统一字形

汉字分为手写体和印刷体。印刷体字模常用的有宋体和楷体两种。印刷楷体的笔形、笔势同宋体的笔形、笔势差别比较大。据统计，在宋体、仿宋体、楷体各6800多个字里，形体有分歧的占13%，这些字形有的只是一笔一画的增减，有的只是一点一横的差异，有的甚至只是笔画长短的不同。这种现象妨碍着汉字字形的规范化。（1）它加重了学习和使用汉字的负担。在识字教学时，同一个字或字素要认识许多形体，如认识了吴，还要认识"吳"，认识了"俞"，还要记住"兪"，认识了"丑"，还要记住"丑"。（2）给汉字排检带来困难。"既—旣"笔画不同，"丰－丰"笔型不同,"直直"笔顺不同,用笔画法查找费事,用四角号码法也因编码不同而出现误操作。(3)不利于计算机处理。一字多形不仅增大字库容量,也给机器自动识别带来不必要的麻烦。(4)给各行各业带来不便。为此,文改会于1955年提出进行汉字印刷字模标准化工作,以消除印刷字体字形上的分歧,并使印刷宋体与印刷楷体的字形尽可能一致,原则上使印刷宋体向印刷楷体靠拢。经过一年多的努力,于1965年9月拟定了《标准字形方案(草案)》,该草案于同年12月印刷中央一级出版社、报社征求意见。根据征集的意见,于1957年拟出修订草案,并改名为《汉字字形整理方案(草案)》。1960年9月7日,文改会、教育部、中国科学院和文化部联合发文,印发了《通用汉字字形表(草案)》,向全国各界广泛征求意见。根据征集的意见,经过多次修改,于1964年5月拟订了《印刷通用汉字字形表》,对选收的6196个通用汉字逐个规定了笔画数、笔顺、结构方式和笔型次序。1965年1月30日,文化部和文改会就统一印刷铅字字形问题发出联合通知,发布《印刷通用汉字字形表》。

1.3 更改用字

1.3.1 更改地名用生僻字。1951年12月19日,国务院曾发出关于更改地名的指示,1956年6月13日内务部和文字改革委员会发出《征取对地名生僻字简化的意见》,指出:"生僻地名专用字在当地因为常用,也许不感到生僻,但在全国范围内是生僻的。随着国家经济和文化事业的发展,可能变成全国人民都要广泛应用的文字,因而使扫盲运动以及儿童认字教育上都要增加不必要的负担。同时在印刷器材上要增加耗费,在邮电传递上容易发生错误。"1958年10月17日,文改会又发出《更改一部分生僻地名的建议》,列出全国50个县名的更改建议。从1955年3月至1964年8月29日,经国务院批准,分九次公布了用同音的常用字代替35个县级以上地名中使用的生僻字。

1.3.2 更改部分计量单位用字。汉字特点是一字一音节,但计量单位名称中却出现了一字两音节或一字多音节。为减少计量单位名称中的复音字和生僻字，1977年7月20日，中国文字改革委员会和国家标准计量局发出《关于部分计量单位名称统一用字的通知》，要求"所有出版物、打印文件、设计图表、商品包装，以及广播等，均应采用附表选用的译名，淘汰其他旧译名"。淘汰了旧译名中的复音字、生僻字。

1.4　汉字正字

从广义上说，汉字正字应该包括很多内容：字形的规范、书写格式的要求、标点符号的使用等。狭义的正字只指纠正书写不规范的字即错别字。汉字正字的历史是源远流长的，秦统一六国后的"书同文"，实际是我国历史上第一次大规模的正字运动。那时李斯撰写了《仓颉篇》，用来作为正字的规范。赵高和胡毋敬分别写了《爰历篇》和《博学篇》，以《史籀篇》为依据并加以省改，寓正字于识字之中。到了汉代，学者蔡邕认为经籍年代久远，文字谬讹，奏请皇帝准许"正定六经文字"，这就是后来有名的熹平石经（熹平为东汉灵帝年号，石经因镌刻在石头上而得名）。唐代更兴起"字样之学"，其中《干禄字书》较有代表性。作者颜元孙收集了当时的一些异体字，指出哪些是"正体"，哪些是"通体"，哪些是"俗体"，作为取校的依据。后来他的侄孙颜夫卿在大历九年（公元774年）重新加以编辑，并亲自书写刻石，定名为《干禄字书》。清朝道光年间龙启瑞编辑了《字学举隅》，分"辨似""正讹""摘误"几部分，书中把正字看作是字体结构合乎"六书之旨"的字。"字样之学"自唐代以后作为汉字正字的一种形式一直延续到近代。解放前顾雄藻的《字辨》。杨燮郦的《字辨补遗》都属这类书籍。新中国成立后，正字的工作一直没有间断。《汉字简化方案》《异体字整理表》《简化字总表》《印刷通用汉字字形表》都是正字的成果。

从普通文字学的角度出发，制定正字法有三个原则可以遵循：语音学原则、形态学原则和历史学原则。这三个原则似乎更适用于拼音文字。语音学原则，就是以实际发音作为书写形式的依据，文字书写形式要准确反映实际语言的发音。抽象地看，这个原则仿佛是最可行的。但具体实现这个原则是非常困难的，因为语音在演变，古今音有很大差别，而文字的延续和继承又决定了它不可能一下子消灭这些差别。拿汉字来说，很多今文读起来声旁不能正确反映字的实际读音，而在古汉语中该字声旁与读音则是一致的。英语也有这种现象，right 的实际发音是［rait］，enough（充分）的实际发音是［inʌf］。一般地说，在人为创制拼音文字时，这种原则比较容易贯彻下去，而在传承的文字中却往往不能一贯到底。形态学原则又称词法原则，它要求字形以充分表达词的形态作为书写形式的依据。就是说拼写词语时要严格按照词的形态结构，同样的语素永远用同样的写法，不管它的读音如何。在俄语中，"голов"（头）在不同形式（голов‐а、голов‐у、эа. голов‐у）里，虽然发音不同，但书写保持着一致。根据形态学正字，能帮助了解一个词的词源，建立词与词之间的意义联系，但它与语音学正字原则有时是矛盾的。形态学原则只注重表达形态，并不照顾实际发音。历史学原则要求文字书写形式与传统书法形式相一致，例如英语中的"right"和"knife"（小刀）就是保持着原始的书写形式。但完全遵循历史学原则，则会使文字逐渐脱离语言实际，从而阻滞某种民族文字的发展。

汉字几乎不包括形态成分，形态学原则正字不适用。那么语音学原则是否可以作为正字原则呢？我们知道，现代汉字中的形声字和准形声字虽然占了50%左右，但仍有相当一部分不能正确表音。以"chong"音节为例，《新华字典》共收12个传统形声字，即憧（chōng）、艟（chōng）、充（chōng）、忡（chōng）、冲（chōng、chòng）、茺（chōng）、翀（chōng）、重（chóng zhòng）、种（chóng zhǒng zhòng）、崇（chóng）、宠（chǒng）、茏（chōng）。在这12个形声字中，声旁与形声字声、韵、调完全相同的只有一个不常用的"茺"字，其中大多数只是韵母相同。同时声旁用字不固定，如"Chōng"这个音节就用了"童、充、中、重、宗、龙"，六个不同声旁。另外加上省声字和声旁隐晦的字，使形声字的表音作用大大降低了，因此语音学原则在现代汉字正字法中也很难贯彻。

对于历史学原则争论较多。很多人强调汉字乃古人留下的瑰宝，一笔一画都动不得。自唐代以后，对《说文解字》则更是顶礼膜拜，一部《说文》仿佛成了正字圭臬。把合乎《说文》六书传统的"字"称之为"正体",否则就是"讹体"。章太炎在《中国文字的源流》里说:"要知道无论文言白话,书上写的,嘴里说的,到《说文》里去寻,总有一个正体字在里边。"这是一种较极端的历史学原则正字,字字反求《说文》,字字必讲六书,是脱离汉字实际的。另外也有人承认"古今异代"的差别,比如《康熙字典》在确认标准字体时做到"以《说文》为主"。大量的反传统的文字在民间流传,过去一些所谓的"俗体""讹体"今天理所当然地成了"正体",成了规范字。比如有个成语叫"尺二秀才",就是讥笑那些把"盡"写成"尽"的秀才,而今天"尽"却堂堂正正地成了标准字体。可见"约定俗成"这一原则在现代汉字正字法中起着重要作用,而我们当前的规范汉字则应以国家正式公布的《简化字总表》《第一批异体字整理表》和《印刷通用汉字字形表》为依据。

2　字音的规范化

现代汉字的定音工作是实现现代汉字规范化、标准化的重要内容之一。字音的规范化就是根据语音发展的规律来确立和推广标准音。汉字不是拼音文字,字形本身与字音之间的联系比较松散,再加上长期以来的古今音、文白音、方言音的影响,使得现代汉字的字音呈现出复杂的局面,大大加重了学习和使用的负担。

现代汉字的定音工作包括四方面内容:一是确立并推广标准音。二是实现字有定音,减少字有异读的情况。三是整理多音字,厘定规范读音。四是纠正错误读法。

2.1　确立并推广正音标准

汉民族共同语是以北京语音作为标准音的,这在1955年就已明确规定了。但现在又有人提出疑问:北京语音的标准又是什么?是不是北京人所发的音就是北京语音？如果承认它，那么北京语音内部存在着的分歧现象（如老北京的语音与新北京的语音差别）又该怎么办？

北京语音的内部分歧有三种：

(1) 北京口语的土音成分。这主要反映在老北京语音上。例如，把"太好了"读作"tuī hǎo le"，把"不言语"（不说话）读作"bù yuán yi"，把"暖和"读作"nǎng huo"，把"底下"读作"dǐ xie"，把"明白"读作"míng bei"。像这一类土音，是显然不能进入普通话的。因此，字音规范就不能以这类成分作为标准。

(2) 儿化和轻声问题。这是新老北京话都普遍存在的问题。北京话的一个特点就是轻声、儿化现象特别多，这是外地人很难学成的。我们在北京都有一个明显的感受，那就是普通话说得特别好，字正腔圆，可北京人一下子就能判别出你是外地人。为什么？没有学到"京味"，这"京味"很大成分就是儿化和轻声。这也可以算是"普通话"与"北京话"的区别吧。例如，我们说"书本""牙刷"，北京话就要加儿化，说成"书本儿""牙刷儿"，我们说"殷勤""衡量"，北京话就要加轻声，说成"殷勤（轻）""衡量（轻）"。黄伯荣、廖序东在《现代汉语》里认为，儿化和轻声中能区别词义和词性的可承认是普通话的成分。例如：

信儿（消息），与信（书信）不同。

头儿（为首的），与头（脑袋）不同。

画儿（名词），与画（动词）不同。

东西（dōng xi，事物），与东西（dōng xī，方向）不同。

本事（běn shi，本领），与本事（běn shì，本来的故事情节）不同。

大意（dà yi，形容词），与大意（dà yì，名词）不同。

这些词可以丰富普通话在表达上的色彩，而上述"牙刷儿""衡量（轻）"之类不具有区别词性和词义作用的，可以不吸收到普通话中来。

(3) 北京话里的异读词。即在同一词里的字，有的不止一个读音。例如：

倾（向）qīng qǐng　　教（室）shì shī

暂（时）zàn zhǎn　　侵（略）qīn qǐn

对于异读词需要经过调查整理，审订规范的读音，然后加以推广。对于异读，过去习惯把不合乎一般工具书所规定的传统读音，叫"讹读"，即不合字典词典中的读音的，就是正音之外的异读，对于"讹变"的读音一律不予承认。但是，文字是记录语言的，在口语中出现的新的字音，迟早会在文字的读音上反映出来。个别词的新的读音，最初是由于误读而产生的，但后来被人们普遍采用了，甚至再没有人知道它原来的读法了。例如"俱乐部"的"俱"（jù），原来读"jū"，"全、都"的意思，受偏旁"具"的影响，被人们误读为"jù"，旧读法被人们遗忘、淘汰了。对于某些应该予以承认的后起变动，应该相应地体现在字词书或审音的工作上。

推广标准音是语音规范化的一项重要任务，同时也是语言规范化的重要内容，这就要求我们掌握正确的读音，发音符合普通话的语音规范。北京人说的北京话，未必就是标准的普通话，未必都符合正音的标准，还必须努力克服土调、方言、异读多方面的影响。一般方言区的人在正音方面就更应该努力了。

2.2 整理异读词

如果说多音字给认读、记忆汉字带来了困难，那么一字异读则是影响汉字交际功能的障碍。规范异读词的读音是字音规范化的一项重要工作。

新中国成立后，语言文字工作部门很早就开始了这项工作。1956年1月，中国科学院组成了普通话审音委员会。1957年10月，普通话审音委员会在《中国语文》杂志上公布了《普通话异读词审音表初稿和本国地名审音表初稿》，共收异读词666条（其中包括一小部分词组）、地名170个。之后，又陆续搜集了第二批异读词加以审订，于1959年7月在《中国语文》上发表《普通话异读词审音表初稿（续）》，共收异读词569条。1962年12月，又在《文字改革》杂志上发表《普通话异读词审音表初稿（第三编）》，并对正、续编中所审的音，在个别地方作了修改。1963年把三次发表的《审音表初稿》辑录在一起，以《普通话异读词三次审音总表初稿》的题目发表在《中国语文》杂志1963年第1期上，总共审订异读词1800多条。《审音表》公布以来，受到文教、出版、广播及社会各界的广泛重视，对现代汉语语音规范起到了积极作用。

语言总是随社会的变化发展而变化发展，语音也不例外。20多年来的实践证明《审音表初稿》所审订的读音大多符合社会标准，但也有一些随着语音的发展变化而与社会标准相背离，需要重新审订。比如，"装帧"，原读zhuāng zhēng，这是依据历史原则确实的读音，但很多人读成zhuāng zhēn，"帧"的声旁在现代汉字中又恰巧读成zhēn，这样在重新审计时就定为zhēn。同时，作为语音规范化的标准，社会也要求《审音表初稿》定稿。有鉴于此，1982年6月重新组建了普通话审音委员会。经过三年多的工作，于1985年12月27日，由国家语言文字工作委员会、国家教育委员会和广播电视部联合公布了《普通话异读词审音表》，作为正式的异读词的读音标准。

《普通话异读词审音表》共修订初稿41条词语的读音。如"呆板"，《初稿》定为ái bǎn，修订为dāi bǎn，增补《初稿》未审词61条。如"拎"，《新华字典》读līng，《现代汉语词典》读līn，现审定为līn。删除《初稿》中的部分词条，可分为七类：1. 本无异读的，如"百合""爆竹""利益""宿舍"等。2. 罕用词语，如"刍荛""方胜""孤嵌""氆氇"等。3. 方言土音，如"瘪三""归里包堆［zuī］""显摆""告诉［song］"等。4. 不常用的文言词语，如"大率""睥睨"等。5. 不必审定的轻声词语，如"屏息""零散""晌午""容易"等。6. 不必审定的音变现象，如"胡里八涂［tū］""伙计［ji］""毛毛腾腾［teng］"。7. 重复累赘的，如"估"删4条，"过"删6条，"色"删22条，"结"删30条等。

2.3 整理多音字

多音字是汉字学习中的一个难点，这不仅由于汉语中多音字的数量多，而且由于其读音又要随意义、词性和用法而定。对于多音字，人们常常有发生误读的现象，给学习普通话字音增添了很多麻烦。过去用异音通假的办法来简化汉字，结果是简化了字形却繁化了读音。因此如何确立多音字和读音标准，如何使多音字的读音变得规范化，便成了人们关心和研究的问题。1985年12月，国家语言文字工作委员会、国家教育委员会、广播电视部联合公布的《普通话异读词审音表》，通过对异读词的整理减少了一些多音字。如"指"原有 zhǐ（手指）、zhī（指甲）、zhí（指头）三种读音，这种过分精密的区分，增加了学习和掌握的难度，而且也无太大必要，现统读为 zhǐ，就是减少了多音字。

整理现代汉字中的多音字有以下四种方法：

（1）减少不必要的异读。有些多音字的读音分化过细，这些读音中有的构词比较偏僻，有的读音非常相近，只是声调的差别，有的已不被社会所接受，有的是方音。这样很多多音字实际是没有必要的，只有一种读法显得既简单又实用。例如："骨头"的"骨"读 gū，"骨骼"的"骨"读 gǔ，"盟邦"的"盟"读 méng，"盟誓"的"盟"读 míng。这些区分已显得毫无必要，已构成了人们学习汉字的一种负担，因此《普通话异读词审音表》已经作了统读，分别是"骨"gǔ 和"盟"méng。

（2）按音分化字形。某些多音字的其中某个音，也可以写成另一个字，字典上在这个读音后注明"同某"或"也作某"。这种情况下，如果按音分化字形，将该音的义项分流到另外一个字中去，就可以减少一字多音的现象。例如"颤"有 chàn 和 zhàn 两种读音，读 zhàn 时同"战"，因此规定读 zhàn 时索性写成"战"。"颤栗""打颤"就写成"战栗""打战"，把后者当作规范字形，废掉前者的写法，这样"颤"就只保留一个读音 chàn，达到了减少多音字的目的。再如，"说"读 yuè 时写作"悦"，废掉"说"（yuè）的读音。"见"读 xiàn 时写作"现"，废掉 xiàn 的读音。"唬"读 xià 时写作"吓"，废掉"唬（xià）"的读音。

（3）改变读音。a. 古音今读。为了便于群众易于学习掌握字音，可以提倡在白话文中古音今读，但必须通过国家语言文字工作委员会认定，并颁布规范标准。例如"叶公好龙"中的"叶"，旧字典注明读"shè"，可是很多人不明古音，将它读为 yè，于是本着从俗的原则，近来字典注明读 yè，这样简化了"叶"的读音。再如"期"表示周年的意思时，文言读法为 jī，现在《普通话异读词审音表》规定统读为 qī，于是简化了"期"的读音，类似的例子还有很多。b. 僻音俗读。多音字中有的读音非常偏僻，多数人都念成错字，那么是否考虑从俗从众的原则，就统读为一音。如"百色起义"中的"百"，是地名读音，读 bó，可大部分人及当地人都读 bǎi，于是统读为 bǎi，就可以减少这些不必要的所谓"误读"。

（4）改变写法。改变写法主要是用同音假借的方法改换字形。例如"僮"本来有两个读音：tóng（书僮）和 zhuàng（壮族），现在把"僮族"的"僮"改写为"壮"，这样"僮"就只剩下一个读音了。

总之，通过整理，既可以减少多音字的数量，又可以规范现代汉字读音，确立字音标准。当然这样做并不是消灭多音字，多音字在汉字中有它存在的道理，有了明确、统一的标准，对于学习现代汉字、减少错读是很有好处的。

2.4 纠正错读字

现代汉字没有明显的语音标志，不能够见形知音。形声字虽然有表音成分，但"形"和"声"严重脱节，加上有些字形体相似，有些字一字多音，所以很容易读错字。我们应当提倡读音规范化，用普通话标准音读汉字，消灭误读现象。

3 字量的标准化

汉字的使用频率差别很大，而使用频率的差异主要反映的是汉字常用程度的差异。那么，这种"度"的差异该如何在"量"上有所体现呢？这便是历史上对于"通用字表""常用字表"的研究工作所涉及的问题，也是字量的标准化问题。

3.1 字量标准化的意义

字量的标准化就是要逐步做到字有定量。字量的标准化是现代汉字标准化的重要内容之一，具有重要的意义。

3.1.1 标准的字量是现代字（辞）书提高收字科学性的基础。汉字的字数向来都没有一个准确的数字，字典里是死字、活字并立，不加区别，人们无法得知书写现代汉语究竟要用多少汉字。因此，标准字量的确定是现代汉语、现代汉字在实际应用中所提出的客观要求。只有确定了记录现代汉语的用字总数，并随之逐级定出常用字、通用字的数量，才能够使不同性质、不同程度的字（辞）书在收字的时候，排除主观随意成分的影响，降低冗余度，从而达到减少盲目性、提高科学性的目的。

3.1.2 标准的字量是确定各级教育用字字量的基础。小学低年级、中年级和高年级以及扫盲班各应该掌握多少字、掌握哪些字，才能够达到语文教学大纲的要求，这是各级教育用字字量的研究工作的中心任务，也是提高小学和扫盲班识字教学水平的前提。标准的字量可以为扫盲标准的制定提供参照，也可以为制定进一步提高识字量的具体措施提供依据。

3.1.3 标准的字量是文字工作机械化、自动化和电脑化的基础。印刷厂的字架、中文打字机的字盘、电脑打字机的字库，都要以字量标准化的成果作为收字的科学根据。没有这样的根据，收字量或多或少，都会影响汉字的应用效率。

由此可见，字量的标准化工作是提高我国学习汉字水平和应用汉字效率的重要的前提和基础。

3.2 如何实现字量的标准化

人们经过反复的实践，逐渐总结出字量标准化的几项主要任务。具体是：划分现代汉语用字和古代汉语专用字，确定现代汉语用字里面常用字和非常用字的定义和范围、通用字和各种专用字的定义和范围，定出现代汉语用字的字量标准。

3.2.1 根据记录对象，区分古代汉语用字和现代汉语用字。汉字是记录汉语的。既然汉语可以区分为古代汉语和现代汉语，从道理上讲，汉字也应该可以区分为古代汉语用字和现代汉语用字。对于现代汉语中所吸收的古代汉语的成分，我们可以这样规定：古今通用的和现代通用的汉字归入现代汉语用字，文言古语用而规范化的普通话不用的汉字归入古代汉语用字。用规范的普通话写的文章中引用到古文时，其中专为记录古代汉语的字，仍然应该算作古代汉语用字。现代人用文言写的文章，其中用到的字是记录古代汉语专用的，也应该归入古代汉语专用字。

3.2.2 根据使用范围，区分现代汉语通用字和现代汉语专用字。所谓通用字是相对专用字而言的。凡是现代汉语用字中，不是某些行业、部门或人名、地名、民族名等专用的字，统称为"通用字"。反之，凡为科技、民族、宗教、人名、地名、译音、象声等专用的字，则称之为"专用字"，有些字既为科技、民族等专业使用，又是人们日常记事时使用的，仍然应该归入"通用字"。

3.2.3 根据使用频率，区分现代汉语常用字和现代汉语罕用字。同样都是现代汉语用字，字与字的使用频率却相差悬殊。汉字的总字数虽然很多，但经常用到的字数却并不太多。如果能够很好地把握和运用现代汉字的这一特点，在学习和使用中就会收到事半功倍的效果。

3.3 字量标准化的主要成果

3.3.1 通用字表。把现代实际应用的汉字中比较通用的字收集起来，不收生僻的文言字、方言字之类，这种整理汉字编选而成的字表叫作"通用字表"。

1920年12月24日，经北洋政府教育部成立的"国语统一筹备会"校核订正，由教育部以训令形式正式公布了《国音字典》。1921年6月，再次由商务印书馆出版，全名为《教育部公布校改国音字典》，共收字13000多。这部字典的编纂，目的是制定通用汉字的标准读音即"国音"。事实上，它也是20世纪由中国政府机构所正式公布的第一个关于社会用字的字表。1923年，国语统一筹备会成立"国音字典增修委员会"，决定以北京语音为标准音，即所谓"新国音"。1926年10月，完成了《增修国音字典稿》。以后又几经修订，于1932年5月定名为《国音常用字汇》，由国民党政府教育部正式公布。《字汇》收正字为9920个,再加上"别体重文"(异体字)1179字,"变音重文"(异读字)1120字,共计12219字。这部《国音常用字汇》,不但确定了以北京语音为标准的"新国音",而且还增收了一些通用的简体字,正文按"注音字母"音序排列,从而建立了现代汉字在量、形、音、序等方面的初步规范。应该说,它是中华人民共和国成立以前,我国整理现代汉语用字的一个总结性成果。

新中国成立之后,关于现代汉语通用字的研究一直在加紧进行。1954年,中国文字改革委员会秘书处发表《现代用字统计报告》(见《中国语文》1954年7月号)。1956年8月,中国文字改革委员会印发《通用汉字表草案初稿》,收字为5390个(后增加到5709个)。1960年9月,文改会又编印了《通用汉字字形表草案》。后来根据各方面的意见,决定把《通用汉字表草案》和《通用汉字字形表草案》合并为《印刷通用汉字字形表》,1965年1月30日由文化部和文改会正式公布,收字为6196个。

1975~1976年,在国家出版局、中国科学院、新华社和文改会等单位的领导下,组织人员对总计2162万多字的各类书刊(包括书86本、期刊104本、文章7075篇)进行手工统计,得出不同单字数为6374个,并按照每一个单字在这些材料中出现的次数,编印了《汉字频度表》。根据这样的调查结果,有关部门编制了国家标准《信息交换用汉字编码字符集·基本集》(GB2312—80),共收汉字6763个,其中一级字(常用字)3755个,累积出现次数占上述统计材料用字总数的99.9%,其余3008个为二级字(次常用字)。这项标准是我国汉字信息处理方面的第一个国家标准,于1981年由国家标准总局正式发市,这个《字符集》也于1981年由技术标准出版社出版。

1988年5月7日,国家语言文字工作委员会和国家新闻出版署联合发布了《现代汉语通用字表》,收字为7000个,其中常用字为3500个。

3.3.2 常用字表。常用字是指具有一般文化知识水平的人在日常的各方面交往中经常要用的字。在现代汉语通用字中,哪些是"常用"的?哪些是"次常用的"?对此我们不能"想当然",而要讲求科学性,依据查频统计所得出的数据来判断。

早在1921年，著名教育家陈鹤琴和他的助手们就开始用统计的方法研究白话文的用字量。他们从儿童用书、报章、杂志、儿童作品、古今小说、杂类等六种材料中抽样选取语料554478字，分析得出4261个单字，编成《语体文应用字汇》一书（上海商务印书馆1928年版）。解放以后，研究和选取常用字的工作又进行过多次，"常用字表"也编有多种。其中主要是：1950年9月，中央人民政府教育部社会教育司编有《常用字登记表》，收字为1017个；1952年6月，中央人民政府教育部公布《常用字表》，收字为2000个；1965年3月，北京市教育局中小学教材编审处编有《常用字表》，收字为3100个；1975年，中国文字改革委员会汉字组编有《4500字表》，收字实为4444个；1976年12月，七四八工程查频组编有《汉字频度表》，其中常用字部分为4152个。为了适应语文教学、辞书编纂和汉字机械处理、信息处理等方面的需要，国家语委汉字处自1986年6月开始着手研制现代汉语常用字表。综合统计了1928－1986年间常用字资料15种，通用字资料5种，共计20种，7000多万字。1988年3月2日，国家语言文字工作委员会和国家教育委员会联合公布了《现代汉语常用字表》，包括常用字2500个，次常用字1000个，全表共收3500字。

通过多年来的统计实践逐渐形成了这样一个共识：中国现代汉语的通用字字数稳定在7000左右，常用字字数稳定在3000左右。"通用"和"常用"所体现的是常用程度在级别上的差异。通用字中又可分为"常用字"与"非常用字"两个级别，常用字包含于通用字的范围之内。

4 字序的标准化

字序研究是从检字法或字典排列法派生出来的，但它比检字法要求高。字序与传统汉字学具有密切关系，并不属于对汉字学本身的研究。其研究涉及许多学术性问题，不过对于排序的基本要求则是效率性，达到"看得见，排得顺，指得定，查得出"。早在30年代，我国一些从事汉字排检法研究的专家，就曾议定科学的汉字排序法应符合的标准；第一，简易（简单、自然、普及）；第二，准确（一贯、有定序、无例外）；第三，便捷（便当、直接、迅速）。总括起来就是要做到：易学、易记、易用。因此，研究字序就应该立足于此。

汉字的排序过程是一个认识过程，即人们在对汉字进行分类时由主体（人）到客体（汉字）的反映过程。汉字排序的实践表明：排序一要注意分析汉字本身的属性，二要重视人脑对识别方块汉字时反映上的特点，以及人们感知它的心理规律。

4.1 从汉字本身的属性着手

字序问题是从现代汉字标准化角度提出来的，跟字序相关的有字形和字音。字形，包括一个字的笔画数，新旧字形，都跟字序有着非常直接的关系。字音分为单音字和多音字，单音字要求排除异读以及习惯性误读（如"暂"读成zhǎn），确定标准读音；多音字的问题要麻烦些，至少应当确定几个音的顺序。

汉字本身的特点决定了它不可能用现有任何一种检字法或排列法简单而又严格地做到字有定序，必须两种或两种以上的方法配合使用，即首级采用某一系统，二级、三级辅以其他系统，从而形成某一种标准项。

从实用角度考虑，字音、字形都可以作为字序的首级系统。这里的字形既可以指字的外部结构，也可以指字的内部特征，即既指汉字的部首，又指字的笔画数、笔顺、笔形代码。

部首法和笔形代码法我们已讨论得很详细，它们很难做到字序的唯一性，比较适用的应该是笔画—笔形法。胡双宝在《略论汉字字序的规范》一文中，对这个问题作了较深入的分析。他认为，单纯的笔顺原则，即横竖撇点折次序，用作首级部首有很多不便。比如把一画折起的"乙"排在横竖撇点起笔的多笔画字"王草手言"等之后，至少不符合人们的习惯。笔顺原则现在通常作为二级或三级系统使用，即以笔画数为一级系统，笔画数相同的若干字按笔顺原则排列，或同部首、同笔画数下用笔顺原则。但即使这样，也不能完全做到字有定序，还需要一些附加规定作为补充。

与字音有关的研究，是音序法的一大研究课题，目前音序法最难解决的是两个问题：一是多音字的音顺问题——本来要处理的是字的排列顺序，可运用的是语音手段。大多数多音字可以根据常用读音查找，如单(dān，shàn，chán)"，但即使这样，也应保证按所需要的读音查到，何况有些字一时难以确定常用读音，如"阽"（diàn，yán），只能参考习惯性规定。第二是同音字问题，这是按拼音排列汉字的根本弱点，甚至是不可克服的。

所以展开对基础理论的研究，是解开字序之谜的钥匙，以汉字属性方面，无论哪种排序法都离不开对汉字认识的根基。笔形代码法看起来是纯数字式代码，但同样也是建立在分析汉字结构、认识汉字笔顺的基础之上的。与此同时，国家语言文字工作委员会需要对基础研究的成果加以规范化、标准化，如笔顺问题、笔顺形排序问题、笔画数问题、部首统一问题、汉字构成部分定名及分析问题等等。

4.2　汉字排序的心理过程

一种科学的排序法所选择的客体的排检标识，应与主体对它的感知规律具有某种实践上的制约性。汉字排序法研究的客体是汉字，那么，就要研究人们对汉字结构与一定心理形式的关系。汉字排序中的心理过程是编制排检法的重要理论依据之一。它主要包括感知、记忆、想象、思维等对排检标识的识辨。编制任何一种排检法，一经确定了排检程序之后，人们在排检实践中所产生的心理过程的差别，都集中表现在辨识固定的分类特征，即"排检标识"。辨识首先建立在观察（知觉）的基础上，而进行观察的前提在于事先对客体（字）所具有的知识与实践经验。比如"笔形查字法"的辨识排检标识的过程就属于"观察"这一心理形式。许多排检法都力图选择最具有直观性的"排检标识"，目的就在于使排检过程建立在一种较为单纯的心理形式基础上，使排检方法变得简便。对于"排检标识"的辨识，有的并不单纯依靠"感知"对象的外在特征，而是以具备关于对象的知识为前提去进行思维和推断。例如，"肝"的部首是什么？必须具备"月"与"肉"这两个字形在古代的关系的认识，从而推断"肝"的部首是"肉"，才能顺利地完成检索。再如，"阅"与"闷"，看似都含有偏旁"门"，而实际含义的不同，要借助于传统文字学的识别常识。也就是说，人们对汉字形体结构的绝对"感知"是受识字、写字的实践经验所制约的。

4.3 尽快实现排序的标准化

目前各种排序法大致可分成三种类型：一是方案内容很简单，使用者既容易学习，又容易记忆，但实际效果不理想。二是方案内容看似简单，实则复杂。如《康熙字典》式的部首法，只列一个部首表，并不是人人能够准确地运用它。三是方案内容复杂，条例太多，既不容易学习，也不容易掌握。如五笔字型法，很多拆字规则不符合汉字结构原则，生拆硬记，造成大量时间浪费，有的甚至要经过特殊培训一个月到三个月，才可以掌握。

汉字排检法在使用上，要求迅速、准确是合情合理的，人们在查找一个字时，都希望能迅速达到目的。但要求排序法做到每个字都有固定不变的位置，达到"一检必得"的要求，也是不太符合汉字实际的。因此，在衡量各种方案的优、缺点时，应本着实事求是的态度。具体情况要做具体分析，流行最广的排检法不一定最好，流行不广的不一定不好。出台早的方案不一定最佳，出台晚的方案不一定落后，应允许"百花齐放，百家争鸣"。一种查字法流行得是否广远，历史的、人为的因素往往都起着很大作用。例如，部首法历史悠久，特别是《康熙字典》《中华大字典》《辞海》《辞源》等发行很广的字典的使用，加快了它的流行速度，加大了它的流传范围。"五笔字型"排序法在计算机上使用较普遍，这也与当初政府的推行、号召以及王码的宣传分不开。在给一种方案评价时，应该综合各种因素在内。

我们应当从前人的功绩中吸取养料,在现有的排序法基础上,引进其他学科知识及现代技术方法,不断探索,完善汉字的排序法,使其在促进教育、科学、文化事业的发展中发挥更大的作用。

参考文献

[1] 高更生. 汉字笔顺应执行统一的标准 [J]. 语文建设, 1992 (10).

[2] 蒋善国. 汉字学 [M]. 上海:上海教育出版社, 1987.

[3] 王凤阳. 汉字学 [M]. 长春:吉林文史出版社, 1989.

[4] 傅永和. 谈规范汉字 [J]. 语文建设, 1991 (10).

[5] 高更生. 谈异体字整理 [J]. 语文建设, 1991 (10).

[6] 高更生. 汉字知识 [M]. 济南:山东教育出版社, 1982.

[7] 胡治农. 汉字与汉字正字 [M]. 合肥:安徽教育出版社, 1984.

[8] 张玉金. 汉字结构的发展方向 [J]. 语文建设, 1996 (5).

[9] 李华灿. 多音字辨析 [M]. 济南:山东教育出版社, 1982.

[10] 武占坤, 马国凡. 汉字·汉字改革史 [M]. 长沙:湖南人民出版社, 1988.

[11] 陈原. 现代汉语定量分析 [C]. 上海:上海教育出版社, 1989.

[12] 孙钧锡. 中国汉字学史 [M]. 北京:学苑出版社, 1991.

[13] 高家莺, 范可育, 费锦昌. 现代汉字学 [M]. 北京:高等教育出版社, 1993.

[14] 刘英林, 宋绍周. 汉语水平词汇与汉字等级大纲·论汉语教学字词的统计与分级(代序) [A]. 北京语言学院出版社, 1992.

[15] 黄俊贵, 倪波. 汉字与汉字排检法 [M]. 北京:书目文献出版社, 1990.

[16] 谢自立. 汉字查字法说略 [J]. 语文研究, 1980 (1).

[17] 孙公望. 汉字查字法回顾 [J]. 辞书研究, 1980 (3).

[18] 胡汉宝. 字序标准化——文字工具现代化的一个重要方面 [J].

延边大学学报,1981(4).

[19] 史有为.汉字检索的重新审视[J].语言文字应用,1993(2).

[20] 曹乃木.统一部首查字法需要解决的主要问题[J].文字改革,1985(1).

谈字序规范的单一标准和多重标准

【提要】 字序的标准化问题是汉字的"四定"内容之一。长期以来，人们对字序规范标准的认识仅仅限于检字法范围，而且总是试图在单一标准下，解决字有定位的问题。本文提出了多重标准与单一标准关系的问题，并在传统检字法基础上，对多重标准的实施和如何实现字序标准化问题做了探讨。

【关键字】 字序　规范　标准

1　引　言

1.1　字序规范化是从现代汉字标准化角度提出来的

随着社会和科技的发展，人们对字序问题提出了更高的要求。中文信息处理技术的应用，不仅要求字有定序，而且要求字有定位。因此，字序研究也就从过去的检字法或字典排序法上升到了计算机识别和自动检索的高度。

1.2 字序排列在中国有着悠久的历史

只要两个字在一起，除了自然词序的原因以外，就需要人为排序，所以尽管"太史籀书""幼子承诏""天地玄黄""赵钱孙李"等在创编时绝无要起字序的初衷，但实际上起到了这样的作用，难怪后人借"天地玄黄"等表示某种序列，以后的各类韵书也有一个序列标志，即韵。近半个多世纪以来，围绕着字序展开过多次讨论，但字序规范的问题始终没有解决，以至于成了今天汉字现代化的一项重要内容。不仅语言文字学界重视它、研究它，而且科技界也开始深入探讨这一问题。

1.3 多年的汉字排序实践证明，字序规范存在着单一标准和多重标准的问题

所谓单一标准，即采用一种标准而达到字有定序的目的；所谓多重标准，即采用分级标准而达到字有定序的目的。人们总是希望用最简单的单一标准，使汉字达到最合理的排列。事实上对于几千乃至几万个汉字是不现实的。单一标准和多重标准各有其使用的范围，单一标准适用于字数少（越少越好）、范围窄（越窄越好）的领域。比如"王田"两个字，用音序排是"田王"，用笔画数排则是"王田"，显而易见。然而汉字的情况绝非这么简单，即使是只有两个字，也存在单一标准无从解决的情况，如"午牛"，笔画数标准和笔形标准都显得无能为力，更何况现代汉字通用字就有7000个，加上历代积累下来的俗字、死字等可达四五万之多。

1.4 字序的规范涉及很多方面，字形、字音、字量等都是可能影响到字序规范的因素

1.4.1 字形，包括笔形、笔顺、笔画（指笔画数）、新旧字形、部首、偏旁、汉字结构等，这些都跟字序直接相关。

1.4.2 字音，对于单音字来说，要确定标准读音；对于多音字来说，至少应当确定几个音的顺序，现在有的按常用音、次常用音、罕用音划分，有的按字母顺序划分；对于同音字来说，孰先孰后更是字序规范的重要内容。

1.4.3 字量乍看起来与字序关系不大，不过不同字量决定了不同的排序方法，讨论字序，也还是要从确定字数出发更方便些。

1.5 无论单一标准还是多重标准，都可以一贯到底，都可以为汉字排序

只不过单一标准只实现大致排序，难以实现字序的完全规范，而多重标准的目的则是使字序达到完全规范。

2 单一标准

早在20世纪30年代，人们对检字法就提出了明确要求，即简易、准确、便捷，这些要求同样适用于字序。这三项标准是有机的整体，缺一不可。单一标准看似简易，实则需要很多细则补充，否则重码成百上千，就违背了"准确、便捷"的原则。

目前常用的排序法有以下几种：（1）部首标准，（2）笔画标准，（3）笔形—笔画标准，（4）音序标准，（5）代码标准。除去笔形—笔画为多重标准以外，其他四种都可以作为单一标准为汉字定序。

2.1 部首标准

2.1.1 部首标准可以说是最具历史传统的一种办法，从《说文解字》的540部，到后来的214部、189部、250部、201部等不一而足，214部是明梅膺祚《字汇》中首先采用的；189部是新华辞书出版社1954年拟定的部首系统，并且以此编排了《新华字典》部首本；250部是1964年汉字查字法整理工作组拟定的；201部是1983年《统一汉字部首草案》拟定的。除此之外，历史上还出现过542部、242部、160部、200部等等。至于多少部是最科学、严密而又能实现唯一定序呢？还不清楚。由于古今汉字的差异，对汉字偏旁的认识以及习惯取部与字义之间的差距，使立部出现了极为复杂的局面。以《汉语大字典》为例，"廩"字（凛的正字），《说文解字》分析为"从冫，稟声"，老《康熙字典》没有依从，而是将之归"广"部，从检字法的角度看得体合宜，《汉语大字典》依从《说文》，给检字带来了麻烦。又如下表中的字：

例字	《说文》结构	《说文》部首	《康熙字典》部首	《汉语大字典》部首	合理部首
贡	从贝工声	贝	贝	贝	工
召	从口刀声	口	口	口	刀
息	从心从自，自亦声	心	心	心	自
委	从女人禾	女	女	女	禾
鸣	从鸟从口	鸟	鸟	鸟	口
料	从斗从米	斗	斗	斗	米
酒	从水从酉酉亦声	酉	酉	酉	水

2.1.2 单一的部首标准，其立部、取部掺杂了很多人为的因素，这个因素即"义"的概念，因为汉字的部首本身是形—义概念，或者说是形义结合体，有些"形"尚且不能一望而知，"义"就更加难以捉摸了。

字典排序在依形定部时，不得不对取部作详细说明，例如《康熙字典》就在卷首列出了"检字表"，把难以辨明部首的字按笔画数排列起来。即使如此，有些字的字形也是颇费周折的，例如"四""考""也""卫""丧"等，字典虽然也把它们列入某一部中，但读者难以料到。笔者曾就"卫"和"考"的归部调查了30名大学生（10名为中文系学生），没有一个全答对的。

"义"的因素更复杂,按本义来说,"荆"归"艹"部,"整"归"文"部,"望"归"月"部,"承"归"手"部,但熟知其在现代汉语中常用义的人们,则很可能归入刀部、正部、王部等,有的字就会感到茫然。另外,"羌、羔、羞"等归入"羊"部,恐怕也与义不无关系。

总的说来,大多数汉字在查检上并无困难,因此容易被一般人接受,经久不衰。但不可否认它也有几个根本性的缺点:

(1) 归部有分歧。《说文解字》说解的字形依据多为篆字,它的部首也是篆字字体,后来的部首虽然在数量上有所减少,但部首字仍然沿用《说文解字》,只是加以楷化而已。然而在篆字演变成隶书的过程中,形体变化很大,于是在归部时就造成各行其是,如:"相"字原意是"以目测木",即用眼睛观察树木,所以《说文》《康熙字典》都入"目"部,后人归并部首则改从"木"部。"念"在新《辞海》(1980年版)中依形入"人"部,而在《新华字典》中依意入"心"部。"肥、朦、胡、朔",在新出版的字典、词典中,都归入"月"部,但实际"肥"和"胡"在"肉"部。另外,同是以形定部的字典、词典,在确定部首时也有分歧。例如,"意",《辞海》将它列入"音"部,《新部首大字典》则将它列入"亠"部。

(2) 部首位置不固定。以旧214部编排的辞书看,部首位置多且乱,一下子很难让人把握,有时不懂文字学的人甚至无从查找,如:

在上:下(一部)今(人部)　　在下:六(八部)天(大部)
在左:扶(扌部)明(日部)　　在右:(心部)献(犬部)
在内:匡(口部)夙(夕部)　　在外:四(口部)间(门部)
左上角:荆(艹部)嗣(口部)　　左下角:畎(田部)颖(禾部)
右上角:整(文部)望(月部)　　右下角:疑(正部)赖(贝部)
中间中(丨部)承(手部)　　分为上下:衷(衣部)五(二部)
分为左右:街(行部)

碰到一个各个组成部分都具有部首资格的字,一般读者不容易确定它究竟属哪个部首。对于不了解字义,更不熟悉文字学的人来说,查检时是很费力气的。

(3) 取部有困难。在用部首检字时，首先要分清可作部首的单位字，其次还要分辨多笔部首与少笔部首的重叠问题，另外要分清难检字。

部首中有的不能单独成字，只是作为构字的一个组成部分，而有的部首独立时就是一个字。根据《新华字典》的189个部首的统计，其中有140多个是单字。从它的目录表中统计，一至三画的部首71个，不能成字的部首要略多于独立成字的；四至六画的部首大多都能独立成字，不能成字的只是少数；七画以上的部首，基本上都是单字，进行检字时，凡是单字作部首的，就不能将它分解拆开。以《新华字典》为例：

父不在"八"部，而在"父"部。穴不在"宀"部，而在"穴"部。
邑不在"口"部，而在"邑"部。鹿不在"广"部，而在"鹿"部。
鼠不在"臼"部，而在"鼠"部。

然而有些可作部首的单字，同时也归入另一部首中去。如"齿""麻""鼻"本身都是部首，又分别归入"止""广"和"自"部。这样同一个单字，就可以分别在两个部首中检索。

在注意可作部首单字的同时，还要注意采用多笔部首。当汉字的同一部位有多笔和少笔的几种部首互相叠合时，应取多笔部首。以新版《辞海》和《现代汉语词典》为例：

磨靡魔部首含广、麻，查"麻"部。
章竟意部首含立、曰、音，查"音"部。

2.1.3 部首标准多与笔画数配合使用，例如10画字中的"木"部字，或"木"部中的10画字。

2.2 笔画标准

笔画作为单一标准似乎比较可行。因为只要是隶楷汉字，都一定有笔画，笔画数直观可数，并且不像部首法，有的字很难辨别出属于哪个部首。笔画标准可以使汉字排序一步到位，只要是同笔画数的字就可以排列在一起而无可指责，甚至不需要其他原则辅助。然而，这种单一原则也会造成很大的问题，即大量的汉字仅靠笔画数组成序列，势必造成某些笔画数内汉字的大量堆积，毫无章法。以《辞海》为例，12画的字有1573个，除去繁体、异体347个，还有1200余个，这1200余个同笔画数的字如果无序地罗列出来，给查找带来的困难是可想而知的。所以单一笔画原则也难以做到字有定位，它或者作为一级原则，或者作为辅助原则。例如：

（1）笔画为主，笔形为辅。这种方法将所有拟排检的汉字逐一按汉字整体笔画的多少为序，少的在前，多的在后。笔画相同时再按笔形的顺序（如横、竖、撇、点、折）排列。例如：

开、少、什、文、邓；未、卡、令、立、民；匡、早、朱、庆、妇；形、肖、兵、沐、张。以上先按四画、五画、六画、七画的次序，在同一笔画内再按每个汉字起笔笔形的横、竖、撇、点、折排列。《辞海》（1979年）的《笔画查字表》就规定：单字都按笔画数分别排列。同画数的字，如果数量不太多，就再按第一笔的笔形分类排列（如5画以下的字和20画以上的字就是按笔画数分类之后，再根据第一笔的笔形加以分类）。同画数的字如果数量太多，就再接第一笔、第二笔两笔的笔形分类排列，如6画至19画的字，第二次分类是根据第一笔、第二笔的笔形，这样同一笔画的字就可以分成25个小类。不同笔形则以横竖撇点折排列。

当一组汉字的笔画、笔形都相同时，可按笔形之间的组合关系及笔形之间的长短排列。例如：八、人、入、；刀、力；工、土、士；大、丈；己、已、巳；未、末；田、由、甲、申。国家标准GB2312—80《信息交换用汉字编码字符集基本集》以及一些字典、词典都是按这种方法排列的。

（2）笔形为主，笔画为辅。先按汉字起笔笔形定序（如横、竖、撇、点、折），再按笔画数的多少排序。由于汉字中笔形同一率大于笔画同一率，人们判断起笔笔形失误率也大于计算笔画的失误率，因此，这一排检法在速度和准确性上都不如先笔画后笔形法，除在排检汉字数量不大的情况下，一般较少采用这种方法。正确使用笔画—笔形的排检方法，至少牵涉到三方面的问题。

首先是笔画数的问题。一种排序方法所使用的有争议的字的笔画数，应当尽量与群众的书写习惯和数画方法相一致。国家对汉字笔画数的标准化方面做过大量工作。最主要的是整理旧字形，于1965年制订了《印刷通用汉字字形表》，在这基础上又于1988年颁布了《现代汉语通用字表》。表中改动了一些字形的笔画，使之便于书写，也确定了字形的笔画数。在国家颁布的《简化字总表》中，也对一部分笔画容易写错的字用注解作了提示，注明了字的笔画数。例如："马"是3笔，"乌"是4笔，"鸟"是5笔，"庄"是6笔，"鼎"是12笔，"撇"是14笔。尽管如此，在普通读者中还存在大量数画不准的问题。进一步加强笔画数的标准化，进一步让群众熟悉、掌握这些标准是笔画—笔形法的关键问题。否则政出多门，各行其是，势必造成混乱。

2.3 音序标准

按照普通话的汉字读音，音节大约有340个，加上四声的变化可区分为1200多个。这样，七八千个汉字分布在1200多个音节中，平均只有六七个。这样看来，音序标准作为单一标准既简单又实用。

有人提出音序和字母序问题，认为"层、穿、窜"排列为 ceng、chuan、cuan 是字母序，而 ceng、cuan、chuan 或 chuan、ceng、cuan 才是音序。事实上对于习惯26个拉丁字母的中国人来说，使用字母表的顺序要比所谓的"音序"方便得多，而且也与拼音文字的排序相一致，只要我们对诸如 zh、z、ch、c、sh、s 以及 ü（üan、üe）u（uan……un）等问题做出规定，音序作为单一标准还是可以考虑的。

然而汉字的音节分布并没有那么平均，某一音节也许并不完全具备四声，而只有三个声调、两个声调、一个声调；某一音节内，一个调就可能有四五十个乃至上百个汉字。即使如此，较之笔画数的1200多个，在查找上也是容易的。

这里就出现了字序规范与检字法的问题。作为字序规范的标准，是要做到字有定位的，某一标准下，字无重码。作为检字法来说，我们认为是可以将模糊概念和容错观念引进来的。例如1—3画、20画以上等，就是模糊概念；"思"既见于"心"部，又见于"田"部是容错观念。对于字量较少的类别，这样划分不仅合理，而且完全必要。

2.4 代码标准

代码标准比较有代表性的是四角号码排字法。四角号码的主要优点是：(1) 取号迅速。只要熟悉了取号方法，就可以做到见形明号，把一个字四个角的数字连起来就能确定该字在字词典中所处的位置，从而一次直接查到，既不像音序法那样先弄清读音，也不需像部首编排法那样先寻找部首。(2) 排检准确。由于一个字要取四个角的笔形，每个字的可分性比起起笔笔形法和笔画—笔形法要大得多，因此不会在同一数码组合中出现成百上千个字，重码率很低，有利于排检。即使四个角号码相同，仍可取附角区分，就更加强了其准确性。(3) 方法灵活。在实际应用上，除了字典或词典的检字要严格按四个角逐一取号外，在目录索引的排检中既不一定逐字取号，也不一定逐角取号，只要达到按数序大小次第前后的目的即可。

四角号码法同样也存在一些缺点：(1) 字音、字义已失去任何联系，是一套纯粹的人为符号，什么样的数字代表什么样的笔形，是没有道理可言的，所有的取号规则只有通过死记硬背。而且仅仅是 0~9 的几条又不能概括所有取字规则，另外还有许多细则或附则；如"角笔尽量取复笔""点下带横折笔的上角取点"等，"介"字很明显四个角，但上角要取"人"，而不取"丿"和"丶"。这样有些简单化的问题却复杂了。(2) 规定取四个角，但实际上并不是每个字都四个角齐备，如"户、少、个"等，有的一个字就是规定中的某种笔形，所以只有一个角，如"十（4）、丰（5）、口（6）、八（8）"等，给定码带来许多不便。(3) 即使具备四个角的汉字，其左下角、左上角、右上角、右下角也并不十分明显，取角也有分歧。如"梁"是3390，而不是3723，"拍"是5600，而不是1727，"治"是3316，而不是"3317"等。有的笔形贯通左右，可能既是左上角，又是右上角，或既是左下角，又是右下角。如"王、直、全、一、卜、心、斗、之、持、小、口、中、时"这些字。所有这些都需要另立规则，有的不完全合理，有的虽勉强说得过去，但也不易掌握。

代码原则最大的问题是把汉字的显性标志转换成了隐性标志，熟悉代码要背上记忆的负担，再加上取形并不一定能完全做到科学、唯一，便限制了数码标准的广泛应用，这决定了它不可能成为任何级次的字序规范标准。

3 多重标准

汉字排序很久以来，是在多重标准下进行的。实践证明，字形复杂程度远远高于拼音文字的汉字，多重标准为汉字排序或规范汉字字序是行之有效的。《现代汉语词典》的部首检字法，就是在笔画基础上进行的，笔画数相同的，又是基本按照横竖撇点折的起笔顺序排列；第一笔相同，又看第二笔、第三笔。

我们讨论的汉字字序，是从规范化角度出发的，即每个字所处的位置必须有其充分的理据，这与单纯的检字又有所不同。检字法允许模糊概念和容错观念的存在，《新华字典》在部首检字法中，允许一字多部，多部重见，这样查检的人在不明了该字究竟属于哪个部首时，保证凭直觉采部没有错误，这样就提高了查字效率。而字序规范除了要考虑使用方便以外，更重要的是做到字无重码。

从理论上说，层级标准越多，分类排序就越精密，但规范字序的目的是为了方便需要，所以标准又不可能无限多。这就要照顾到使用者的心理因素。它包括感知、记忆、想象、思维等对排检标识的识辨。采取任何一种排序法，一经确立了规范程序之后，人们在检字法实践中所产生的心理过程差别，都集中表现在辨识固定的分类特征。单一标准是力图选择最有直观性的排序标识，目的在于使排序过程建立在一种较为单纯的心理形式基础上，使排序检索变得简便。对于排序标识，有的并不单纯依靠"感知"对象的外在特征，而是以具备关于对象知识为前提去思维和判断，例如使用者汉字知识的多少，包括会不会读、会不会数笔画、会不会笔顺、会不会分析部首和笔形等。

3.1 根据调查和试验，使用者最容易接受的层级标准是三个，即最多采用三个最直观的标准（当然不是每个字一定要用三个）就查到想查的字

3.1.1 除开音序的原则，我们看看参与字序的几种字形因素：

（1）笔画数

（2）部首、偏旁

（3）笔顺（起笔笔顺—末笔笔顺）

（4）笔形（单笔笔形、复笔笔形）

（5）汉字结构

粗分为5种，实际仅笔形一项就可以列出几十种。

3.1.2 如前所述，"笔形—笔顺"本身就是层级标准，基本笔形本身就有谁先谁后的问题。

3.2 根据上述参与因素，加上音序的参与，就会出现很多种配合

（1）笔形—结构

（2）笔形—笔画—结构

（3）笔画—笔形—结构

（4）笔画—音序—笔形

（5）部首—笔形—笔画—结构

（6）音序—笔形—笔画—结构

（7）音序—笔画—笔形—结构

（8）部首—笔画—音序—笔顺

（9）结构—部首—笔画—音序—笔顺

（10）笔形—笔顺—笔画—音序—结构

（11）笔顺—笔形—笔画—音序—结构

………

3.3 根据上文所述的排序标识,结合排序已有的社会基础和心理基础,我们对可能参与汉字排序的因素进行一次汰选,以求得到一批较佳的组合方案

3.3.1 在这些参与因素中,人们最熟悉的是笔画数、笔形、笔顺、部首、结构五种因素,而容易掌握、较少分歧的又是前两个方面。理想的汉字排序规范应该容易操作、检索,并且每类中的字数差不太大,也就是要打破单一标准下的某类字过于集中的缺点。例如,《新华字典》部首检字表中,木部8画字就有51个汉字。《现代汉语词典》木部8画字则有64个。而"片"部下4~19画才12个字。根据心理特点,人们总希望从最容易的形式开头,并控制难点,用较少的类做最有效的分化。那么,笔形—笔顺—笔画数理所当然成了层级标准下的第一选择。

3.3.2 汉字字序的规范需要多标准、多因素的参与,这已经是公认的事实。现在需要的不是回避多重标准,而是要将隐性的、潜在的多重标准规则变为显性,明确提出。

根据上述分析,并经统计和具体排试,提出下面三种方案供选用:

首末笔—笔画—结构

部首—笔画—首末笔

音序—首末笔—结构

首末笔指的是汉字起笔笔形和收笔笔形。汉字基本笔形横竖撇点折已渐为人们公认。然而五类太少,以至于每类中的拥字量过多。因此有必要利用该标准讲行第二次选择,使第一次分类从5变为$5 \times 5 = 25$,25类笔形变得与笔画数分类大致持平了。比起部首分类来又少了许多,因此这是基本合理的。

部首分类流行了上千年,有着广泛的群众基础,把部首分类与笔画数结合起来,是早就开始了的。然而只此两项,仍有大量字处于同等位置上,而单纯的起笔笔形又显得力不从心,加上末笔笔形则好办多了。

音序法有着广泛的现实基础,结合首笔笔形、结构,则成了第三个

选择。

上述组合方案的第一重标准,考虑了汉字排序的历史因素、社会因素、心理因素等,所以我们认为是可行的。

参考文献

[1] 苏培成. 现代汉字学纲要 [M]. 北京:北京大学出版社,2001.

[2] 苏培成. 二十世纪现代汉字学研究 [M]. 太原:书海出版社,2001.

[3] 胡双宝. 字序标准化——文字工具现代化的一个重要方面 [J]. 延边大学学报,1981 (4).

[4] 李公宜等. 汉字信息字典 [M]. 北京:科学出版社,1988.

[5] 杜定友. 查字法问题的基本认识 [N]. 光明日报,1961 (5.31).

[6] 黄俊生,倪波. 汉字与汉字排检法 [M]. 北京:书目文献出版社,1990.

[7] 胡明扬,谢自立,梁式中,郭成韬,李大忠. 词典学概论 [M]. 北京:中国人民大学出版社,1982.

[8] 周勋初. 评汉字笔顺排检法 [J]. 中国语文,1957 (1).

[9] 龚如平. 统一汉文辞书检索与编排体例研究 [J]. 辞书研究,1990 (6).

[10] 程荣之. 关于统一排检法的探讨 [J]. 辞书研究,1995 (5).

[11] 张标.《汉语大字典》部首排检法得失 [J]. 语文建设,1994 (12).

[12] 李志江. 关于汉字排检规范化的两点意见 [J]. 语文建设,1996 (2).

[13] 涂建国. 汉字排检法现状研究及其反思 [J]. 辞书研究,1997 (2).

[14] 涂建国. 关于汉字检字法探究的思考 [J]. 辞书研究,1990 (6).

[15] 史有为. 汉字检索的重新审视 [J]. 语文建设,1993 (2).

［16］孙公望. 汉字查字法回顾［J］. 辞书研究, 1980（3）.
［17］谢自立. 汉字查字法说略［J］. 语文研究, 1980（1）.

（原文发表于《汉语研究与应用》第一辑，中国社会科学出版社，2003年6月）

社会用字规范化探究

——北京市长安大街用字情况调查与分析

【提要】本文分析了北京市长安大街社会用字情况的调查数据，对不符合社会用字规范的问题进行了分类讨论。调查分析的内容主要包括汉字使用不规范程度，汉语拼音使用错误和数字、标点使用错误的情况等三个方面，进而结合存在的问题探讨了社会用字规范的标准和实践。

【关键词】社会用字　长安大街　调查　规范

社会用字规范化指的是按照国家有关部门颁布的政策、法令、标准，逐步纠正、消除文字使用上的混乱现象，正确地使用汉字。具体说就是不写错别字，不使用不规范的简化字，不使用已经被淘汰的繁体字、异体字等。

新中国成立以来，国家制定了推行规范汉字的各种政策和法规，如《中华人民共和国国家通用语言文字法》《简化字总表》《现代汉语通用字表》《第一批异体字整理表》《部分计量单位名称统一用字表》《出版物上数字用法的规定》《标点符号用法》《汉语拼音方案》《汉语拼音正词法基本规则》《第一批异形词整理表》《关于企业、商店的牌匾、商品包装、广告等正确使用汉字和汉语拼音的若干规定》等等，这些标准既是社会用字规范的标准，也是社会用字的法律依据。

长安大街的社会用字是北京市形象工程的一部分，也是首都精神文明的重要窗口。随着举世瞩目的 2008 年奥运会的临近，"说普通话，用规范字"应该成为每个单位、每个公民的责任和义务。城市街头用字是社会用字的一个主要方面。街头用字规范化，对提高全民的语言文字规范意识有积极作用，也是一个国家整体文明程度、文化素质、精神风貌的重要表现窗口。

在北京市语言文字工作委员会 2004 年立项调研课题"关于北京三条大街及其主要商场社会用字情况的调查"中，笔者负责长安大街社会用字情况的调查。

1 调查范围、内容及方法

2004 年 3 月 27 日至 4 月 16 日，中国人民大学对外语言文化学院部分教师、硕士研究生以及首都师范大学部分本科生共 15 人，对长安大街的社会用字进行了较大规模的调查。调查的地理范围是长安大街东西方向上的 7 个路段。这 7 个路段分别是复兴路、复兴门外大街、复兴门内大街、西长安街、东长安街、建国门内大街和建国门外大街。

此次调查主要围绕社会用字问题，具体内容有：

1. 汉字使用规范化问题，包括有无错别字、繁体字、异体字等；

2. 汉语拼音使用方面的问题，包括有无错拼、漏拼、是否按《汉语拼音正词法基本规则》进行分词连写等；

3. 数字使用、标点使用、书写格式等。

调查人员按照路段分成六组，除其中一组负责东、西长安街两个路段的用字情况调查外，其他五组每组各以一个路段的用字情况为对象展开调查。

调查中抽取了道路标牌、指路牌、招牌、匾牌、广告、电子屏幕等共计 3134 个样本。其中交通指示牌样本（路名牌、道路指示牌、交通指示牌等）465 个；各类牌匾样本（商店牌匾、企事业单位牌匾、机关牌匾等）1160 个；广告牌样本（含电子屏幕）854 个；公交车站牌样本 309 个；公共设施样本（报亭、邮箱、公共电话亭等）268 个；影剧院海报样本 22 个；交通宣传标语牌样本 56 个。

各小组在对取到的样本进行整理统计后写出所负责调查路段的小组调查报告，最后由笔者在六份小组调查报告的基础上进行总体整理分析，写出此文。

统计计算过程中，规定同一性质的错误不重复计算，即重复出现的相同性质错误只计算一次。

2 总体情况

通过调查，我们发现，调查内容中所列的三大类问题在长安街上都不同程度地存在着，有些问题还比较严重和突出。此次调查中总共查出各类错误 583 处，占样本总数的 18.6%。具体分布情况见下页《北京市长安大街社会用字情况调查统计表》。

通过该表可以看出，长安大街的社会用字规范问题主要集中在使用繁体字、异体字和汉语拼音错误两个问题上。这两类错误共 392 处，占各类错误总数的 67%；占样本总数的 12.51%。而以前人们最关注的错别字问题并不严重，此次我们共查出 56 处，只占总错误率的 9.73%，占样本总数的 1.79%；而其中道路标牌、指示牌、牌匾等长期悬挂的标志物中错误率更低；错误率较高的是张贴在街面上的各类临时性通知、通告、告示、说明等等，其字体、字号并不十分醒目，影响范围较小。上列数据说明，通过北京市语言文字工作委员会和社会各界的努力，错别字的数量已经明显减少，社会用字日趋规范。相信通过进一步努力，我们一定能够迎来一个更加规范、更加文明的社会用字新面貌。

北京市长安大街社会用字情况调查统计表

样本总数	汉字使用不规范						汉语拼音不规范		标点数字不规范		汉英混用	
	错别字		繁体字和异体字		新旧字形、字体		数量	百分比%	数量	百分比%	数量	百分比%
	数量	百分比%	数量	百分比%	数量	百分比%						
3134	56	1.79	168	5.36	90	2.87	224	7.15	25	0.80	20	0.64

3 存在的主要问题

3.1 部分汉字使用不规范的问题

3.1.1 错别字问题。

错别字主要分布在一些公告、通知、标语、橱窗广告中；在公共汽车站牌、电子广告牌中的出现频率比较低。这次调查的所有路段中，共出现56处此类错误，占各类错误总数的9.56%；占统计总数的1.79%。查出的错别字中，大部分是别字。例如某民航营业大厦张贴的《乘客须知》中，"班车途径东直门站"中的"径"（应为"经"）；在某处张贴的通告上，"谒诚欢迎您光临新线路"中的"谒"（应为"竭"）；建国门外大街一家饭馆招牌上"羊羯子"中的"羯"（应为"蝎"）[①]等等。可以看出，

[①] "羊蝎子"指羊的脊梁骨，因为剔肉以后像一只巨型蝎子，故此而得名。

这几例用字都是错用了形近的别字,其中"径"和"经"还兼有同音替代的错误。写错字的如:"饱肚馆"的"馆"错写成了金字旁;某报亭张贴的手写小广告"新到杂志"中的"志"上面错写成了"土"。再有就是某些已经被废止使用的《第二次汉字简化方案(草案)》中的字还在使用。如广告"蓝筹是金价值为本"中把"本"写成了上面一个大,下面一个十。

3.1.2 繁体字问题。

繁体字主要集中在一些商店牌匾和名胜处所的题词中。在取得的这类样本中,有些完全使用繁体字;有些是在同一个牌匾或题词中,繁体字、简体字夹杂使用。这类错误共发现168处,占各类错误总数的28.67%,占样本总数的5.36%。例如:"西單文化廣場""時尚廣場""中國科技會堂""電子工業出版社"等完全使用繁体字;而"中華世纪壇""清華大学出版社书店"就属于繁简混用。

3.1.3 新旧字形问题。

一些牌匾、广告采用已经被取消使用的旧字形。这类错误共查出84处,占各类错误总数的14.3%,占样本总数的2.68%。例如:"天福茗茶""欢迎光临科苑书城""创造卓越彰显价值""福建缔邦集团有限公司""中央电视台"等中出现的"福、茗、茶、迎、造、缔、视"等都用了旧字形。这些旧字形应改为现代规范汉字字形。

3.1.4 书写字体问题。

国家语委已发布《印刷魏体字形规范》和《印刷隶书字形规范》。这两个规范都体现了一个原则,即在允许字体变化的同时,力求不严重干扰和损坏汉字的基本笔画和笔顺。这次调查中发现有些社会用字没有遵循这些规范,导致所使用字形中的汉字结构、笔画数、笔形等方面出现错误。这次调查中发现的这类错误有6处,占各类错误总数的1.02%,占样本总数的0.19%[①]。例如:"中信实业银行","中国工商银行"等中的"银",都将"钅"最后一笔分解成了两笔。

---

① 3、4两组数据在108页表中合计为"新旧字形、字体"一组。

3.1.5 其他问题。

有的酒楼里内容相同的若干牌匾在书写上存在差异，属于不规范的用法。例如"懋林居酒楼"里的多个奖牌上，不同的颁发单位对该店名称的书写不一致，有的写成"懋林居"，有的写成"茂林居"。这类现象不多，只发现了3处。

3.2 汉语拼音使用方面的问题

对于汉语拼音的使用国家已经颁布了《汉语拼音正词法基本规则》。该规则是使用《汉语拼音方案》拼写现代汉语的统一规范。它包括分词连写、外来词拼写法、人名地名拼写法、标调法、移行规则等等。从长安街上汉语拼音使用的情况看，主要问题集中在下面几点上：

3.2.1 拼写错误。

这类错误共查到22处，占各类错误总数的3.75.%，占样本总数的0.70%。错误的性质主要是错拼、漏拼等。例如：公共汽车站牌上把"七里庄"拼写为"QILIZHANG"，"庄"的拼音"ZHUANG"中的"U"被漏掉了；把"望京科技创业园"拼写成"WANGJINGKEJIECHUANGYEYUAN"，"技"的拼音被错拼成了"JIE"；在北京地方税务公报的公告栏中，"新闻中心"拼成了"xing wen zhong xin"，"新"的拼音"xin"错拼成了"xing"。

3.2.2 分词连写方面的错误。

在调查中发现很多样本在分词连写方面都违背了"拼写普通话基本上以词为书写单位"这个准则，由此造成了拼写方面的混乱。

这次调查中发现的此类错误共有114处，占各类错误总数的19.45.%，占样本总数的3.64%。具体有这么几种情况：

（1）有的同一个地名或单位名出现了多种不同的拼写方式。例如"复兴门外大街"的正确拼写是"Fùxīngménwài Dàjiē"，但是却在不同的路段出现了下面三种不同的错误拼写方式："FUXINGMENWAIDAJIE""FU XING MEN WAI DA JIE""FUXINGMENWAI DAJIE"。同样的问题也出现在公共汽车站站牌上。例如"四惠站"这个站名，应该拼写成"Sìhuì Zhàn"，可是在4路车站牌上的拼音标注是"SiHui Zhan"；而在205路车站牌上的拼音标注又是"SiHuiZhan"。产生这类错误的主要原因是有关标牌制作单位对分词连写规则不熟悉，造成了各行其是的局面。

（2）所有音节全部连写，不进行分词。例如："BEIJINGXIZHAN"（北京西站）、"WANGJINGKEJIECHUANGYEYUAN"（望京科技创业园，原牌中的"JIE"应为"JI"）等。

（3）不是按词分写，而是按字分写。例如："FU XING MEN NEI DA JIE"（复兴门内大街）、"XI CHANG AN JIE"（西长安街）、"BEI JING SHI WEN MING WEI SHENG JIE"（北京市文明卫生街）等。

（4）连写时分词错误，对专名和通名的单音节附加成分的处理不符合"与其相关部分连写"规定。例如"复兴门内大街"本应按"Fùxīngménnèi Dàjiē"分词，却被拼写成了"FUXINGMEN NEIDAJIE"（复兴门内大街路名牌）。

（5）缺少隔音符号。在汉语拼音的拼写中，遇到a, o, e开头的音节连接在其他音节后面，使音节的界限发生混淆的情况时，没有用隔音符号（'）隔开。例如"东长安街"的拼音没有使用隔音符号拼写为"Dongchang'an Jie"，而是拼写成了"DONGCHANGAN JIE"。"西长安街""长安街"等地名拼写中也存在着相同的问题。

3.2.3 地名中的通名部分不用汉语拼音而用外文译写。

长安大街上的一些道路指示牌中的通名部分没有按有关规范使用汉语拼音，却使用了英语来译写①。例如："CHANGCHUN ST（长椿街）"、"W. CHANG'AN Ave"（西长安街）、"XUANWUMEN Inner St"（宣武门内大街）、"N. XIDAN St."（西单北大街）、"FUYOU ST"（府右街）等。西长安街88号首都时代广场在外墙体上镶有"XICHANG'AN AVE"。这

---

① 对我国地名的罗马字母拼写，国务院早已规定采用汉语拼音作为统一规范，并于1977年经联合国第三届地名标准化会议通过作为国际标准。中国地名委员会、城乡建设环境保护部和国家语言文字工作委员会于1987年12月发布的《关于地名标志不得采用"威妥玛式"等旧拼法和外文的通知》中也规定："地名标志上的地名，其专名和通名一律采用汉语拼音字母拼写，不得使用'威妥玛式'等旧拼法，也不得使用英文及其他外文译写。"

类错误共查出 88 处，占错误总数的 20.90%，占统计总数的 2.81%。

3.2.4　英语拼写中大小写不统一。

长安大街上的一些门牌、牌匾所用英文出现了不少大小写不统一的情况。例如："阳光美食城"的两个店面，分别使用"SUNLIGHT RESTAU-RANT"和"Sunshine restaurant"，一个是大写；另一个小写。"中国民生银行"用的是大写"CHINA MINSHENG BANKING CORP, LTD"；而"中国建设银行"用的是小写"China Construction Bank"。

3.3　标点、数字使用上的问题

标点、数字的使用错误共查出 25 处，占各类错误总数的 4.27%，占样本总数的 0.8%。虽然出现的概率很小，但也应该引起重视。具体有以下几种情况：

3.3.1　句末用"."代替"。"

很多交通宣传标语牌上的提示不按照《标点符号用法》中关于"。"号用于"表示陈述句末尾的停顿"和"语气舒缓的祈使句末尾"以及"."号"一般在科技文献中使用"的规定来使用"。"号和"."号。在应该使用"。"号的地方错用了"."号。如：

"人行横道是生命的绿色通道."

"不要着急，红灯亮了歇口气."

"您是首都的主人，您是文明礼让的楷模."

这类错误共查出 12 处，占各类错误总数的 2.85%，占样本总数的 0.38%。

3.3.2　间隔号使用错误。

没有遵照《标点符号用法》中关于间隔号"·"用于标示"外国人和某些少数民族人名内各部分的分界"和"书名与篇（章、卷）名之间的分界"的规定，在不需要使用间隔号之处使用了间隔号。例如"中国·北京复兴门内大街 49 号""储蓄·代保管箱"等。这类错误共查出 8 处，占各类错误总数的 1.90%，占样本总数的 0.26%。

3.3.3 顿号使用不规范。

不按《标点符号用法》中关于"顿号用于句子内部并列词语之间的停顿"这一规定使用顿号。例如728路站牌在表达"每十公里加收一块钱"这个前后明显不是并列关系的意思时使用了"票制实行十、十进制"这样的短句,滥用了顿号,容易让人产生误解。不过这类错误不多,只查到5处,占错误总数的0.85%,占样本总数的0.16%。

数字使用上的问题是竖排时没有按照有关规定"以顶左底右的方向横置"。例如某银行门前的一块牌匾上这样使用数字①:

365　指

天　　纹

为　　代

您　　保

服　　管

务　　箱

3.4 英语和汉语拼音混用的问题

在专有名称翻译问题上,存在各自为政的现象。有的用英文翻译;有的在英语中夹杂着汉语拼音;同样是使用英文或者汉语拼音,又存在着大小写的问题;还存在同一专名在不同地段标注不一致的问题。

例如"中国民生银行"标注为"CHINA MINSHENG BANKING CORP,LTD","民生"的汉语拼音"MINSHENG"夹杂在英语中间;还有"中国建设银行"被标注成"China Construction Bank",每个单词的首写字母都用了大写;又例如"北京西站"在公交车站牌上用汉语拼音"BEIJINGXIZHAN"标注,但在车行道上悬挂的巨大路牌上却用英文"Beijing West Railway Station"标注;同样的"白云路"也被标注成不相同的"BAIYUN LU"和"BAIYUN RD"。这类问题共有20处,占错误总数的3.41%,占

---

① 正确的用法是"365"需要按顺时针方向旋转90度。

统计总数的 0.64%。

4 关于社会用字的讨论和思考

社会用字看起来是一种表面现象，其实蕴含着一些深层次的理论问题，值得我们思考。

第一，如何处理文字发展中规范与变异的矛盾？

从文字发展的历史和规律来看，汉字一直存在着规范和变异的矛盾。作为书面传递信息的社会交际工具，人们要求文字稳定和统一；作为个体使用的文字，又常常带有个人书写特点，因此文字总会发生变异。文字形体的发展就是在不断突破旧规范的同时不断建立新规范的过程。文字规范化不仅要求社会用字整齐划一，而且要能对前一时期或者当前使用的文字作出规范、整理和总结，有选择地承认和接受汉字在发展过程中产生的变异。古代的很多俗字、手书字、草书字，在今天成了正体的规范字。因此，对于符合群众需要的、流传较广的非正体字，我们应该妥善对待。

第二，如何对待繁体字和简体字在使用上的矛盾？

毋庸置疑，简化字是中国国务院批准颁布推行的、具有法定地位的规范正体字。然而目前社会上出现的书写、使用繁体字的趋势也不容我们忽视。有关专家学者不断对此类现象提出批评；相关部门、媒体等也曾多次呼吁停止使用繁体字；语言文字执法部门也曾坚决取缔过；然而从我们的调查结果来看，此类现象非但没有减少，反而大有增加。这不得不促使我们深入地思考对使用繁体字的现象是堵还是疏这一问题。虽然我国从小学到大学进行的都是简化字教育，可是学生接触繁体字的机会还是很多，比如古代小说、书法作品、风景名胜区的题词、对联等等都会有大量繁体字；所以，繁体字很难从生活中消失，也没有必要从生活中消失。在长期的生活、工作中，人们会自然而然地认识一些繁体字，其实这并没有什么坏处。《国家通用语言文字法》中规定可以有条件地保留使用繁体字、异体字。江泽民同志 1992 年 12 月 14 日就语言文字问题的三点意见中也指出:"书法是一种艺术创作。写繁体字还是写简化字,应尊重作者的风格和习惯,可以悉听尊便。"既然如此,我们认为"堵"不如"疏"。我们可以要求有繁体字出现的地方另外再附上规范的简化汉字。这不仅便于顾客或者行人辨认其招牌或者题词中的字形,也有益于语言文字的规范。

第三,汉字和拼音在使用上的矛盾。

以前我们关注汉字使用上的问题比较多,而对拼音使用上的问题相对重视得不够。随着中国国际化进程的加快,汉语拼音有着无可替代的作用。比如很多外国友人在几周内就掌握了汉语拼音这个工具,他们会根据拼音拼出音节的发音。如果汉语拼音规范、实行分词连写,对汉语的推广和普及将会大有裨益。地名、街道名、站牌名、名胜古迹名等等都应该有相应的规范的汉语拼音。

第四,汉语拼音标注和英语标注的矛盾。

对于像旅馆、商店、银行、车站等服务类机构的标牌是允许有英文名称,还是必须使用汉语拼音?应该有明确的规定。我们认为。这类机构使用英语标牌,对于不认识汉字和汉语拼音的外国人非常方便,也符合一般的国际惯例,因为 hotel、bank 等是常见英文词汇,世界上大多数非英语国家的这类服务机构也都采用英语标注;另一方面,汉语拼音也有它独特的优势。如何规范好英语标注和汉语拼音标注的使用,是一个值得研究的问题。

第五,手写字和印刷字之间的矛盾。

当前的书写教育,存在着两个极端:或是放任自流,或是临摹古人法度。放任自流,容易出现错别字;临摹古人法度,容易出现繁体字、异体字。在目前,大众书写素质的退化,导致人们对汉字书写好坏甚至是否规范并不介意;而工于书法的人又常常对简化字不屑一顾,这就导致用于公众场合的手写字中出现了较多的问题。笔者认为,对于张贴在商店内部、大街上、临街的门口、报刊书亭等公共场所的通知、告示等,一律以不采用手写字为宜,应该采用计算机打印的印刷字,这样可以避免错别字。例如"新到报刊杂志"中的"志",在手写时常常有人把上面的"士"写成"土",而机器打印时用的是计算机里存贮的规范字形,因此不会出现类似的错误。采取这一措施还可以使各类公用标示显得更整齐美观。

总之，汉字规范化是一项长期的具有时代性、学术性、应用性、改革性的任务，需要综合发挥政府相关职能部门、社会各界、广大群众的作用，才能达到良好的效果。

参考文献

［1］北京市语言文字工作委员会．国家通用语言文字规范化手册［M］．2002．

［2］陈汝东．当前城市社会用字中的不规范现象及其成因和对策［J］．北京大学学报（哲学社会科学版），1999（5）．

［3］国家语言文字工作委员会．国家语言文字工作委员会关于社会用字管理工作的意见［R］．语文建设，1994（11）．

［4］胡昭广．加强用字管理 维护首都风貌［R］．语文建设，1995（2）．

［5］王磊．关于净化和规范社会用字的思考［J］．北方论丛，2002（5）．

（原文发表于《汉字书同文研究》第6辑，鹭达文化出版公司，2005年）

字母词及其规范问题

【提要】 本文从四个方面论述汉语中的字母词。一是字母词的名称，主要讨论在目前林林总总的术语中，哪种更为科学和规范。二是字母词的种类和范围，主要讨论字母词包括哪些，不包括哪些，怎样对其进行界定。三是字母词规范的原则，分别从必要性、规范性和准确性三个方面进行了讨论。四是字母词规范的内容，主要讨论了字母词词形、读音、数量、用法等方面的规范问题。

【关键词】 汉语　字母词　规范

0　引　言

改革开放以来，很多外国的新事物、新概念不断地引进，在这个过程中出现了大量的诸如 MTV、KTV、VIP、ATM 机、GB 之类的字母词语，引起了大家的广泛注意。近几年来，关于字母词的讨论十分热烈，学者们发表了各种不同的意见。总括起来，焦点主要集中在英文字母词的使用规范问题，主要观点有三种：

一种认为应抵制英文字母词。胡明扬（2002）认为，使用英文字母字，侵犯了汉语的纯洁性。在精通外语的专业人员中直接使用英文字母词，无可厚非。但是在完全可以用汉语表达的场合，面向广大不懂外语的群众，是不可取的，是一种不正常的语言现象。因为这么使用显示了中国人的自卑感，鄙弃了中国人的身份和祖国的语言，呼吁国家语言文字的职能部门进行干预。周晓林（2003）也提出应规范使用英文字母词，甚至还提出，单独使用英文字母词是不合法的。

另一种认为应提倡英文字母词。这种观点主要在网络上流行，他们认为，"字母词"是改革开放的产物，是英语日益国际化的产物，是信息时代的产物，是全球电脑网络化的产物；汉语引进"字母词"已是大势所趋，因此应当欢呼"字母词"时代的来临。

还有一种认为应对字母词的使用进行规范指导。郭熙（2005）就对字母词的使用提出了一些设想。他认为字母词使用的规范应是推荐性的。对字母词的规范指导应全面考虑，主张从科学性、兼容性、灵活性三个方面来考虑。

笔者认为，对字母词应该持审慎的观点，既要看到它的时代性，也要看到它对汉语产生的不良影响；既要用历史的眼光去研究，又要立足于现实，对字母词的使用给予必要的规范和指导。

1 字母词的名称问题

关于字母词的名称有各种不同的看法。比如，外文字母词、英文字母词、拉丁字母词、西文字母词、带外文字母的词语、汉语字母词、中文字母词、字母词等等，没有一个统一的名称。周健、刘涌泉等认为字母词语是汉语词语，而胡明扬则断然否认这类词语是汉语中的词语，认为"像'X光'，'γ射线'"这类包含外文字母的词可以称为"外文字母词"或"西文字母词"，而"像WTO、DNA、CD"等则只能称为"原装外文缩略语"。以上两种不同的看法可以说代表了当前语言学界对于字母词语的主要分歧。所以，我们觉得首先给字母词一个比较准确的名称和正确的定义，是非常必要的。

我们认为，上面叙述的名称都不太准确。因为由于字母词不限于拉丁字母，还有希腊字母词，如γ射线、π值，罗马数字如Ⅳ等等，因此不能完全称为拉丁字母词或英文字母词。另外还有汉语拼音的缩写，如GB"国标"、HSK"汉语水平考试"等这样的字母词，从这个意义上说，西文字母词或外文字母词也不准确。因为GB、HSK、PSC都是汉语拼音字母的，不是"西文"或"外文"（刘涌泉，2002）。

胡明扬（2002）认为"像WTO（World Trade Organization 世界贸易组织），DNA（deoxyribonucleic acid 脱氧核糖核酸），CD（compact disc 光盘/光碟）那样的外文缩略语根本不是'词'，只能说是原装外文缩略语"。他认为原因在于"是因为从文字书写到读音完全是外文外语的原来形式，既不是意译，也不是音译，也不是音译加意译"。可是笔者并不认为这样。李明（2002）在《也谈字母词语问题》谈到，文字虽然跟语言密切相关，但文字的书写形式并不能决定一个词语的性质，不能说书写形式是外文的就一定不能成为汉语的一员，正如用汉字书写的也不一定能成为汉语中的词语一样。况且，有些词语如WTO、VCD等外文缩略语已经算是"汉语中的词语"了。甚至已经改变了它们在原来语言中的用法。以WTO为例，它是World Trade Organization的缩略语。World Trade Organization自然是短语而不是词，但缩略为WTO后已经在文章中被看成一个词了，正如"中国人民大学"是短语（虽然是固定的），但简缩为"人大"后似乎也可算作词一样。所以胡明扬主张的"原装外文缩略语"是不合适的。

还有email、IDSL等字母词不是汉语拼音的词，而是完全使用的外来语，因此把这些词算作汉语字母词或中文字母词都不够妥当。"带外文字母词"也是不准确的。因为MTV、DNA等的字母词不是汉字和字母混用的词，而是非汉字的纯字母词。

综上所述，我们给它的定义如下：现代汉字系统中和汉字一起使用的字母文字，叫"汉语中的字母词"，以下简称"字母词"。我们认为，这个"字母词"应该是较为恰当和合理的。它除了写起来很简单外，纯字母词、带汉字字母词、拼音缩写字母词等几种意思都可以包括。

2　字母词的种类和范围

2.1　字母词的种类

从字母词的种类上可以分成三大类。一类是纯字母词，一类是带汉字的字母词，另一类是拼音缩写的字母词。

（1）纯字母词：纯字母词可以再分三大类。一类是 CD（compact disc 光盘/光碟）、WTO（World Trade Organization 世界贸易组织）、MTV（Music TV 音乐电视）等的外文缩写的纯字母词。另一类是 Party、Ok、Olympic 等的完全外来字母词。还有一类是 3D（三维）等字母与阿拉伯数字混合的，或者 .net（网址后缀，一种顶级域名）等的字母与符号混合的。其中外文缩写的纯字母词占大多数。

（2）带汉字的字母词：带汉字字母词可以再分两大类。一类是 IC 卡（Integrated Circuit card 集成电路卡）、卡拉 OK（一种音响设备）、BP 机（寻呼机）等是字母与汉字混合而成的。另一类是 2A 级（一种信用度的等级）等是汉字、阿拉伯数字还有字母等混合而成的。

（3）汉语拼音缩写的字母词：字母词当中除了上面叙述的字母词以外，还有一部分汉语拼音缩写的词。如 GB（Guo Biao 国标）、HSK（Hanyu Shuiping Kaoshi 汉语水平考试）等。

另外，除了纯字母词、带汉字字母词、汉语拼音缩写字母词这三大类以外，在字母词的形式上还可以细分：①全大写如"DNA、ISO"等。②全小写如"ml、nm"等。③大小写混合 "如 Internet、Cobol 等"。数量上也可以细分：①单字母的如"A 股、B 超"等。②双字母的如"CD、TV、卡拉 OK"等。③多字母的如"TOFEL、BASIC 语言"等。

2.2　字母词的范围

字母词使用的比较广泛的领域有以下几类，人名、机构名、科技、经济、生活等等。例如：

（1）人名。

［1］这一系列的试射活动显然有向 J. W. 布什的 NMD 计划进行示威的色彩。（中华网《东风－31 的进展远远在美国情报界的判断之上？》2002.2.16，军事频道）

［2］影星 Tasha 在美国加州拍摄写真集，美女上树也很值得一看。（《北京电视娱乐周刊》2005. 第 13 期，5 页）

［3］作者是位印度裔的女作家，叫 Jhumpa Lahiri，后来看到她的照片，年轻又漂亮，真正的美女作家。（《新京报》2005.3.24，63 版）

另外还有，BoA 宝儿、Winona Ryder、Angelina Jolie 等等。

（2）机构名：机构名中社会经济方面的字母词较多。

［4］实际上，OPEC 成员国目前已露出以欧元代替美元的打算，这可能是美国经济的噩耗。（《中国青年报》2004.9.2，国际）

［5］为了与国际接轨、为了履行对 WTO 的承诺，中国"绿卡"制度终于如期实行。（《中国青年报》2004.9.3，青年话题）

［6］据了解，OECD（经济合作与发展组织）2001 年的报告中，从欧盟 2000 年 12 月实施 e－Content（电子内容）计划以来，欧洲的数字内容产业规模已经达到 4330 亿欧元。（《中国青年报》2004.9.3，IT 周刊）

［7］一位 IT 评论人士称，目前市场进入到一个"性能经济"时期，中小企业以及 SOHO 一族高速发展的业务，决定其对品质的要求并不低。（中国 SOHO 特区网《给 SOHO 族身订份电脑套餐》2004.9.15）

另外如：UN（联合国）、APEC（亚太经合组织）、WHO（世界卫生组织）、中国的 SER、SEZ（经济特区）、美洲的 NAFTA（北美自由贸易协定）等。

（3）科技方面：一般包括电脑、通信、网络等方面。

［8］然而这一境况将会很快被打破，CRT 电脑所面对的对手，正是来势汹汹的液晶电脑。（《北京青年报》2004.9.7，业界、国内）

［9］摩托罗拉、三星科健、浪潮乐金、杭州东信等企业出口 CDMA 手机占 CDMA 手机出口总量的 98%。（《中国青年报》2004.9.2，经济）

［10］手机出口企业主要是合资手机生产企业，其中摩托罗拉、西门子、诺基亚、爱立信出口 GSM 手机占 GSM 手机出口总量的 66%。(《中国青年报》2004.9.3，IT 短信)

［11］此外，本届奥运会是夏季奥运会历史上第一次提供高清电视服务（HDTV），许多国家还第一次通过 3G 技术向手机用户提供奥运会的新闻图像。(《中国青年报》2004.9.3，IT 短信)

另外如：GPS（全球卫星定位系统）、IT 市场、Hi－tech（高技术）、UAV（无人驾驶空中飞行器）、LCD、LCOS、DLP（光显技术制造的电视）、Mobile（移动电话）、PS（手机）、ISDN（综合业务数字网）等。

（4）生活方面：

［12］文件还详细列出了票价：主席区每张 400 元、VIP 贵宾票每张 320 元、甲票每张 220 元、乙票每张 150 元。(《中国青年报》2004.9.1，特别报道)

［13］VISA 卡，在美国有 500 万商户接受用它付账，在中国现在只有 10 万商户。(《中国青年报》2004.9.3，IT 周刊)

［14］据悉，起亚远舰源于韩国现代起亚 MSC 平台，已经在全球销售了 270 万辆。该车装配了顶级车中才能见到的豪华配备：DVD＋VCD＋MP3 系统、DVD10 碟连放系统、自动恒温空调、倒车雷达（警报音）、智能电脑、定速巡航系统、电动天窗、座椅加热功能等。(《中国青年报》2004.9.10，国内)

另外如：SIM 卡（用户识别卡）、FAX（传真）、ATM（自动取款机）等。

3　字母词规范的原则

现代生活中我们会经常接触到字母词。那么，为什么在可以使用汉字的地方一定要使用字母词呢？原因就在于字母词构词简洁、书写便利，符合语言使用的经济原则，并且有很多国家共同使用，容易与国际社会接轨等等。这几个方面的原因符合了有些人的心理，导致他们直接使用外文或字母词，其中有些人多年生活在国外，形成了某种"洋泾浜"式表达方法，倒不是他们故意装作与众不同，而在国外生活的习惯导致了其语言习惯。但也不排除有些人为了显示某种身份和地位，而竭力想冒充"洋鬼子"等，这时候一些副作用也就产生了。

无论如何，近几十年突然出现大量的外来词，因其出现的时间不长，在使用上具有不稳定性，引起了滥用外文词语的现象。这引起了语言学专家以及国家语言文字政策部门的高度注意和重视，汉语毕竟是有自己独特书写方式和表达方式的语言，如果其中夹杂了过多的字母词，势必引起汉语在表达和书写上的变化，影响汉语这种纯方块式的书写形式。针对这种情况，我们认为字母词应当在遵守汉语的习惯上使用，应该用"必要性、普遍性、准确性"的原则来进行规范。

3.1 规范字母词的必要性

在《汉语拼音方案》制订和发布以前，完全用汉字音译外来语，似乎并不太成功。如 fair play 译为"费厄泼赖"、telephone 译为"德律风"、democracy 译为"德谟克拉西"等。因为每个汉字本身都有一定的意义，尤其是双音节或者多音节词语，其整体意义往往都与每个语素的意义相联系，而这种译音词则体现不出这种联系，因此，会给记忆和使用带来很大不便。现在，完全改用字母词，则面临着字母词泛滥的问题，并且容易引起对汉语汉字的污染等副作用。例如：

[15] 阿 Q 腰间挂着 BP 机，乘 MTR（地铁，香港叫 MTR）到医院去做 B 超；做完 B 超，就"拷"（call）小 D 去吃 AA 制。回家后，一会儿听 CD，一会儿看 MTV。晚上，先订好 K 房，再约小尼姑一块儿去唱卡拉 OK。阿 Q 富起来了，想当老板了，就开了家.com 公司。（人民网《欢呼"字母词"时代的来临》2002.2.22）

如果字母词使用到了这种程度，近乎一半的词语改用了英文字母，那么规范字母词是不是就显得很必要了呢？我们认为规范字母词应该以字母词的使用是否必要为衡量依据。张德鑫（2000）认为字母词应当是："中文无，又难以音译意译，处于独一无二不可替代的地位，多指专门术语或专有名词。"这表示，如果在表达上没有相应的汉语词，或者有相应的汉语词但表达上不如外来字母简洁的时候，尤其是专门术语或专有名词等，就可以使用字母词。比如，J 粒子、TDK、TCL、O 型血、卡拉 OK、LG 等是前一种，WTO、WHO、CNN、BP 机、VCD、DVD、GDP 等的词是后一种的。

还有另一种必要性与所谓"与国际接轨"有关。有的字母词实际是国际共同语。例如，过去国际求救信号是"SOS"，而现在是"GMDSS"。这种在目前国际交流日益广泛的情况下，我们不能忽视字母词。

语言是不断发展的，一种语言的发展其中表现在词汇上，就是吸收外语或者方言中的新成分、新词语，我们不能过分地人为限制人们的用字行为。但是一定的程度上，以必要性衡量取舍，适当控制，还是有积极意义的。

3.2 规范字母词的普遍性

笔者说的字母词的普遍性有两个方面。一个方面，是不是社会大多数人使用的词汇。如果只是少数人或者极少数人使用，这种新词也属于不够规范的词语。如刘涌泉（2002）提到的"UNESCO"（联合国教科文组织）使用并不广泛，一般群众都不认识。另一个方面是选择人们普遍使用的形式。因此，在实行语言控制的过程中，我们应该选用一种使用比较广泛的，然后通过一定的途径使之固定化。如"Internet、Internet 网"这两种形式并用，其中选择使用频率比较高的形式固定下来。这种固定也许以后还会产生变化，因为语言始终是发展变化的，但至少在一定时间内，固定化下来的词语具有一定的稳定性，而且为大多数人所接受和使用。

3.3 规范字母词的准确性

字母词的准确性即无论在意义上还是用法上，要明确、准确地使用字母词。目前字母词的错读、错用、造错句等不规范现象太多，主要错误有三大类：

第一类是字母词的滥用，在本不需要的地方使用或者不该使用的地方滥用字母词语。例如：

［16］她的 baby 更是受到了"座上宾"的礼遇。许多留学生回国很久以后，来信仍念念不忘莘园的 Christmas Party。（《人民日报海外版》1999.10.4，3 版）

［17］大学里最 update 的就是上网……还可以跟 foreigner 聊天。（《羊城晚报》2000.1.2，8 版）

第二类是误用。在书写形式上，拼写形式上错误。另外还有大小写不当、格式错误、标点符号错误、理解错误等等。

第三类是由汉语翻译造成的混乱。如"VCD"和"LD"在《现代汉语词典》（修订本）附录中解释为两个都是"激光视盘"，这种情况下人们想表达"激光视盘"的时候，不知道应该选择"VCD"还是"LD"，所以造成了两者互用从而出现错误的现象。

以上这些不太准确地使用字母词的情况，笔者认为应该尽力避免。

4　字母词的规范内容

如上所述，对于字母词我们应该以必要性、普遍性、准确性这三个方面来进行规范。但是字母词本身有自己的特殊性，因此，对它的规范不应该一刀切，应该区别对待。依笔者之见，从以下四个方面来确定规范较好。

4.1　词形的规范

笔者认为，对字母词的词形来说我们应该考虑两个方面。第一个方面是形体问题，第二个方面是大小写的问题。

对形体问题来说，由于字母词进入汉字系统渠道不同，特别是目前对它们的使用没有一个明确的规定，引起写法的不同。如，WIN98 和 WINDOWS98，维生素 C 和维他命 C 等。

其次，对大小写问题来说，可能情况更复杂一点儿。人们有时大写，有时小写，有时大小写混用。一般像 APEC、WTO 等写专有名词或者像 DNA、CDNA 等写科技术语的时候大写。还有一般像 kg、cc、mg、km 等一些计量单位名称是小写。因为有时候，字母词大小写错了，意思就不一样了。如 CD（光碟）、Cd（元素"镉"的符号）、cd（光学强度单位名称"坎（德拉）"的符号）。（刘涌泉，2002）还有有时候，可以混写。如 Email、EMAIL、email、Internet、INTERNET 等。所以，为了避免发生错误，正确区分大小写还是很重要的。

4.2 读音的规范

目前，国家语言文字工作委员会并没有对字母词的读音进行规范或发布标准。因此，人们对字母词的读音相当混乱。例如：C，有读［sēi］的，有读［xī］的，还有读［sī］的；又如 J，有读［zhèi］的，有读［jiē］或［jiè］的。又如同一个"阿 Q"，《新语词大辞典》注为"a Qiū"，《现代汉语词典》注为"A Qiū, A kiū"，这些都说明连词典中的注音也没有一个明确的标准。由此可见，字母词的读音在现代汉语系统中已经发生分歧。有些人认为，字母词的读音方法是按照英语自身的读音标准来读，因为字母词一般以来自英语为多。有些人主张按照中国人的发音习惯来读，因为字母词语只有按照汉语语音来读时才可能成为汉语词语，而且某种程度上已经汉化了。笔者认为这两种看法都有道理，两种方式并不相悖，都可视为规范读音。前一种方式即用英文字母发音来读有它的优点，就目前的情况来看，现在人们大部分趋向于用英文字母读法来读，而中国出国留学回来的知识分子又大多来自英美。另一个原因是，现在通行的、一般辞典上所收录的字母词，除了希腊字母词以外，大多都是英语的缩略语，如 APEC、WTO 等。按照英文的发音来读已经形成了习惯，而且随着英语学习者数量的增加，发好英文的读音应该没有问题。

后一种方式即按照汉语语音来读也有好处。如果做这样的话，英文字母的读音就"汉化"了，而且人们通过中国式发音进行语音交际，更便于沟通。另外，如果按普通话音节来读英文字母的发音，并且一定给每个字母的声调的话，更好一些。如，B 读 bī，C 读 sī，D 读 dī，E 读 yí，Q 读 kiū，V 读 vī 等。所以有关部门应在广泛调查统计的基础上，参照大多数国人的字母读音习惯，兼顾字母的英语本音，主要依据汉语拼音（允许少量的例外）来确定每个字母的拼法和声调，从而制定出汉语英文字母读音标准。对已经掌握英语的人来说，只要不影响交际，按照英语发音来读也可以。

有些字母词本身出自汉语，如"GB 国标、BJ 北京、QD 青岛"等汉语拼音字母词，它们就像火车上的 RW 软卧、YZ 硬座一样，只不过是一个代号，读什么问题都不大。

4.3 数量的规范

这一部分是字母词的规范中最重要的内容之一。虽然汉字系统夹杂字母词的使用已经成为不可避免的事实，但如果不控制使用数量，任其自由发展的话，汉语的污染就不可避免了。一些学者认为字母词的过度使用从根本上讲是对语言的民族性认识不足。语言是文化的载体，如果本民族的语言遭到破坏，那么文化也相应地被破坏了。所以从字母词的使用量上看，对字母词的出现不能任其泛滥，应该根据实际情况进行规划和规范，让字母词适应汉字系统的发展，充实汉字系统，提高汉字记录现代汉语的能力。从量上对外来字母进行规范，应该分清不同情况，采取不同的规范方法。第一，对外来字母中的商标名、公司名等专门名词，因为其使用范围有限，它们的存在能方便人们的交际，加之完全改用汉语表达可能影响别人对它们的认同，那么就可以保留。第二，外来字母中的非专业名词，从数量上应该加以控制。即使在这些非专业名词中，也应该区分不同的情况。如 CD、DVD、GDP、WTO 等的字母词，因为它们已经被社会广泛采用，而且不能再简便代替它们，则可以保留。但是如 F. D. A（美国食品药物局）、FIP（国际集邮联合会）等使用不够广泛、理解起来又比较困难的字母词，应该改用汉字的表达方式。

有人认为"GB（国标）、HSK（汉语水平考试）"等拼音字母词的出现和使用，才使大量字母词得以出现，这种看法实际是对汉语拼音作用的曲解。2001 年 1 月 1 日起施行的《中华人民共和国通用语言文字法》（以下简称《通用语言文字法》）第十八条规定："汉语拼音是通用语言文字（即普通话和规范汉字）拼音写和注音的工具。"而非借用外来语的工具。因为它们只是与外文字母词一样采用了拉丁字母而已，它们与外文字母词的性质是不同的。

4.4　用法的规范

周晓林（2003）在《外文字母词应规范使用》中指出："在汉语文出版物中单独使用外文字母词是不合法的。"他的主要依据是，按照《通用语言文字法》第十一条规定："汉语文出版物应当符合国家通用语言文字的规范和标准。汉语文出版物中需要使用外国语言文字的，应当用国家通用语言文字作必要的注释。"

可是笔者收集的对字母词的很多材料中，单独使用的字母词却占大多数。例如：

[18] 其中，互联网部分包括感动故事、Flash 创意、网络小小说三类。（《中国青年报》2004.9.2. 要闻）

[19] 实际上，OPEC 成员国目前已露出以欧元代替美元的打算，这可能是美国经济的噩耗。（《中国青年报》2004.9.2. 国际）

[20] 它任意解读、附会或畅想的"USB"接口多至无限……如果说"玩意儿"，这才是个真"玩意儿"。（《中国青年报》2004.9.2.）

那么，为什么很多出版物没遵守这项规定呢？笔者认为，主要原因在于语言使用的经济原则。如"VCD"仅 4 笔，而"激光视盘"要写 41 笔。另外可能有些人认为"VCD、DVD"等这样一般普通老百姓都容易看懂的字母词不需要注释。诚然，对于这类本身就是生活常用词、生活中的常见事物，从报纸、电视、广播等新闻传播媒体或日常生活中可以直接接触，久而久之，也许能懂，但是目前生活中接触越来越的字母词，如 FTA（澳中自由贸易谈判）、ISP（互联网接入业务运营商）、CIA（美国中央情报局）、GPS（全球卫星定位系统）等字母词，如果没有汉语注释的话，读者就不能理解了。

那么，这个问题到底怎样解决较好呢？笔者认为，语言使用中词汇的理解是最重要的，其次是符合语言使用的经济原则。在理解语言的前提下，语言使用者会追求语言的经济原则。所以，在不影响理解的前提下，可以适当使用字母词，但在第一次出现的时候，应该在字母词后面注明汉字的意思。如果后文反复出现，即可直接使用该字母词。这样做既符合《通用语言文字法》的规定，同时又不影响读者对文章基本意思的理解，还符合了语言经济性的原则。

参考文献

[1] 戴卫平，高丽佳. 现代汉语英文字母词刍议 [J]. 语言与翻译，2005（3）.

[2] 李君. 字母词的界定及其构成类型 [J]. 学术交流，2004（11）.

[3] 李明. 也谈字母词语问题. 语言文字应用，2002（4）.

[4] 刘建梅. 现代汉字系统中外来字母规范浅议. 语言文字应用，2002（1）.

[5] 刘涌泉. 关于汉语字母词的问题 [J]. 语言文字应用，2002（1）.

[6] 薛笑丛. 字母词研究述评 [J]. 语言与翻译，2006（1）.

[7] 杨建国，郑泽之；汉语文本中字母词语的使用与规范探讨 [J]. 语言文字应用，2005（1）.

[8] 张德鑫. 字母词汇是汉语词汇吗 [A]. 台北：第六届世界华语文教学研讨会论文集 [C]. 2000（1）.

[9] 张普. 字母词语的考察与研究问题 [J]. 语言文字应用, 2005 (1).

[10] 郑泽之, 张普. 字母词语自动提取的几点分析 [J]. 语言文字应用, 2005 (1).

[11] 钟志平. 关于来自汉语词语的字母词的规范问题 [J]. 修辞学习, 2006 (1).

[12] 周健, 张述娟, 刘丽宁. 略论字母词语的归属与规范 [J]. 语言文字应用, 2001 (3).

[13] 周晓林. 外文字母词应规范使用 [J]. 语言文字应用, 2003 (3).

[14] 邹玉华, 马广斌, 马叔骏, 刘哲, 马宇菁. 字母词知晓度的调查报告 [J]. 语言文字应用, 2006 (12).

下 篇

现代汉字对外教学问题研究

论汉字笔画观和汉字结构认知的先决性

【提要】本文认为,培养汉字的笔画观和对汉字结构的认知,应该成为起始阶段汉字教学的必要内容。全文分为三个部分:一是汉字笔画观的培养和建立,讨论针对母语为拼音文字的外国学生如何进行文字体系观念的转化,以争取早日建立线条文字的全方位概念。二是对汉字结构的认知,讨论如何让外国学生从看似纷繁无序的汉字中梳理出头绪,认清汉字结构的层次性和明晰性。三是结合实际教学的一些做法。

【关键词】 汉字 笔画 结构 教学

对于汉字教学在对外汉语教学中的重要性大家已经取得了共识,甚至有人认为汉字教学在很大程度上左右着对外汉语教学的成功与否,左右着学生的学习兴趣、学习动力、学习方法、学习效率。事实证明,在汉语学习的初级阶段,如果没有把汉字教学当作重中之重,如果没有给学生打好汉字认读和书写的基础,学生即使进入中高级阶段的学习,也仍然非常吃力。这种吃力不仅表现在书面认读的能力上,而且也表现在口语和听力上。近年来,研究汉字教学的文章越来越多,笔者收集了2003~2009年发表在学术期刊以及重要论文集中的有关汉字研究的文章,共有132篇。这其中大多从汉字本身的结构规律、结构特点、形音义关系等探讨汉字教学和汉字习得。其中有12篇探讨了基础阶段的汉字教学问题,强调了基础阶段汉字教学的重要性。然而就目前来看,对外汉字教学尤其是针对西方学生的对外汉字教学依然不理想,这体现在很多学生经过半年到一年的汉语学习，依然对汉字规律缺乏认知，仍然把汉字看作是一堆毫无规律的线条堆积。笔者认为，汉字教学应该随汉语教学的开始而开始，养成认知和书写汉字的良好习惯。在汉字的起点阶段，培养汉字笔画观以及对汉字结构的认知是学好汉字的先决条件。

1 汉字笔画观的培养和建立

汉字与西方文字体系完全不同。"对母语为拼音文字的学习者而言，汉字学习有一个从单向线形排列到二维平面结构，从形音联系到形音义结合，从表音文字到表意文字的转变过程。我们应该充分利用留学生原有的学习和生活知识来分析教学汉字，帮他们尽快适应方块汉字的辨认和学习方式。"（白剑波，2007）"汉字的字形在外观上是一种全方位立体组合的方块结构。说它是全方位的，是因为汉字可以有上下、左右、内外、中心与四角各种方式的组合。在内部结构上，汉字可以分为独体、合体两大类，由笔画直接组成或由笔画、偏旁组成。但拼音文字的字形在外观上是一种平面组合的线形字符列，它只有先后顺序，而没有上下、内外、中心与周边的错综关系。"（宁宁，2006.）我们不能小看这种转变，它不是一朝一夕可以完成的，也不是自然而然能过渡好的。只有完成了这种转变，其思维方式才能得到转变。我们知道，汉字中的笔画、顺序、偏旁以及这些元素的组合方式，都集中表现了汉民族认识和反映客观世界和主观意识的思维轨迹。"这种思维轨迹是学习汉语者应该了解的必要知识，也是学习汉语者或深或浅必然要经历的认识过程。"（周殿生，2008）

1.1 笔形认知

学会基本笔画的认知，接受汉字方块作为二维文字的特性。汉字的特点之一就是笔画分散和不实行连写，主要表现在断笔和方向上。汉字是由横、竖、撇、点、折等笔画组成的，每画独立。笔画向四周辐射，形态多种，笔势无定，向一起配合时要一画一画地写，笔画与笔画之间要有停笔，一般是每画都要有一起一落的过程。而拉丁字母系统的文字，主要由点、直线、弧线构成，可以"一路圆弧写到底"。另外，汉字的运笔方向有多种，横竖撇捺、勾点斜笔，不像拼音文字那么简单明了。因此看似简单的汉字基本笔画，在西方人看来就显得很神秘，很难记忆。虽然关于认读汉字，一开始是一种整体和形象的认知，但如果能结合对这些建筑元素的识别，则非常有利于日后的汉字学习。就像我们认识一座建筑物，如果你是一个游客，一开始是对整个建筑的特点和结构有一个认知，但如果你作为一个设计师和建筑师，则需要一开始就清楚每块材料的作用和用途。

要想实现这一点，必须有意识地加强训练。我们看到，即使用毛笔按照笔顺规则训练了20个课时以后，仍然有学生在写汉字的竖笔时，从下往上起笔。在写捺笔时，从右下往左上起笔。加上很多西方人左手书写的习惯，因此这个训练应当有一个适当的过程。我们建议在编写汉语教材时，汉字笔画与拼音提到同等重要的位置。一般的汉语教材和汉语教学，都用一些课时解决拼音问题，在学习拼音的同时，有的也安排一些最简单的日常用语。那么同理，在学习拼音的同时，或者拼音阶段以后，就应该安排笔画教学，与此同时也结合一些最简单的汉字学习，比如一、二、三、十、人、大、土、干等。

1.2 笔顺认知

接受汉字从左向右、从上到下、从外到内等笔形的基本书写顺序。母语学习者常常觉得这个顺序很简单，其实汉字笔顺是个很复杂的工程。举一个最简单的例子，我们在写"十"的时候，并没有感觉到规则有什么问题。但对于西方学生来说，这里左右、上下就发生了矛盾。是先服从从左到右呢？还是先服从从上到下呢？再如写"木"的时候，有的同学将横笔、竖笔完成后，不是从他们的交点出发写撇和捺笔，而是写撇的时候，从左下起笔去找横竖的交点，写捺的时候，从右下起笔去找这个交点。因为撇捺本身就是个矛盾的统一体，上下左右交织在一起，我们就又变得服从先上后下了。那么提笔呢？又要从左下到右上。最基本的笔画和汉字都潜在着这样多的规则，再加上折笔笔形就更复杂了。据国家语委公布的《GB13000.1汉字字符集折笔规范》汉字折笔有25种，加上各种折笔变体可达36种之多。为了培养这种笔顺习惯，必须辅以大量的笔画和笔顺练习。因此，在进行有关训练之前，我们不主张过早接触汉字，尤其是结构比较复杂的汉字，而应该将笔画、笔顺的这种观念树立起来。

1.3 笔画数认知

单笔笔画数的问题比较简单，关键是对折笔的认知，接受汉字断连概念，从而达到正确数笔画数的目的。笔画数与书写有着直接的联系，如果能够正确书写笔画（包括单笔和复笔笔形），那么数起笔画数来就相对简单了。我们也可以在学习笔画和笔顺的基础上，有意加强对汉字笔画数的认知。据现代汉字学研究的成果统计，汉字中使用率最高的部件是"口"，为什么"口"是三笔而不是四笔或两笔乃至一笔呢？事实上，外国学生很少将它写成三笔，接受起三画的观念来，也是十分困难的。这里面有什么规律吗？为什么第一笔不能是"⌞"呢？汉字"扎"右侧，就是这样的一笔笔形，再如"号"的最后一笔，"马"的第二笔，最典型的是"凶"和"区"的外围结构"⌞"也都是作为一笔的。这里就有一个另外的规则，那就是封闭型或半封闭型（下开口）汉字的写法，它们有多个交点，第一个交点应取最高最左的那个，这样我们就要先立左边的单笔笔形，然后是横折，因为是横笔往右顺势下滑，这里没有断笔，应看作是一笔。而这样的规则不是简单的从左到右、从上到下一句话可以概括得了的。解决了这个观念，那么无论是扁口、大口、还是"高"的下半部分，就很容易识别起笔以及笔画数了。

1.4 笔形组合认知

笔画一定要与另外的笔画相结合才能成字（单笔字除外），而笔形的组合在书写上也是有顺序的。我们通常所说的几种顺序远远不能满足对西方学生教学的需要，因此需要细化笔形组合原则。除单笔外，两笔和两笔以上的字都有个笔画组合问题。现代汉字中，根据笔画之间的空间关系，可以分出三种笔画组合类型：

（1）散列式（相离关系）：三、川、八、小、氵
（2）连结式（相接关系）：人、巨、幺、口、正、血
（3）交叉式（相交关系）：九、才、丰、井、文

有人作了更细的分析，例如交叉又分为横竖交叉、竖横交叉、撇捺交叉、上下交叉、左右互交、内外上交、外内下交等。"由于现代汉字大多数笔画在9画左右，这就决定了笔画之间不是单一组合模式，而是复合式，即同一字内笔画之间可以有多种关系，如鱼、比、身、责、噩、鬼、现、是、笔、清、概、法、联、想等"（李禄兴，1998）汉字笔画的组合不是杂乱无章的，而是有规律可循的，据分析统计，横笔和点笔的组合频率最高，撇笔和点笔出现的位置最活跃，钩笔与其他笔型组合时笔形变化最多，捺笔与各种笔形组合率最低。

经过一段时间的训练，学生应该熟知这些结构，看到这些组合和结构不再感到杂乱无章，而是感到其组合的层次性和清晰性。

2 关于汉字结构的认知

有关心理学研究证明，母语为汉语的人认知汉字，由于熟知汉字的基本结构，一般是在心理上将汉字切分为不同结构，观察一个汉字，首先想到它是上下、左右、包围、半包围或者不可拆分等结构的层面。尤其是其中含有一个和多个熟知部件时，他往往能记住这个部件的位置。我们在描述一个忘记写法的汉字时，常常说"左边是个提手旁，右边好像上面是个口，下面记不清了"等等这样的话。而母语为非汉语的人常常观察汉字是靠整体性感知的。也就是说，他们首先接受整个汉字结构。这在思维科学领域叫作"完形"。对于汉字认知过程来说，这里首先碰到的一个问题就

是：汉字整体结构分解之后，对于认知者来说，首先是急于将被破坏的"完形"恢复起来，也就是将不完整的形状恢复到"完形"的认知努力。"掌握这一视知觉认知模式，理论上，可以有助于汉字认知学习过程建立起'成分功能基于结构整体规定'的观念。实践上，通过不失时机地分析汉字结构的部分与整体关系，通过突出整体结构特征，可以帮助学习者建立起关于汉字结构认知的稳定联系线索。"（秦建文，2008）

汉字结构十分复杂，既有独体字，又有大量合体字。不仅独体和合体字在区分上存在困难，而且合体字的下限结构也有几十种。这种复杂结构交织在一起，外国人很难把汉字写得符合构字规律和特点。

2.1 区分独体和合体字

这是就现代汉字字形来说的，独体字是直接由笔画构成的字，合体字则由笔画块（基本部件）组成。如果有了培养汉字笔画和笔顺的基础，那么培养他们观察和区分独体与合体字就不再十分困难。具体来说，独体字在字形结构上只能分解出笔画，而不能分解出笔画组合（部件），比如"川、八、人、手、小"等。合体字在字形结构上能够分解出部件，如"初、厅、村、析、结、细"等。有时分解出来的两个或多个成分并非都是成字部件，但只要含有一个或一个以上就可以。如"币、韭、礼"等。

现代汉字的独体字和合体字与古汉语所指不同。现代汉字是以字形分解为基础来定义的，而古代所谓"独体""合体"是以造字方式为基础定义的。

现代汉字的独体字可能是古代汉字的合体字。比如"曰"，《说文》解释为"从口乙声"，认为是个合体的形声字；"甘"，《说文》解释为"美也，从口含一"，认为是个合体会意字，在现代汉字中，它们则属于独体字。现代汉字中的合体字可能是古汉字中的独体字。比如"虎"，甲骨文为像老虎之形，《说文》中说："从虍，虎足像人足，象形。"仍然认为是个象形字，在现代汉字中可以切分成"虍、几"。"泉"在《说文》中为象形字,像水源之形,而现代汉字则认为是"白""水"组成的合体字。"阜"的小篆字形为像土山之形,现在则分成"𠂤、十"两部分。经过一段时间的训练,留学生可以分析大量不认识的汉字,正确得出独体和合体的认识。

2.2 寻找合体字的分割沟

合体字一定由两部分以上的部件组成,那么理论上说,一定存在一条或两条以上分割沟。正确区分这些分割沟,是认识结构的基础。

不止一条分割沟的汉字,长的分割沟是结构的第一层次。比如"想"在"相"和"心"之间的分隔沟长于"木"和"目"之间的分隔沟。在实践中,我们发现学生很热衷于分析这类结构,正确离析这种结构让他们获得了巨大的学习成就感。觉得汉字不再是杂乱无章的,而是有规律可循的。

2.3 在分割沟的基础上,加强对汉字左右、上下、包围、半包围等汉字结构的认识

在教学中我们发现,当学生写不出某个汉字时,也说不出这个字的结构或者构成成分,甚至当老师和其他同学提示的时候,也难以奏效。比如提示语说"左边是言字旁,右边是周末的周",被提示者仍然一脸茫然。国内关于中小学学生汉字认知调查的心理研究表明,汉字掌握水平较高的学习者在描述字形组成部分、空间结构、笔画顺序等方面远远优于水平较低者。这就提醒我们,加强语言与表象的联系,帮助留学生学会运用语言编码修正和改善汉字的视觉表象,有利于他们记忆汉字的准确性以及提高他们对汉字的观察能力(石宇佳,1988)。

分析汉字结构、分析汉字构成方式是留学生写好汉字的基础。汉字的方位结构相对比较简单,从大的方面说只有上下、左右、内外三类,里面的小类在初级阶段也可以暂时忽略。例如上下结构里还有上下均分式、上

中下式、上复杂式、下复杂式等等不同情况，但对于初级阶段认知汉字来说，我们既不要求学生能够读出这些汉字，也不要求学生区分得这么复杂。我们的目的是在学生尚未习得大量汉字时，已经能够对其结构进行大致的分析，这对以后学生学习汉字非常有帮助。

3　起始阶段汉字认知和汉字学习分开进行

　　就像学汉语拼音一样，汉字学习也要经过一个分解阶段。在正式进入汉字书写以前，先培养汉字笔画观以及汉字结构的认同感，是十分必要的步骤。舍此，则字源教学法、部件教学法、层次教学法、形声字教学法等等都无从谈起。

　　对于初级阶段尤其是起始阶段的对外汉字教学来说，汉字所具有的象形、指事、会意、形声等特点是很难加以利用的。对于初始阶段的学生来说，对汉字的历史和来源的介绍，可以提升他们对汉字的一些认识，提高对汉字的兴趣和爱好，但对于汉字学习者来说，最后是要落实到现代汉字字形上的，是要落实到笔画和笔顺上的，而一旦进入这一步骤，这些线条对他们来说，就变得非常复杂，无从下手了。在教学实际中，当介绍完"口"在古代汉字中像嘴的形状，学生会对汉字的来源感到惊奇，学生马上能记住这个字的形状，但到真正书写时，就会常常画一个圈，难以落实到三画的笔顺上，因此，汉字书写是扎扎实实的功夫，是需要一点一滴积累和训练的。

　　那么这个观念的培养需要多长时间呢？根据我们在爱尔兰都柏林大学孔子学院的教学实践和教学研究，一般说来，需要4周（16个课时）左右，也就是基本上和汉语拼音的教学同步。在这个过程中，我们一边学习汉语拼音，一边学习汉字笔画和汉字结构的认知和必要的书写，另外结合学习最简单的交际口语。这个阶段并不要求学生书写课文中出现的汉字和词语，而是按照我们的教学引导，能够区分独体和合体字，对于简单的独体字，能够分析笔画顺序，对于大部分合体字，能够找出字中全部的分割

沟,然后确定哪条最长,哪些较短。根据分割沟的长短指出它的结构层次以及构成成分有几个。训练步骤大致如下:

3.1 平笔笔画的认知和书写

主要培养对汉字基本笔画的认知和书写能力,尤其建立单笔笔画从左到右、从上到下的书写顺序观念,熟练掌握横竖撇点的写法。

3.2 折笔笔画的认知和书写

重点解决看似多线段笔画为什么是一笔的问题,培养学生对向右书写的顺势观念,所有往右折的笔画,不管它折几次,都实行连写,所以应该看作一笔。这个阶段我们把主要的折笔笔形拿出来,供学生分析和摹写。

3.3 数笔画数的练习

经过前两个阶段的练习,我们开始拿出一些独体字,让学生数出笔画数,这些字我们不要求学生会读会写会认,只要求他们会数笔画,至于他们念什么、什么意思等完全不管。

3.4 组合练习

培养学生合体结构汉字的部件观念,这个部件不是简单地介绍概念以及构成,而是通过分割沟划定的练习,让他们熟悉汉字左右、上下、内外等结构特点。教学实践证明,用不了多长时间,他们就能分析得很准确,同样对这些汉字音义也不要求他们掌握,只是停留在形的阶段。

4 结束语

近年来,关于"字本位"和"词本位"的争论越来越多,姑且不论孰是孰非,至少"字本位"的提出,对于对外汉字教学来说,是一条重要的思路。看到汉字教学在整个对外汉语教学中的作用,把汉字教学提高到一个应有的位置,是对外汉字教学的一个重要尝试。因为汉字在学生学习汉语的整个过程中,都起着至关重要的作用,自始至终都影响着学生的学习效果。我们必须从汉语教学的一开始,就树立汉字意识,把汉字作为汉语教学的重要内容来抓。

参考文献

[1] 白剑波. 从非汉字文化圈汉字学习的规律谈对外汉字教学 [J]. 洛阳师范学院学报,2007(4).

[2] 宁宁. 从汉字字形的"中介性"看对外汉字教学 [J]. 语言教学与研究,2006(6).

[3] 周殿生. 汉字结构中的信息和对外汉字教学 [J],新疆大学学报(哲学·人文社会科学版),2008(3).

[4] 李禄兴. 现代汉字学要略 [M]. 北京:文津出版社,1998:35.

[5] 秦建文. 对外汉语教学中汉字教学模式的建构 [J]. 云南师范大学学报(对外汉语教学与研究版),2008(9).

[6] 石宇佳. 简论欧美留学生汉字认知的特点——运用心理学进行汉字教学的思考 [J]. 四川教育学报,1988(4).

(该文为提交"首届汉字独特性理论国际教学研讨会"论文,曾在会议上宣读)

部件理论在对外汉字教学中的应用

【提要】汉字学习对留学生而言是一个难点,本文试图从字形上分析汉字难学的原因。然后结合汉字的形体、构字理据和认知心理来论证部件理论在对外汉字教学中的可行性和优势,并进一步阐发如何在实际教学中使用部件教学法。

【关键词】部件　汉字　教学

汉字教学是整个对外汉语教学中不可缺少的组成部分。汉字不但作为一种记录语言的符号系统,承载着汉民族文化,即所谓"文以载道";而且,它还如一面镜子,映现着中国文化的万千气象。汉字的方方面面,都为中国文化所浸润;汉民族的物质文化、制度文化、精神文化乃至文化心理深层结构等方面,都对汉字有着深远的影响。而作为一种文化现象,作为中国文化的承载者,汉字又对中国文化有着深刻的制约。汉字本体蕴藏着中国文化的丰富内涵和无穷奥秘。要了解汉民族文化,可以从解剖汉字开始。不懂汉字就没法真正了解中国(《汉字学概论》张玉金、夏中华)。但是学习汉字对留学生而言却是一件非常困难的事情,特别是那些母语是拼音文字的学生,他们对汉字的第一印象:汉字是一种艺术,像一幅画,很难懂,如同奇形怪状的图案,难以理解,所以认为它是最难的字母,是线条的谜。德国的柯彼德先生指出:"学习汉语最大的难关就是中国的传统汉字……正因为如此,不少会说一口流利的汉语、在口语交际中不成问题的外国人在书面交际方面是文盲或半文盲。这是其他语言几乎没有的现象。"如何帮助留学生尤其是非汉字文化圈的留学生克服在学习汉字时的畏难情绪，如何提高汉字教学的效率是每一个从事对外汉语教学的老师都非常关心并一直在探讨的问题。

传统汉字教学法一般采用笔画教学或整字教学，但实践证明这两种教学法都存在不少问题，对留学生，尤其是缺少汉文化熏陶的学生，记忆汉字的帮助是有限的，这种方法并没有解决他们在汉字学习中的实际困难。那么留学生（尤其是非汉字文化圈的学生）在汉字学习中的困难是什么呢？在实际教学中我们又应该采用什么样的教学方法呢？

1 汉字字形识记的困难

对于留学生尤其是非汉字文化圈的留学生而言，汉字难学的原因有很多，有字形方面的，也有字音方面的。与拼音文字不同，汉字不传递口语信息。拼音文字可以以语音为中介达到拼读、辨识和拼写的目的，其口语与书面形式是一致的，而"汉字是世界上唯一未曾中断使用而延续至今的表意文字系统"（王宁 2000）。以笔画和部件为基础构建起来的方块字几乎完全不能直接拼读，更难以仅凭语音去辨认。汉字有三个要素：形、音、义。其中，音与义属于汉字所记录的语言，只有字形属于汉字本体。阅读时要通过字形来实现书面语与口语的沟通，从而达到理解。而字形的辨认、识记是汉字学习的基础，也是留学生学习的难点。原因如下：

1.1 笔画变化多

在静态条件下，汉字的书写元素——笔画并不复杂。汉字楷书的基本笔形大致可归纳为"横、竖、撇（捺）、点（提）、折"几种。但每一种笔形都有特定的写法，偏离一定写法超过某一限度时，就会产生笔形的错误。比如，"横"的右侧抬得太高，会与"撇"相混，"厂"就成了"质"的上部。因此它的动态过程就变得异常重要，以拼音文字为母语的学生在学习汉字的最初阶段，他们的大多数错字是笔画书写的偏误造成的。比如，把"商"的两个相向的笔画写成反向的；"为"的两点放错了位置而写成"办"；"希"的第四笔书写不到位；"贝"的最后一笔则因写得太长并且拐了弯而成了"见"。又比如"男"因少了一笔而成了"曰"与"力"的组合；"味"则因多了一笔而成了"口"与"朱"的组合。

1.2 笔画数量多

汉字繁难的另一个原因就是汉字的笔画数多。据统计，现代汉字平均每字的笔画数是10.75笔，其中9～11笔的字最多，最多的竟有36笔。心理学认为，人的短时记忆一般以7个记忆单位为限。因此借助笔画学习汉字，即以笔画组作为识记汉字的记忆单位，不利于记忆汉字，因为汉字的平均笔画数多超过7笔。

1.3 笔形的区别度小，笔画组合复杂

汉字的字形复杂，笔画错综，结构众多，不像拼音文字只有26个字母的一维线性单向组合那么简单。汉字从字形上说是以一定的笔画和构字规则组成的方块字，是一种二维平面的空间图形。据统计，现代汉字的笔画种类多达二三十种。其中不少笔形的区别度极小，很难辨别和认知。笔画的组合关系也很奇特，如"夫"和"天"，"人"和"八"，一个出头一个不出，一个相接一个相离，但正是这一点点差别便构成了形音义完全不同的两个字，这在外国人看来简直是不可思议的事情。

综合以上原因，我们认为尽管笔画教学也是必不可少的，但由于笔画的意义和整字毫不相干，加之汉字的笔画数多，笔形区别度小，笔画变化多，这都会在深入学习汉字时加重学生的负担。显然不分析地直接教授整字，对笔画数多，构形复杂的汉字来说更是难度太大。因此我们认为部件教学可能是汉字教学中一种行之有效的方法。

2 部件教学的可行性

2.1 字形上的依据

什么叫部件？苏培成是这样定义的："部件是汉字的基本构字单位，介于笔画和整字之间。它大于或等于笔画，小于或等于整字。"因此现代汉字的字形可分为三个层次：笔画—部件—整字。部件在汉字的生成中起到了非常重要的衔接作用，为汉字的切分提供了物质基础，是汉字结构的核心。根据上面的分析，在对外汉字教学中，若采用笔画教学则过于烦琐，采用整字教学，汉字的笔画数多在 9 画左右，无疑过于繁难。如果采用部件教学呢？众所周知，汉字有表音度低、表义度高的特点，对外汉字教学中所说的部件就是在遵从造字理据的前提下，依据构字频率切分出来的音义结合体，它不仅照顾到汉字的形义关系还体现了汉字的系统性，不会让留学生觉得汉字就是一堆没有任何规律和理据的笔画的堆砌。

崔永华曾以国家语言文字工作委员会《信息处理用 GB13000.1 字符集汉字部件规范》（简称"部件规范"）为参照系，对《汉语水平词汇与汉字等级大纲》（简称"词汇大纲"）所用的汉字进行过统计，在基础汉语教学阶段，只要掌握了甲级汉字中的 330 个部件和由它们构成的 801 个汉字，就为今后汉字的学习打好了基础。通过进一步的分析在这 330 个部件中最基本的部件只有 110 多个（张旺熹统计有 118 个，施光亨 119 个），是它们构成了常用汉字，因此采用部件教学可以减轻学生的负担。

2.2 认知心理的依据

心理学认为：人的短时记忆一般以 7 个单位为限。汉字笔画数多超过 7 笔，不利于记忆。而部件在记忆中就可以显示出它的优势来了。从字的部件长度，即构成一个汉字的部件数来说，"词汇大纲"全部 8822 个词所使用的 2866 个汉字的部件平均长度为 2.91；又根据《汉字信息字典》所收 7785 个汉字的统计，由 1 个部件构成的汉字占 4%，2 个部件构成的占 34%，3 个部件构成的占 40%，4 个部件构成的汉字占 16%，5 个部件构成的汉字占 4%，由 1~5 个部件构成的汉字占 7785 个汉字的 98%（苏培成）。这个统计结果显示，以部件为识记汉字的记忆单位，则记忆单位的数量在合理限度内，应当有利于汉字教学。

  心理学家在研究了汉字认知过程中的字形加工以后指出，"笔画是识别所有汉字的一个单元"，"部件也是汉字识别的一个单元。与笔画的特征分析相比，部件分析发生在一个较高的层次上"（彭聃龄 1997）。正因为部件（即构形元素）的分析处在"较高的层次上"，它才与汉字的辨认密切相关。所以，从认字的角度来说，部件的识别顺序当在笔画之前。当我们对一个字加以分析时，我们首先拆分得到部件，其次才是笔画，比如在学习"相"字时，我们首先把它切分为："木"和"目"，然后再分别了解这两个部件的笔画。

  当一个字分析到最基础末级部件时，这个字的构形分析就基本完成了，它的构意及结构层次也就一目了然。在留学生的汉字偏误中，有相当数量是由于形似而产生的混淆。从认知的角度看它是一种"错觉结合"（illusory conjunction）现象，是由于字形与心理词典（mental lexicon）的词条未能对应的一种表现。从构形学说的角度说，它是不了解构意与结构层次而产生的混淆，是由于在学习过程中未对构形元素及其结构关系加以注意而造成的。如"好"和"如"就是学生常常混淆的一对"形似字"，我们将它们拆分后进行对比。就能让我们很清楚地看到，这两个字有一个构形元素不同，其构意当然也不同。《说文》"女"部，"好，美也，从女子"，是"美好"的意思；"如，从随也，从女从口"，是"跟从"的意思。"女""子""口"分别是"好"和"如"的末级部件，它们本身还具有意义，可以同时借助构形元素的意义和构意将这一对形似字区别开来。

  这就引入我们要讨论的下一个问题，汉字的部件大多能表音或表义，具有可称谓性。语言心理学认为：可读性在单词的识别中具有重要的作用。一方面一部分切分出来的部件是有意义的，可以通过分析讲解使之成为一种"可懂输入",从而达到推动习得的目的。心理学家在研究汉字语义加工时发现,"形声字的义符对语义判断有显著影响"(冯丽萍 1998)。这说明成人认知汉字时能利用生活的经验将汉字中的语义提取出来,从而达到对汉字的理解。另一方面一部分部件虽然是表音,但由于它具有一定的生成能力或者能独立成字,能帮助联想统帅一批汉字,这样的部件也是有益于汉字学习的。在即将颁布的《基础教学用部件规范》中我们也看到一条重要的原则,即部件切分要尽可能追溯到构字理据和构形系统,这将使切分出来的部件更有利于教学和留学生的学习。

由此可见,部件是联系笔画和整字之间不可缺少的桥梁,利用部件教学符合人的认知规律,有利于汉字学习。

3 部件教学的前提和方法

3.1 部件教学的前提

利用部件教学首先应该有一套适合教学用的汉字部件。一直以来对部件的切分工作是在不同地区、不同系统中自发进行的,部件切分的结果纷纭交错、五花八门。例如一个简单的 6 笔"羊"字,竟有 5 种拆分方法,这 5 种拆分方法贯穿到由"羊"组合的字里,要影响到 70 个字。而且,有些系统在处理一些笔画变异形成的变体时,又出现了与"羊"不一样的拆分。一个 6 笔的常用独体字尚且如此,笔画更多一些,构形更复杂的字,就更不用说了(王宁)。由于对部件拆分的目的不同,拆分的结果自然也会不同,对于计算机信息运用受汉字传统字理的影响较小,又受到电脑键位的限制,往往把汉字部件切分得比较细碎,形体较小,数量较少。这显然对汉字教学是不利的,会给汉字的解释和记忆带来一定的困难。例如:将"格"拆分成"木、夂、口","枝"拆分成"木、十、又"等等。这样将汉字本身存在的音、义联想功能破坏殆尽,成了为拆分而拆分,这当然无助于汉字教学。所以利用部件进行汉字教学的前提是建立一个科学的，针对教学的汉字部件体系。（崔永华1997）可喜的是我们看到这项工作已经初见成效了。一部针对教学的《基础教学用部件规范》已经制定，现正处在征求意见、作进一步修订完善的阶段。在这个规范中我们看到有一条基本的原则就是"尽可能考虑汉字的结构理据和构形系统进行有理据拆分，注意部件之间的联系和区别，同时要便于学习和记忆，因此以尽量保留成字部件为宜"。可以说这部规范充分尊重了汉字的字理，当一些汉字结构已经无法追溯字理或形与源有矛盾时，灵活处理以字形为依据。所以在教学中像"格"我们只要拆分到"木"和"各"就可以了，这样就能使部件与整字有语音或语义上的联系。"照"从文字学角度看有四个部件，而且四个部件都具有可称谓性，但是因为"刀"和"口"和"照"没有语音、语义上的联系，只能徒增学生学习的困难，因此不采用这种方法。分成"昭"和"灬"符合部件的拆分原则，但"昭"不是一个常用字。所以从教学角度看可分为三个部件："日""召"和"灬"，"日"和"灬"都表义，"召"表音，显然这种切分方法更有利于教学和学习。

3.2 部件教学的方法

我们提倡利用部件教授汉字并不是反对甚至排斥笔画教学，我们认为汉字教学要有层次性，循序渐进，在教学的过程中也不应该只是拘泥于一种方法，应该多种方法灵活应用。但是部件教学是可以贯穿始终，并在一定阶段占主导作用的方法。

3.2.1 利用部件教学要合理安排学习的顺序：基本部件—部件组合（简单合体字—复杂合体字）。从常用到不常用，简单到复杂，使学生对汉字的学习更加符合认知的规律。在目前的对外汉语教学中，大多数汉语学习者往往是在学习汉语的同时开始接触汉字的，这种"语文并进"的情况使学生接触到的汉字顺序既不按照汉字构形规律也不按照汉字习得规律。在没有开设汉字课的教学部门，学生是在学习汉语的同时"顺便"学习汉字的，学生学到的汉字是一盘散沙，根本谈不上规律的掌握。比如，"你好"这个句子，是多数学生在开始学汉语时接触到的第一个句子，但组成这个极简单的句子的两个汉字,却不是开始学习汉字时的最佳选择。从汉字认知的顺序看,学生应在掌握"亻""尔""女""子"之后再来学习"你"和"好"。先学"你"和"好"显然既不符合汉字构形规律,又违反汉字认知规律,难怪有的学生学了两年汉语,还把"你好"写成"尔如"。因此在汉字的教授中"应该优先考虑构字频率高的独体字,比如'人、口、八、日、月'"等,先学习这些既可独立成字也可作为部件使用的汉字可以为后面的学习做好铺垫。一些构词频率高但不常用的独体字也同样可以先出现,如"曰、贝、止、虫、目、皿、示、尸、戈、爪、酉"等"。掌握常用基本部件是学习汉字的基础,外国留学生掌握这些构件以后就能够通过推理与抽象掌握一批汉字的类义,了解汉字的基本结构方式。

3.2.2 注意部件之间的对比分析。"一种对比是形似部件之间的对比。如'牛、午''广、厂''木、禾'等",在教学中讲清这些部件的字源,可以采用古文字作背景,沟通物象,加深留学生对这些独体字的印象。同时还应该根据部件之间的变体关系进行归纳总结,如根据字源,可以将"手"归为一组,方便对部件的识记。第二种对比就是要注意同一基础部件在作为构形元素时,功能不一。如"禾"在"和"里有示音功能,在"私"里的功能就是表义。其次,汉字的基本部件有不同的组合样式,组合样式不同就可能组合成不同的字,如"呆"与"杏"的构件完全相同只是位置不同,它们是不同的字。所以还要注意部件结构的对比。

3.2.3 部件组合和位置问题。如前所述,一个部件的汉字只占4%左右,大多数汉字都由两个或两个以上的部件构成,这就牵涉到在汉字中部件的组合以及组合中部件的位置问题。"现代汉字的字形在构形上是以系统的方式存在的,每个构形元素都有自己的组合层次与组合模式,因而汉字的字符既不是孤立的,也不是散乱的,而是互相关联的,内部呈有序性的符号系统"(王宁2000)在汉字这种二维平面结构中,部件的位置和组合方式对字形系统的构成起着重要作用,不同单元的功能与分布也有很大不同。对于习惯拼音文字的留学生来说,部件位置排列无疑是一个难题。因为拼音文字的组合构造简单,即先左后右的一维结构呈现。而汉字却是多向进行的,有上下、左右、内外三种基本排列组合。"其组合类型有平面结构和层次结构两种。如'解'由'角''刀''牛'组成，这是平面结构。而大量汉字组合是层次组合，这些汉字的构意不是一次性表现出来的，而是逐层生成的。不同的部件处在不同的层次上，不同层次的部件相互之间并不发生联系。"虽然在汉字的发展演变中出现过表义部件和示音部件独据一角的情况，但大多数汉字仍遵循着左右或上下组合的基本结构方式。混淆这种层次就会写错字。如"喂"，很多留学生把它写成上下结构。从字形结构来说，"喂"由"口"和"畏"两个部件组成，"口"是表义部件，"畏"是示音部件。留学生的错误写法实际上搅乱了汉字构形的层次性。像左右结构的"楼、沉、糕、懂"，很容易被写成上下结构。像上下结构的"最"又很容易被写成左右结构。因此在教授这些汉字时一定要让学生明白汉字构形的理据。总之汉字教学也应该同其他语言要素的教学一样，采取功能与结构并重的原则，功能表现为部件在构字中的作用，结构表现为部件的位置分布与组合方式，从而帮助学生形成正确、清晰、全面的汉字表征系统。

以上我们谈到了部件教学法的可行性和优势，但任何的优势都只是相对而言，没有医治百病、有利无弊的药方，也无法在实践中将一种原则贯彻到底。部件教学只是一种思路，是对汉字字形规律的一种有益的探索，在部件教学中也不应该忽略笔画教学，多元化、有针对性的教学方式一定会对汉字教学，尤其是对外汉字教学起到推动作用。

参考文献

[1] 苏培成. 现代汉字的部件切分 [J]. 语言文字应用, 1995 (3).

[2] 费锦昌. 现代汉字部件探究 [J]. 语言文字应用, 1996 (2).

[3] 王宁. 汉字构形理据与现代汉字的部件切分 [J]. 语文建设, 1997 (3).

[4] 崔永华. 汉字部件和对外汉字教学 [J]. 语言文字应用, 1997 (3).

[5] 崔永华. 关于汉字教学的一种思路 [J]. 北京大学学报, 1998 (3).

［6］朱志平．汉字构形学说与对外汉字教学［J］．语言教学与研究，2002（4）．

［7］梁彦民．汉字部件区别特征与对外汉字教学［J］．语言教学与研究，2004（4）．

［8］韩秀娟．汉字部件与现代汉字部件规范［J］．中国语言文字研究，2004（5）．

［9］冯丽萍，卢华岩，徐彩华．部件位置在留学生汉字加工中的作用［J］．语言教学与研究，2005（3）．

［10］张金玉、夏中华．汉字学概论［M］．南宁：广西教育出版社，2001．

［11］王宁．汉字学概要［M］．北京师范大学出版社，2001．

［12］施光亨．对外汉字教学要从形体入手［A］．词汇文字研究与对外汉语教学［C］．北京：北京语言文化大学出版社，1998．

［13］张旺熹．从汉字部件到汉字结构［A］．词汇文字研究与对外汉语教学［C］．北京：北京语言文化大学出版社，1998．

［14］柯彼德．关于汉语教学的一些设想［A］．第4届国际汉语教学讨论会论文选［C］．北京：北京语言学院出版社，1991．

基于对外汉字教学的部件拆分

【提要】汉字部件理论分析在现代汉字学中占有重要位置,部件理论已经引入对外汉字教学实践。但是在对外汉语教学的实际操作中,部件教学仍然存在一定的难度,把部件教学和汉字教学、汉语教学完美结合起来的案例并不多见。有些论文在理论上提出了一些建议,但在教学实践中并没有非常好地执行下去。本文就部件教学理论在实践中的可行性提出了一些建议。

【关键词】部件　汉字　教学

1　对外汉字教学开始重视部件理论

汉字教学作为对外汉语教学的重要环节,理应受到人们的重视。因为汉字是外国人学习汉语、了解中国文化的基础,只有掌握了汉字,才能完成基本的听、说、读、写。但是,在这一方面的研究却明显滞后。据统计:"截至1996年底,《世界汉语教学》《语言教学与研究》《汉语学习》刊载的论文和1~5届国际汉语教学讨论会见于目录的论文共计4427篇(五次国际会议见于目录的论文中有些未见发表,有个别篇目与三个刊物篇目相重复),有关汉字和汉字教学的论文只有158篇,约占论文总数的3.6%。"(李大遂1998)汉字教学方法的滞后性在很大程度上制约着对外汉字教学乃至对外汉语教学的发展。

虽然对汉字教学方法的研究不尽如人意，但学界也提出了一些相关的教学方法，如笔画教学法、整字教学法、集中教学法、标音教学法等。这些方法在汉字教学的一定阶段和一定程度上都发挥着积极的作用，但其发挥作用的范围和程度有限，因此，这些方法不能很好地贯彻到底。如标音教学法在学习汉语的初级阶段发挥着很好的作用，它可以使学习者很快地提高听说汉语的能力。但是汉字毕竟不是表音体系的文字，记录汉语的基本单位是汉字而不是拼音，拼音只能起到一种辅助的作用。要全面地掌握汉语，最终还是要掌握汉字的书写方式。再如笔画教学法，这种方法的优越性也一目了然，即可以非常直观地体现出汉字的构形特点，使学习者能够较好地掌握汉字的书写方式。但是其不足也很明显，汉字笔画过于繁琐，且很多笔画的区分度过小、表意度低、称说性差等一系列问题也制约着笔画教学的发展。

因此，为了寻找更适合汉字教学的方法，许多学者也进行着有益的探索。针对上述教学方法的不足，一种新的汉字教学方法开始受到人们的关注——部件理论。一般认为，汉字从字形上来说是有层次性的，笔画是构成汉字的最小结构单位，构成这个结构的最下层；整字则是汉字的基本单位，处于这个结构的最高层。对于这个结构的中间层，历来多有争议。诸如偏旁、部首、字根、字素等。部件也是处于这样一个中间层次，因此作为构造汉字的一级系统被提了出来。所谓部件是指"现代汉字字形中具有独立组字能力的构字单位，它大于或等于笔画，小于或等于整字"（费锦昌1996）。之所以提出部件教学的方法，主要是因为汉字的层次性很强，独体字占的比重较小，合体字占优势，多数汉字都是由若干部件拼合而成的，具有较强的可拆分性。汉字的数量很大，但是拆分出的部件数量就会少很多，理论上会减轻记忆的负担。此外，汉字的表音度较低，而部件又具有构义性较强的特点，综合这些优点，部件理论一经提出就引起广泛的关注。

对于部件理论在对外汉字教学中的应用的相关论述很多，下面主要就崔永华在这方面的一些论述谈一点看法。崔永华在《汉字部件和对外汉字

教学》中论述了基于部件理论进行对外汉字教学的可操作性问题。作者就这一问题提出了一些相关假设，即

假设一：汉字拆分出的记忆单位越少，越有助于识记。

假设二：汉字拆分处的记忆单位的可称谓性越高，越有利于识记汉字。

假设三：汉字拆分出的记忆单位的含义越明确，越有利于识记汉字。

假设四：学生识记汉字的错误，与部件识记不准确有较强的相关性。

对于上述的假设，作者用统计的方法进行了相关的论证，最后得出了部件理论在对外汉字教学中的可行性的结论。

作者在这篇文章中运用了比较科学的统计方法，并试图通过测算出的结果支持其部件理论可行性的推论。文章有理有据，具有一定的说服力。但是如果进一步推敲，我们还是能发现这种可行性存在的一些问题。

第一，"可称谓性"这一名称的界定本身就存在模糊性。作者给可称谓性的界定是"成字部件或常用偏旁部首"，这当中就存在问题。成字部件好理解，即作为部件的汉字，汉字有读音，当然有可称谓性。但是那些常用的偏旁部首的可称谓性就值得质疑了。按作者所举的例子，"草字头""单立人"都属于可称谓的范畴，但我们认为这些偏旁部首所谓的称谓只是人为给它们起的名称，有名称不能简单地等同于有读音，如果简单等同就意味着划分标准的不统一。

第二，可称谓度的测算存在一定问题。作者进行的可称谓度的测算是指构成一个字的可称谓部件在构成此字的全部部件中所占的比例。据此得出的可称谓度接近70%。我们认为这个结果就整字而言是有一定的参考性的，但是应该意识到，就算是比率接近70%，除了那些可称谓度100%的汉字以外，其他那些字中如果只存在一个不可称谓部件就会给汉字教学打来极大的困难。因此，可称谓性的测算，我们认为价值不是很大。此外，作者还忽略了一个问题，即没有对部件本身的可称谓性做出测算，在作者所划分出的全部431个部件中，可称谓部件占多少？不可称谓部件又占多少？我们认为，这一比例的测算对于部件教学的可行性同样具有非常重要的参考价值。可对于这个问题作者没有做出相关的具体论证。

第三，关于部件表义情况的测算。作者根据部件的表义情况将部件分为表义部件，即有固定意义的部件和不表义部件，即没有固定意义的部件。容易让人产生模糊性的是作者所谓的表义是指部件本身表义还是部件可以表示其构成字的意义，因为有很多部件在构字之后表义能力发生了很大的变化，如"法"，左边的部件本身有表义功能，但是在组成"法"字之后这种功能已基本看不出来，或者说是极大地被削弱了。对这个问题作者同样没有解释清楚。

对于这篇文章中存在的问题，作者在其后的文章也意识到了并做出了一些修正，提出了一种"汉字教学的新思路"（崔永华1998），即"基本部件+基本字体系"。作者拟定这样一个体系的原则是要使体系当中每个单位成员的笔画尽量少；教学单位体系要有生成能力；单位成员要有固定的语音形式和含义，以利于对构成汉字的解释和记忆。根据这一原则，作者将独体字、偏旁部首（表义部件）、其他部件（不表义部件）都纳入到这一体系当中来。这一新体系的优越性显而易见，即提高了教学单位的表义性和可称谓性，提高了构成汉字部件的可称谓性和意义上的可解性，并且降低了教学单位的认知难度。

这种体系为优化对外汉字教学各种方法的不足做了很大的努力，尽量做到取长补短，但这也是这种体系的问题所在。作者的出发点是好的，但是这样产生的体系显得过于庞杂，即将部件教学、整字教学、笔画教学混同起来，这就对教学者造成了很大的困难，如在具体操作的时候各种教学方法的运用尺度和运用限度应如何把握、配套的相关教材应如何编写等问题，都将制约着这种教学方法的推行。

2　部件切分体系的探讨

笔者根据以上几点，在崔先生的基础上稍作变动调整，得出一条新的"基本字+非成字部件"的思路，即"基本字（包括成字部件）+非成字部件（含有基本部件）体系"。这一体系的基本字包括以下几种情况：

1. 独体字：根据字源，不能再拆分的整字，这里面包含了大量的成字部件，如 口、火、水、木、土、人、女、厂、大、立、寸、目、虫、白、山等。

2. 虽不是独体字，但构字能力强的整字（本文的构字能力强是指可构字 5 个以上者），如：

平：评，苹，坪，萍，秤
青：情，请，倩，晴，清
京：景，惊，凉，晾，谅

3. 整字拆开后的部件基本上没有构字能力，拆开反而增加部件数量的字。如："黑"如果拆分为 灬 与 里，就多出了一个基本无构字能力的部件，倒不如将"黑"作为整字记忆要好些。

4. 虽只能构成一两个字，但构成的都是常用字，并且拆开又要增加新部件的字。例如当（挡、档）；凶（胸、汹）。

5. 虽不是独体字，构字能力也不强，拆开后也不会增加新的部件，但作为整字出现频率非常高，并且有很多非成字部件中的有义部件是从中演变而来的。如言（讠）手（扌）示（礻）犬（犭）等。这样在学习整字的同时，又可以帮助学生记忆一定数量的非成字部件，所以本体系将这样转化来的非成字部件也列入了基本字的范围，与整字一起记忆，更容易加深记忆。

这一体系的非成字部件包括一部分基本部件和有义部件、无义部件。基本部件指最小的构字部件，汉字部件规范中最主要的部分就是要制定一张基本部件表。文字学中，基本部件又叫末级部件，对整字进行拆分时，是分层次逐步进行的，分别拆出一级部件，二级部件，直至末级部件。而对外汉字教学却不宜采用这种拆分，所以我们对于非成字部件的归类遵循的原则是尽量使拆分出的部件具有表义性或可称谓性，不宜将字拆得过细。

万业馨（2001）："由于部件数量与切分层次数成反比，即汉字切分层次越多，所得部件越细小，基本部件数量越少，因此容易造成便于识记的假象。""由于这些细小部件绝大部分属于记号，因此于整字的识记不仅无益，甚至有碍。"而且，如果将部件拆得过细，就等同于笔画教学了。所以本体系在拆分时尽量将一些不表义部件适当合并为表义部件或整字，尽量减少拆分成无义部件，增加教学单位表义部件和整字的比例。如把"青字头""青字底"合并为"青"字。我们的目标是整字，将每个汉字都分到细小而繁多的末级部件对教学而言显然不合理。

下面笔者将谈一下在对HSK800个甲级字进行拆分确定新体系时遇到的一些问题。

1. 单笔能否成为部件的问题：苏培成（1997）提出："附着性的单笔不是部件，相对独立性的单笔是部件。""如何区分附着性和相对独立性？就是要看它在整字中占据的位置。汉字从结构类型说，主要有上下、左右、包围三大类。只要在这三大类中占有一个位置的，就是有独立性。"但是根据这一原则，我们可能会遇到这样的问题，如"幺"是否拆分为"丿厶"，"个"是否拆分为"人、丨"，"彳"是否再继续拆分为更细的部件"丨、亻"，还是直接将其列为整字或非成字部件体系中，因为这些字在结构上本身就存在争议，还有的本身就是一个部件，所以苏先生的原则可能就不太适用。笔者在拆分时遵循的原则是：

A. 本身就是一个部件的，不需再拆成单笔+另一个部件。如"彳"不需要再拆成"丨、亻"；"纟"不需要再拆成"幺、一"；"忄"不需拆分为"丿、亅"等。

B. 符合前面所提的基本字要求的字不拆，如云、天等符合基本字第四条（是常用字，并且拆开后又增加新的部件）。

C. 其他明显由两个部件构成的字（即具有明显的分割沟），单笔作为一个部件出现。例如："礼"可以拆分为"礻、乚"；"旧"可以拆分为"丨、日"；"引"可以拆分为"弓、丨"；"乱"可以拆分为"舌、乚"。

我们承认有些单笔可以成为部件，可是不能承认所有的单笔都是部件，如果那样的话就又犯了拆分过细的毛病。

2. 如果一个复笔能够拆分为一个可独立的复笔与一个不可独立的复笔，是否进行拆分。例如："百"是否拆分为"フ、日"；"占"是否拆分为"卜口"；"友"是否拆分为"ナ、又"；"并"是否拆分为"丷、开"

等。我们的原则是：如果该复笔的构字能力较强（即构字超过五个以上者），如"占"（沾、站、战、粘、毡），那么就不拆。将其列为基本字的范畴；如果该复笔的构字能力较弱，并且拆分出的复笔将具有很强的构字能力的则进行拆分。例如："角"可以拆分为"⺈、用"，而且"⺈"的构字能力非常强，可以构字"危、免、兔、⺈、象"等，而拆出的另一复笔"用"又是基本字，这样进行拆分比不拆显得更加科学。

3. 相邻的几个单笔结合为一个部件，如"飞、刁、小、少、心、讠、刂"等，但其中有三个不容易处理的字，即"司、气、今"的拆分就出现了很多不同。

我们的原则是将三个字都作为成字部件来看待，将其列为基本字中，而不需要进一步拆分。因为将它们拆分，只会增加新的部件，反而增加了学生的记忆负担，因此这三个字是"相邻的几个单笔结合为一个部件"这一原则的例外。

4. 如果一个复笔能够拆分为两个可独立的复笔，并且该复笔不属于上文所列的基本字范围的，一般应拆分为两个部件。但是可能会出现不同的拆分方法，如"首"可能会出现以下两种拆分"丷、𠃍、目"，"⺌、自"。

这时我们一般采取的方法是：尽量使拆出的结果没有增加部件的种类，尽量使拆出的部件具有可称谓性，并且构字能力比较强。例如"遂"字应采取"丷、豕、辶"这种方法。

3　对 HSK 甲级字 800 个拆分的结果

基本字 + 非成字部件（共 273 个）：

基本字（219）：日 木 口（包括围字框）土（包括土字旁、土字底）用 牛（包括牛字旁）女（包括女字旁）王 平 井 京 长 厂 丁 已 失 户 云 工 弓 田 北 包 斤 巾 半 力 毛 更 友 布 立 示（礻）才 早 产 尚 十 月（月字旁）车（车字旁）辰 成 寺 由 出 石 牙 千 欠 司 寸 金（钅）合 巳 勺 弟 占 曲 电 广 上 下 舟（舟字旁）东 多 页 豆 买 而 我 二 儿 发 去 习 方 飞 非 刀（刂）丰 圭 风 夫 甫 贝 亥 艮 无 干 心（心字底、忄）哥个足（足字旁）共公句古厄舌关见母中玉子（孑）匈凶黑后勿互戈央其几鸟及刍隹气齐青支豕马且介今并九久酉小米（米字旁）西（西字头）尤木（木字旁）尸（尸字头）八兴卜目隶果斗兄来皿（皿字底）了乐耳雨令仑面民农匕求谷肉币身申生至史台世事是市太音三乍具坐左正元鱼四（四字头）穴（穴字头）午羊（羊字头）竹（⺮）走（走字旁）犬（犭）巴未韦亡止不垂为永与力开禾（禾字旁）斗里良夕父六乙廿手（扌）衣（衤）义之人（亻）旦爪（爫）言（讠）幺

非成字部件（54）：

单笔部件：丨乚

复笔部件：艹夂纟辶彐冖宀冂匚囗勹氵丷⺌灬手万夊攵厶礻卄阝卩饣宀丆疋厂⼉乂耂⺧⺍⻊刂丅丬乂夬亼彡孑广丁廾氺

4 部件理论应用于对外汉字教学的几点建议

通过以上的基于汉字教学的拆分，我们可以发现，部件理论在对外汉字教学中的推行和运用不可能是一帆风顺的，这种方法确实有推行的价值和可行性，但是这一理论方法还不是很完善，当中仍存在着许多问题亟须解决。如部件拆分虽然减少了记忆汉字的负担，但是随之带来的是"对繁复组合过程的记忆负担"（万业馨 2001）。那么部件理论应何去何从呢？

第一，我们认为部件教学是具有可行性的。但这种可行性的前提是必须规范部件切分的原则。如果切分原则不具可操作性，不能贯彻到底，那么部件教学就无法正常推行。我们认为部件的切分应当以现代汉字的规范字形为主要依据（费锦昌 1996），而不主张从义或是形义兼顾的方式，因为何时从形何时从义的标准带有很大的随意性和主观性，在具体操作时会带来一定难度。但是汉字毕竟有其特殊性，因此，我们也不排斥在具体教学的时候采用"柔性原则"，即根据教学的需要，适当加入"义"的因素。

第二，一定要明确部件教学在对外汉字教学中所处的位置和阶段。汉

字教学应该适度地推进，即按照"笔画—部件—整字"的顺序进行。部件处于中间位置，如果直接从笔画跨越到整字，会给学习带来很大的难度。因为笔画的名称大多与整字毫不相干，且笔画组成整字的过程十分复杂。而部件的数量相对较少，且具有一定的意义和可称谓性，因此，在学生有了一定的汉字书写和构形基础的前提下运用部件教学是比较理想的。这就意味着前期的笔画教学对部件教学有着很大的影响。只有逐步推进，部件教学才会发挥其应有的作用。

第三，受崔永华提出的综合各种手段的汉字教学方法的启发，我们认为是否也可将部件教学与形旁、声旁的教学法结合起来。因为很多部件与形旁和声旁是重合的。部件是主要的汉字构形单位，与声旁相合正好可以弥补部件在示音方面的劣势。但这种方法的引入要有一定的限度。因为形声字形旁的读音和形声字的读音之间存在着复杂的对应关系。有统计表明，汉字形旁的表音率约为39%（周有光），如果声旁不能准确表音，那么反而会给汉字教学带来困难。因此，对这一问题的态度应该十分慎重。

第四，针对部件教学编写适当的教材也是十分重要的。目前国内还没有完全针对部件教学编纂的教材。没有适当的教材作为支持来推行某一教学体系是十分困难的。因此，当务之急就是要编纂适合部件教学的教材。要编纂合适的教材，语料库、词汇库的选择是十分重要的。选择的标准应包括那些相对简单、使用频度高、构字能力强的部件。此外，课后习题、课外练习的设置也十分重要。目前汉语教材的练习设置多是针对词汇、句型的具体运用，而对于汉字形体辨析涉及得少之又少，因此，这一方面也需要加强。

第五，我们认为部件教学还应针对不同国家不同语言背景的学习者进行相应的调整。究竟哪种汉字教学方法最为适用，必须通过具体的语言学习者的学习效果来检验。万业馨、石定果《关于对外汉字教学的调查报告》就给了我们很大的启示。他们对对外汉字教学中相关问题的调查为我们提供了来自汉语学习者的亲身感受，许多都跟我们传统的思考不同，应当引起对外汉字教学的重视。

我们认为，诸多对外汉字教学法本质上没有优劣之分，只有适用范围的差别，关键在于怎么用，何时用才能发挥其最大的作用，让其更好地为对外汉语教学服务。

参考文献

[1] 崔永华. 汉字部件和对外汉字教学 [J]. 语言文字应用, 1997 (3).

[2] 崔永华. 关于汉字教学的一种思路 [J]. 北京大学学报, 1998 (3).

[3] 万业馨. 文字学视野中的部件教学 [J]. 语言教学与研究, 2001 (1).

[4] 费锦昌. 现代汉字部件探究 [J]. 语言文字应用, 1996 (2).

[5] 李大遂. 从汉语的两个特点谈必须切实重视汉字教学 [J]. 北京大学学报, 1998 (3).

[6] 费锦昌. 现代汉字部件研究 [J]. 语言文字应用, 1996 (2).

[7] 周有光. 现代汉字中声旁的表音功能问题 [J]. 中国语文, 1978 (3).

[8] 张旺熹. 从汉字部件到汉字结构 [A]. 词汇文字研究与对外汉语教学 [C]. 北京：北京语言文化大学出版社, 1998.

[9] 施光亨. 对外汉字教学要从形体入手 [A], 词汇文字研究与对外汉语教学 [C]. 北京：北京语言文化大学出版社, 1998.

[10] 苏培成. 汉字的部件拆分 [J]. 语文建设, 1997 年 (3).

汉字部件教学分析

【提要】 部件教学理论提出来以后，引起了对外汉语教学界的广泛注意。但实践证明，单纯的部件教学是行不通的。本文提出应该结合对外汉语识字来切分部件，传统的汉字教学不能被单纯的部件教学所取代，部件教学更多地应作为一种辅助的教学手段。汉字教学应该综合利用汉字的各种属性和特征。

【关键词】 汉字　部件　教学

关于汉字的教学方法，近一个时期有很多讨论。人们逐渐认识到了汉字教学在整个对外汉语教学中的地位和作用。对外汉语教学中的汉字教学比起母语的汉字教学来，起步较晚，而且缺乏相关的汉字教学理论以及大规模的实践，这是制约汉字教学的一个重要因素。已有的汉字教材大多是练习册性质的，集中于对汉字的笔画教学和练习，我们还缺乏系统的汉字教学的课本。

目前对汉字在教学中的处理一般有三种做法：一种是把汉字当作一种辅助性教学，主要为精读课服务，以解决精读课上出现的汉字（生字）为主，这就要求精读课的课本在编写时照顾到汉字出现的科学性问题。一种是字本位的教学，其他课型服务和服从于汉字教学，要求其他教材的编写要服务和服从于汉字课本。第三种做法是结合精读课程，汉字读写独立设课，主要教学生笔顺规范和相关汉字知识。不管哪一种做法，汉字认读和书写的科学性问题都是不容忽视的。事实上，以交际和功能为主的精读课本，是很难照顾到汉字的合理安排的，而以精读为主的汉字教材同样也会受到这个局限。

1 单纯依靠部件教学不符合汉字教学实际

近几年来，随着现代汉字学的发展和作为一门学科的确立，人们对部件问题的认识进一步深化，有关研究也逐渐多了起来。部件问题的讨论起于20世纪80年代初，最初分析部件的目的是为计算机处理汉字用的，是为了汉字编码中形码的科学性和键盘代码的实效性而进行的。当然在客观上，它也为汉字教学提供了一定的帮助。部件理论从现代汉字学的角度出发，可分析性和可组合性相结合，这一点突破了传统汉字学依据六书分析现代汉字字形的局限。但从另一方面来说，部件分析法一般不注重字的理据性，部件取舍的标准基本依据频度的原则和可组合的原则，对于分析出来的部件是否容易称说，是否易学易记则考虑得不多。那么，部件的出现频率以及部件之间的组合是否符合认知的规律呢？不一定。我们知道，文字的产生到发展，是从具体到抽象的，而不一定是由独体到合体的。相反，最初的文字有的是图画形式，画起来很复杂，但它却可以表达人们的思维概念，或者说是语言段的意思。即使是早期的文字符号，也不完全始自独体字，像"虎、鱼、龟、象、车"等字描摹事物的形状非常复杂。在象形文字的时代，它们是易于区别和辨认的，但在现代汉字中，它们丧失了象形汉字的特点，变成了合体字。从认知的角度来说，无论我们画出这个字的原始字形，还是解释它的字义，都难以让学生记住并书写它的字形，我们只有把它们当作合体的记号字强制记忆。

部件的概念并不明确。关于从现代汉字的角度分析出来的汉字构成成分，目前说法还不完全一致。至少有"元件、字根、字素、零件、字元、构件"等不同说法，而即使是使用部件，人们的所指也不完全相同。有的时候指一次切分后的构字成分，有的时候又指多次切分以后的末级构字成分，即所谓的末级部件。如"湖"，一次切分出的"氵胡"是两个部件，但是"胡"再次切分后的"古、月"也叫做部件，同理"古"再次切分出的"十口"还叫作部件。

部件的数量不等。由于对部件认识上的分歧，导致人们切分出来的部件数量不等。有 105、128、160、166、205、250、300、344、512、686 等，傅永和先生对《基本集》16339 个字的统计分为 3601 个（傅永和 1989：117）。数量不同的部件，反映在汉字教学上，就会有不同的取舍和标准。

部件分析过多地注意了频率和组合性的问题，这就使得分析出来的部件与实际汉字教学相脱离。而有的时候为了照顾分析一致的原则，又使得对汉字的分析过于琐碎。例如：

率（亠丷幺丨）　　扎（扌乚）　　头（大丷）
车（一乚十）　　　但（亻日一）　　况（冫口儿）
水（丨亅丶）　　　由（口十或日丨）　曾（丷口丷日）

从理论上说，部件构成汉字，有规律的识读汉字总是比无规律的记忆要容易、要科学。比如，汉字中最高频率的部件是"口"，那么认识和读写汉字可以以"口"为突破口。如：

表示与口有关的动作：呕、吐、吃、喝、吸、喷、吹、嚼、啃、喂、唾

表示象声词：嗖、哗、啦、叭、哞、哎

表示口发出来的声音：咳、嗽、咏、唱、叹、嘟、哝、吆、唬、咆、哮、吼、吵、喧、哗、啼、喊、叫、呼、唤、哼、鸣、咽、哇、哄、吩、咐、唠、叨、啰、啵、问、召、吁

表示译音词：咖、啡、啤、咖、喱、哗

表示语气词：吗、呀、啊、啦、呢、喔、哟

如果是中国儿童识字教育用这种方法，结合词语教学能收到很好的教学效果。因为儿童是在基本熟悉词义和字义的情况下学习汉字的，他的任务只是把熟练使用的词和实际的字形相匹配。正因为这个原因，儿童识字可以大大提高速度，我们也经常见到三岁儿童能识 1000 多个乃至更多汉字的报道（值得说明的是，识字和识词以及理解文章内容有很大差别）。而

对于一个母语为非汉语的孩子来说，这是不能做到的。因为他必须把这些字形当作单纯的符号去记忆，并且在大脑中区分这些在他看来毫无疑义的符号。那么对留学生也是如此，如果不结合字义和词义的学习，这种教学也只是单纯增加记忆的负担而已。如果结合字义和词义，那么这些字义和词义也完全是新的，他们无法在掌握字义和词义的基础上记忆，因此，这种学习必然会造成负担。

末级部件的组合基本没有规律性。末级部件是对汉字进行逐级切分的结果，是现有汉字的分析结果，这就使得我们无法用部件拼合汉字，而一个个末级部件就变成了散乱无章的组合。再加上大部分汉字是由四个以上的末级部件组合而成的，最多的由八九个末级部件组成。这么多部件结合在一起，其组合的规律性就难免十分复杂了。比如四个部件构成的合体字，其结构方式就有二十种，代表字是：瘠、阔、匿、欧、营、辔、蕊、蓝、榑、额、摄、燃、游、韶、遮、腐、筐、樵、剩、螯；由五个部件组合而成的汉字其结构也有 20 种。据傅永和（1991）统计，由两个至九个部件构成的汉字其结构方式共有 85 种。这对汉字学习不能不说是一个巨大而惊人的数字。对于本来就对汉字心存畏惧的留学生来说，依据汉字部件的拼合来学习汉语，恐怕难度就更大了。

形状相似的部件，大大增加了记忆的负担。汉字简化的结果简省了笔画，但笔画的过多简省一定要以形似字的增加为代价。对于部件也是这样，有些看起来十分简单、笔画很少的部件，由于在形状上过分相似，这对于识读、记忆和书写来说，未尝不是一种负担。如：大太犬、王主玉、已己巳、田由甲申、午牛、心必、土士、水永、刀力、今令、千干、儿几、么幺等。这些一个个孤立的部件本身就很难辨别记忆，如果再抛开它们的字义，去拼合其他的字，其难度就可想而知了。不幸的是，如果单纯从部件入手学习汉字，这些部件使用频度又是比较高的，是我们无法跨越的。

2 合理利用部件教学有助于提高教学效果

教学中常常发现，学生学那些结构简单或者对称的字，记得快而且不容易忘记，对那些笔画结构复杂的字，常常记不住而且容易混淆。初学汉字的人由于缺乏对汉字部件的组合能力，常将笔画看成孤立的单位，造成记忆单位过多。人的短时记忆受一定空间的限制，复杂的形态化成过于简单的形态，就会较多地占据记忆的工作时间，影响记忆容量。因此，如果采用笔画教学，就造成记忆单位过多，如"操"，按笔画，共有16笔，学生还要记住笔画与笔画的联接与位置，而按部件理论分析，"操"可以分为"扌一口一 口一 口一 木"5个部件，记忆单位减少了70%，提高了记忆效率。据统计，每个汉字的平均笔画数为7，而每个汉字的平均部件数为2.3。既然记忆单位越少越好，何不采取整字教学，把一个字作为一个记忆单位？《汉语水平词汇与汉字等级大纲》共有各级汉字近3000个，大部分汉字构造复杂，笔画繁多，而且字与字的组合没有规律，不成系统，学生一个字一个字地记忆同样是很困难的。我们应利用部件理论，拆分汉字，得出基本部件和组合规律，便于外国学生认识和记忆，如"力一口一马"三个部件不同位置的组合可以构成"骂，吗，加"三个汉字，其中一个或两个部件再和其他部件组成较多的汉字，达到有效快捷记忆汉字的目的。留学生识记汉字是有一个发展过程的，最初是盲目的识记，随着汉字知识的积累，发展到以思维活动为主的意义记忆，而建立这种过渡的有效途径就是部件切分理论。对外汉语教学对象大部分已是成年人，他们已具有归纳总结能力，对于无规律可循的知识会觉得茫然，学了这一个汉字，下一个还是完全陌生的。利用部件原理，使字与字之间建立一定的联系，体现汉字的系统性，为汉字结构分析，字源分析，形旁声旁分析提供基础。

首先，利用部件进行对外汉字教学，要充分发挥其直观性，结合汉字结构进行讲解。汉字结构是全方位的，有上下、左右、内外、中心与四角几种基本结构，教师可以采用部件图片来演示汉字结构组成，有些部件在合体字中的位置常常是固定的。如"氵、忄、亻"在构字中的位置常常是在左边，教师在教学过程中要体现这些组合规律，使留学生建立对汉字的感性认识。汉字部件具有组合能力强的特点，在学生初学汉语的阶段，如果能随时安排一些练习和汉字游戏，对提高学生的学习兴趣和巩固汉字知识会收到事半功倍的效果。其中，最常用的方法就是按照部件对汉字进行归类。可以采取不断循环的方式，在学习新汉字的时候，如果以前出现过带有相同部件的汉字尽量进行联系。这样，学生一方面可以复习曾经学过的汉字，另一方面也可加深对于新字的印象。

其次，成字部件大部分是独体字，在留学生刚开始接触汉字时，独体字教学很重要。这些成字部件是构成合体字的重要组成部分，同时这些成字部件笔画较少，结构简单，容易记忆。教师在教学过程中，可以把形近的成字部件成组介绍，"木—禾—米—朩""未—末""牛—年""十—千""己—已—巳"等。此外，有些非成字部件是成字部件的变体，"心—忄""人—亻"，教师也要把这些关系给学生介绍清楚，应该引导学生按照汉字的部件而不是按笔画来记忆字形，这样就会减少记忆汉字的难度，增加记忆的效果。例如"学"字，按笔画的话，要记8画，可是如果按部件来记忆的话，只需要记两个部件就可以了。一般来说，人们往往把一个事物划分成数个记忆单位来记，而在人的单位时间内能记住的记忆单位是有限的。记忆单位越少，就越便于记忆，印象也就更加深刻一些。如果以笔画为记忆单位，《汉语水平词汇与汉字等级大纲》中2905个汉字，9画字最多，其次是10画和11画，平均每个字的笔画数为10.75，也就是说学生平均要记10个记忆单位才能记住一个汉字，这10个单位之间又找不到什么联系，显然这对学生来说是十分不容易的，也是一个极大的挑战和负担。相反，如果以部件为记忆单位和教学单位，一般学生只需要记住两三个单位就可以记住一个字，而且成字部件又有具体读音和意思，容易联想，记忆效果就会好很多。

另外，留学生从识记汉字第一天起就在寻找增加识记汉字结构和意义间的关系，即采用有目的的方式把其有潜在意义的学习材料同已有的认识结构联系起来，进行信息加工。汉字由"音符""意符""记号"组成。有的部件是可以固定充当音符或意符的，如成字部件"冈"，在组字中固定充当音符，"刚、钢、纲、岗"。有些成字部件多做意符，如"木"，"树、杨、柳、松、柏"等。教师在遇到这样的部件时还是要讲解清楚，帮助学生建立"汉字组合也是有规律可循"的观念，帮助解决留学生学习汉字的难关。

对外汉语教学的发展离不开汉字本体研究，汉字本体研究成果可以帮助解决汉字教学上的一些难点。部件理论虽然不能解决对外汉字教学的一切问题，但它在留学生初识汉字的阶段，对消除畏惧感，掌握汉字结构规律，还是十分有效的。

3　切分出实用的教学部件十分重要

费锦昌（1996）认为"部件是现代汉字学形中具有独立组字能力的构字单位，它大于或等于笔画，小于或等于整字"。大多数汉字由两个或两个以上大于笔画，小于或等于整字的结构单位组合而成，这些结构单位就是部件，部件是对汉字进行一次或多次切分后得到的基本结构单位，有少数部件就是一个笔画，大多数部件不止一个笔画，而是一些相交或相离组合在一起作为构字单位的笔画组合。根据不同的原则切分出来的部件也不完全相同。高家莺等（1993）关于部件切分提出了三条原则：（1）切分部件要从服务对象的不同特点，不同需要出发；（2）要尽量减少部件数目；（3）要简易，便于人们掌握。把部件理论应用在对外汉语教学中，首先要考虑到的就是教学对象是外国留学生，他们是成年人，已经具有总结归纳能力，并且在学习记忆过程中善于寻找规律。同时对外汉字教学的目的是寻找科学有效的汉字教学方法，提高留学生学习汉字的效率，并能使他们对汉字能够举一反三。崔永华（1997）曾谈到用"部件规范"来切分部件是为中文信息处理用的，不完全适合对外汉语教学需要，因此在对外汉字教学中进行部件切分要做适当调整。

首先，从汉字本体研究角度考虑的部件切分，要体现汉字结构组合的层次性，常要分出一级部件，二级部件，三级部件，直到末级部件。在留学生初学汉字阶段，教师不适合采用这种部件切分方法。本文对《汉字大纲》中的甲级字进行切分，目的是找出组合大纲中 3000 多字的基本部件，在初级汉字教学阶段，减轻学习汉字记忆负担，提高学习效率，并逐渐了解汉字基本组合。按此原则，对《汉字大纲》共切分出 142 个成字部件和 73 个非成字部件。如果按一级、二级、末级部件教给学生反而会增加学生的记忆负担。对外汉字教学中部件切分的目的是找出基本组字部件，使留学生识记汉字有规律可循。如"脚"切分出三个部件"月—去—卩"，"月"和"去"比较简单，学会了以后，再见到"脚"就不觉得陌生。

汉字部件在汉字本体研究中是指"不再进行拆分的部件"。而在对外汉字教学中，不一定完全遵循这个原则，部件拆分应遵循便于记忆，具有一定的完整性，并且具有较强的组字能力的原则。比较简单的独体字同时又具有一定的组字能力，适当的可以不拆。如"冈、青、非"等都既可以作为独体字又可以作为成字部件教给学生。

总而言之，部件原理在对外汉语教学中应该有限度地使用，部件切分遵循意义成字率原则、最小原则、完整原则和便于理解记忆原则。如"飞"可以切分为"乙 + ㇏"，但这个字本身笔画就比较简单，容易记忆，拆分反而还要讲解道理，弄巧成拙。

根据以上部件切分原则，本文对《汉语水平词汇与汉字等级大纲》中的 800 个甲级字进行切分，得出成字部件 143 个和非成字部件 72 个，其中非成字部件又可分为单笔部件和复笔部件：

成字部件：

土口用刀牛女且田斤又小日月米工九西尤木尸八见力上下开目禾斗亥犬立来匕乐二凶王里厂歹两耳车四矢勿山十互户戈千丁不由人火几及己贝大豕门夕寸父去六巾长乙卜牙舟虫巳勺也巴毛更冈干广亡母东屯我而儿习良万飞非甫雨头四民手乃年爪业西平瓦丸壬身申士书术垂天才未末韦为自与午央乍束氏止弓廿了全青永片穴皿页

非成字部件：

单笔部件：一 丿 丨

复笔部件：

艹 勹 纟 辶 ヨ 甴 宀 穴 亠 冂 凵 匚 囗 夕 氵 冫 丬 灬 罒 禾 丂 夂 攵 讠 扌 艹 厶 衤 礻 亻 艮 乚 卄 阝 隹 卩 饣 彳 亍 丆 疋 厂 丫 𠂉 钅 耂 巳 耒 生 业 耒 刂 丆 扌 又 夬 𠆢 彡 犭 疒 冂 幺 卝 氺

汉字是一个多合刺激物，它传递着音、义、形的信息，而这三者的结合承载信息量太大，留学生记汉字既要辨认字形本身的结构，又要建立字形与字音、字义的联系。在具体教学实践中教师使用部件原理要讲究教学方法，采用灵活的方式，提高学生认识记忆汉字的效率。

参考文献

［1］傅永和．汉字结构及其构成成分的统计分析［A］．现代汉语定量分析［C］．上海：上海教育出版社，1989．

［2］傅永和．汉字的结构［J］．语文建设，1991（9）．

［3］费锦昌．汉字部件探究［J］．语言文字应用，1996（2）．

［4］高家莺，范可育，费锦昌．现代汉字学．［M］．北京：高等教育出版社，1993．

［5］崔永华．词汇文字研究与对外汉语教学［M］．北京：北京语言文化大学出版社，1997．

［6］万业馨．文字学视野中的部件教学［J］．语言教学与研究，2001（1）．

［7］晓东．现代汉字部件分析的规范化［J］．语言文字应用，1995（3）．

［8］裘锡圭．文字学概要［M］．北京：商务印书馆，1988．

［9］苏培成．现代汉字学纲要［M］．北京：北京大学出版社，1994．

［10］苏培成．现代汉字的部件切分［J］．语言文字应用，1995（3）．

［11］张天光，黄伯荣，翟万林．汉字构成的字元分析法［J］．语言

文字应用，1995（3）.

［12］李禄兴. 现代汉字学要略［M］. 北京：文津出版社，1998.

［13］陈仁凤，陈阿宝. 一千高频度汉字的解析及教学构想［J］. 语言文字应用，1998（1）.

［14］程朝晖. 汉字的教与学［J］. 世界汉语教学，1997（3）.

［15］易洪川，杨夷平，朱全宏. 从基本字表的编制看汉字学与汉字教学［J］. 语言文字应用，1998（4）.

［16］张朋朋. 汉字书写入门［M］. 北京：北京大学出版社，1997.

（原文发表于《汉字书同文研究》第 5 辑，香港文化教育出版社，2004 年 6 月）

从汉字习得角度看单笔部件拆分[①]

【提要】 部件大于笔画,从原则上说,单笔画不能成为部件。可是"一"和"乙"既是笔画,又是部件,还是整字,这是汉字拆分不能回避的问题。如果承认单笔画可以成为部件,那么单笔画在多大范围内可以成为部件?怎么来区分这个单笔画部件?这是目前还没有完全解决的问题。本文从外国留学生学习汉字的角度,区分了有效拆分和无效拆分,并提出了拆分原则。

【关键词】 汉字　单笔　部件　习得

1　单笔部件的合法地位

1. 傅永和(1989):"部件是构成合体字的最小笔画结构单位。其下限必须大于基本笔画,上限小于复合偏旁。"由于把单笔画排除在部件之外,他对《辞海》(1979年版)所收的11834个规范汉字统计出的部件,不可避免地包含了不少含有单笔画的整字。如"乱、虬、扎、礼、气、旧、轧、幻、币、卫、个、年、乳、承、书、凸、乒、乓、再、卅"等。范可育(1990)认为"单独的笔画如果独立成字(如'一'

[①] 中国人民大学对外语言文化学院2005级硕士研究生张玲帮助完成了本文的第5部分,即对留学生单笔部件认知的调查分析,特此感谢。

'乙'），则独立作部件；否则一律附属于邻近的结构块儿。"但同时又承认，这样处理会把相离关系的许多结构成分，如"旦""画""乱""孔""胤"等字中的"一""凵""乚""丿"都与旁边的结构成分捆在一起，成为独立的成字部件，这与一般人对字形拆分的感觉不一致，给汉字教学带来不便。

2. 部件大于笔画，从原则上说，单笔画不能成为部件。可是"一"和"乙"既是笔画，又是部件，还是整字，这是汉字拆分不能回避的问题。像"旦、灭、亿、艺"等字中的"一"和"乙"，它们在构字上具有相对独立性，是汉字基本结构中的一部分，这种情况迫使人们承认单笔画部件的存在。

除了"一"和"乙"之外，现代汉字中还有多少这样的部件？"旧、孔、幻、扎"等中相离的单笔画是不是部件？"太、主、广"中的"点"笔算不算部件？这就引出了另外一个问题，如果承认单笔画可以成为部件，那么单笔画在多大范围内可以成为部件？怎么来区分这个单笔画部件？如果没有一个原则加以区分的话，所有的字就有可能都拆分到笔画，显然这是不可行的，也不符合汉字的构字规律。

3. 一些学者针对这样的情况提出了自己的解决办法。费锦昌（1996）："从现代汉字字形的实际出发，把在字形中占有相对独立地位的单一笔画也定为可以拆分的部件，不妨称之为'单笔部件'。"苏培成（1994）："笔画等于部件是有条件的，不是任何时候笔画都可以成为部件"。具体的条件是，"处于分离状态的横、竖、撇、折，也单独构成部件。"后来他（1997）又做出了新的限制："附着性是单笔画的本质属性，这和部件不同，部件具有一定的独立性，就是能够独立地参与构字。有的单笔画在构字时，带有相对的独立性，类似部件，对这样的单笔画要分开。如何区分附着性和相对独立性？就是要看它在整字中占据的位置。"从汉字学习和教学的实际来看，拆分出单笔部件，让单笔部件取得合法地位也是十分必要的。

2 单笔部件的拆分分歧

2.1 承认单笔部件的合法地位，在部件理论上确实是一个进步

将一定的笔画纳入部件范围，基本上得到了大家的认可，但是为了避免对汉字作无限制的拆分，单笔部件的运用必须慎而又慎。明确笔画究竟是直接作构字单位还是先作部件单位十分重要。吴铮（2003）"承认单笔部件的合法性与严格限制单笔部件的构字范围，这两方面均不可偏废。"在把单笔作为部件看待时，其作用和地位应相当于与其相应的多笔部件。在拆分单笔笔画时，遇到的问题主要有以下几种：

2.2 关于"一"的拆分问题

确定了单笔部件的合法性之后，拆分中往往遇到"一"的拆分和归属问题。

2.2.1 "二、三"中的"一"是否拆分出来？也就是相离笔画是否拆分的问题。独体字中如果不能保证拆分出来的其中一部分是复合笔画，则不宜继续拆分。否则所有的字就会拆分到笔画。"二、三"中的"一"直接构字，不存在构字层层次的问题，因此不宜拆分。

2.2.2 "旦、韭"中的"一"是否拆分出来？也就是相离和相接笔画是否拆分的问题。从字源上来说，下面一横的意义是相同的，但是现代汉字中其笔画组合关系发生了变化，所以导致"从形"拆分时作了不同处理。有人拆分"旦"，而不拆分"韭"。由于不考虑分割沟，费锦昌（1996）对含"一"的字，有的作了拆分，如"韭"字；有的不作拆分，如"丽"字。

2.2.3 "正、天"中的"一"是否拆分出来？也就是独体和合体的

区分问题。在"正""天""灭""再"等字中,如果将"一"视为字,可再拆分,意即把它们看作合体字。如果视为相接的笔画,按苏培成(1995)、晓东(1995)的理论则不能拆分,意即把它看作独体字。国家语言文字工作委员会发布的《信息处理用 GB13000.1 字符集汉字部件规范》对于同样是相接的横笔,也作了不同的处理。"正"拆分成"一"和"止",而"雨"里的横像天,"兀"从一在儿上,就没有拆分。据统计,横笔在《辞海》的正体字中出现频度最高,约为 30%。笔者认为可以利用"一"的量属性,尽量将"一"从字中拆分出来,这样可以增大多笔部件的统字率。

2.2.4 "示、亍"中拆分出"一"还是"二"? 也就是笔画间的关系问题。从识字教学来看,如果拆分时不考虑笔画间的关系,拆分方式很难确定,拆分的部件也不能发挥理想的作用。如"示""亍"的拆分,苏培成(1995)和晓东(1995)以成字优先原则拆分为"二"和"小","一"和"丁"。傅永和(1993)把"云"字拆分为"一"和"云",苏培成、晓东则拆分为"二"和"厶"。

2.2.5 "土、士"中的"一"拆分后怎么处理?也就是笔形的关系问题。费锦昌提出单笔部件理论后,"土"和"士"的拆分结果就都是"十"和"一"了。汉字笔形不仅有区别字义的作用,也有美观的价值。所以该长的则长,该短的则短。长短颠倒有时候虽然不会变为另外一个字,但也会被认为是错误的。从汉字学习的角度来考虑,拆分成"十"和"一"确有必要,但应该明确长横和短横在构字价值和构字意义上的不同。

2.3 关于点笔的拆分处理

点笔在字形里的位置十分灵活,如"广""玉""叉""器""令"等字中,点的位置各不相同,而且点笔还包含了一部分捺笔的变形。从直观上看,点笔在字形结构中所占平面也较小,不能与其他笔画相比,也往往不能与其他组合的笔画块相提并论。点画一般不处于字的核心部位,因此,苏培成(1995)主张不作拆分。陈爱文、陈朱鹤(1986)"单独的点笔一般附属于它邻近的结构块（例如：太、寸、玉）"。晓东（1994）"笔画结构块附近有分离的一点，如'广、尤、门、刃、戈'，可以将这样的点归入邻近的笔画块，不作拆分"。但有相当一部分字中的点笔看起来与其他部件的作用相当，或者对相邻笔画块的独立组合没有影响。如"兵""勺""玉""主""太""犬""户""广"等字。在费锦昌（1996）的拆分理论中没有排除点笔的拆分，但也造成了新的问题。如"太"和"犬"，"主"和"玉"等字，拆分之后部件完全相同。

2.4 关于其他单笔问题

现代汉字字形中，还有其他单笔画需要在拆分时考虑，例如"丿""丨""乚"等等。"币"中的"丿"和繁体字中"敝"是等价的，但现代汉字中是拆分出来，还是看作一个整体呢？

以上种种拆分分歧，涉及汉字的拆分原则问题，而拆分原则又是由拆分目的和用途决定的。

3 单笔部件的拆分原则

3.1 单笔部件拆分的分歧，其根本原因是出发点不同

对于部件的拆分，我们认为可以区分必要拆分和不必要拆分。必要拆分即必须对汉字进行的拆分，不必要拆分即无用拆分，它指在某一范围内的无效拆分。对于汉字编码来说，将汉字拆分至基础部件是必要拆分，如果再将基础部件拆分成笔画则是不必要拆分。对于识字教育来说，将独体字拆分成笔画或将基础部件拆分成笔画则是必要拆分，因为笔顺、笔形、笔画组合、笔画数是识字的一项重要内容，不拆分到笔画就难以建立正确的汉字观。以"日"为例，基于编码输入的拆分，可以把它作为一个基础

部件，因为考虑到它的组合性频率比较高。而以汉语教学为目的的识字教学，可以考虑分为"口"和"一"，然后结合字源进行讲解。所以明确拆分目的，明确服务对象，是决定拆分原则的前提。拆分的目的是为了组合，我们这里讨论的是从对外汉字教学角度，立足于汉字部件组合来拆分汉字。

3.2 对外汉字教学是有阶段性的

但无论无论如何，外国人学汉字都要选择一批汉字突破"零"。王宁（2001）："识字教学是分阶段进行的，每到一个阶段，教学方法和策略都要因积累的不同而发生变化。"我们分析单笔部件也应该针对留学生学习汉字的不同阶段，采取不同的方法。留学生接触汉字，应该是从笔画开始的，这从我们现有的对外汉语教材中都能得到验证。笔画是认知汉字的前提，尤其对于现代汉字来说，不学习汉字笔画和笔画组合规律，而直接书写是不大可能的（单纯认知和电脑输入是例外）。所以对于单笔部件，建议采取如下拆分原则：

3.2.1 单笔临近某个结构块的，如果结构块儿是高频字（比如按降频排列的前 1000 个），可以考虑拆分出单笔部件。以"主"和"玉"为例，其中单笔画"、"的临近结构块儿是"王"，而"王"是个常用字，所以从教学的角度这两个字可以拆分成"王""、"两个部件。这样拆分会给教学带来很大的便利。首先，"王"是由基本笔画组成的字，横和竖是学生一接触汉字的时候首先要学到的，那么由横和竖组成的汉字也是最先接触到的，例如"一、二、三、十、工、王"等。其次，"、"笔同样是汉字五种基本笔画"横竖撇点折"中的一个元素，也是学生最早接触的基本笔形之一。那么常用字和常用笔形的组合，从认知上说，应该是容易记忆。再次，从字源上来说，"主"和"玉"又都是可以分析的，"主"是"炷"的本字，下面的"王"是蜡烛、灯台等的底座，上面一点是火苗。"玉"中的一点也是后加的，本来"王"就是"玉"的本字。最后，这两个字的构成要素是相同的，我们还可以比较"、"的位置不同，所组成汉字的意思也不同,另外如"刃、广、太、犬"等。当学生学会了这个基本汉字之后,再接触到包含"主"和"玉"部件的汉字后,就可以将它们作为一个整体来教学了,如由"主"构成的字"住、驻、柱、注、炷、拄、蛀"等等。

如果单笔邻近的结构块儿为非常用字,则可以不必拆分,如"戈、尤、门、少"等字。这样的拆分看起来有点实用主义,但笔者认为其标准是可以掌握的,对汉字教学也是有利的。

3.2.2 含有相离单笔的字,如果有明显的分割沟,沿着分割沟进行拆分。从汉字字形的平面特点来分析,汉字字形经过几千年的演变,平直笔画越来越规范。按中国文字改革委员会和武汉大学对《辞海》正体字的统计,横、竖笔形出现的频率是最高的,分别约为30%和19%。正因为横、竖笔形在平面范围内较为密集的分布,在直观上形成了一条条的平行线,这些平行线间的间隔就是一定意义上所说的"分割沟"。"分割沟"在人们识记汉字方面的影响却是客观存在的。例如人们往往以"分割沟"为识记汉字的标志。比如人们常说"木子李""弓长张""言午许"等等,又如在习惯上以"立早章"来称说"章"字,很少有人称说"音十章"的。这样,我们就可以把单笔区分出来。如"扎、孔、旧、旦、幻、引、亘、鱼"等字,应该看成是部件和笔画共同组成的字,加以拆分。

3.2.3 两个单笔交叉、黏连则不能拆分。相交叉的笔画可以看成是一个结构块,如"十、七、力"等。相黏连的笔画也可以看作结构块儿,而不再进行拆分。如"丁、人、厂、几"等。因为从教学的角度来说,它们是由基本笔画构成的字,这个阶段的汉字学习,处于笔画学习阶段,而不可能是部件教学阶段。

3.2.4 相离的笔画组合中,平行或内敛的笔画不宜再拆分出单笔部件。相离笔画组合中平行的笔画,如"川、三、二、彡"等中的单笔,就不是部件。相离笔画组合中的内敛笔画,如"冫、氵、灬"等,也不宜再拆分出单笔画部件。一方面是因为其构成元素都是基本笔画,另一方面是因为其组字时经常作为一个整体使用,继续拆分没有实际意义。

4 单笔部件的教学价值

4.1 初级阶段的汉字学习是一个将笔画积累成结构块儿的过程，单笔部件是学习汉字不可逾越的一个过程

初级阶段的汉字教学和汉字学习不可能采用完全的部件教学。

4.1.1 首先，基础部件的组合基本没有规律性。基础部件是对汉字进行逐级切分的结果，是现有汉字的分析结果，这就使得我们无法用部件拼合汉字，而一个个基础部件就变成了散乱无章的组合。再加上大部分汉字是由四个以上的基础部件组合而成的，最多的由八九个基础部件组成。这么多部件结合在一起，其组合的规律性就难免十分复杂了。比如四个部件构成的合体字，其结构方式就有二十种，代表字是：痞、阔、匪、欧、营、辔、蕊、蓝、樗、额、摄、燃、游、韶、遮、腐、筐、榧、剩、鏊；由五个部件组合而成的汉字其结构也有 20 种。据统计，由两个至九个部件构成的汉字其结构方式共有 85 种。这对汉字学习不能不说是一个巨大而惊人的数字。对于本来就对汉字心存畏惧的留学生来说，依据汉字部件的拼合来学习汉语，恐怕难度就更大了。

4.1.2 其次，形状相似的部件，大大增加了记忆的负担。汉字简化的结果简省了笔画，但笔画的过多减省一定要以形似字的增加为代价。对于部件也是这样，有些看起来十分简单、笔画很少的部件，由于在形状上过分相似，这对于识读、记忆和书写来说，会造成一种负担。如大太犬、王主玉、已己巳、田由甲申、午牛、心必、土士、水永、刀力、今令、千干、儿几、么幺等。这些一个个孤立的部件本身就很难辨别记忆，如果再抛开它们的字义，去拼合其他的字，其难度就可想而知了。

4.1.3 由于汉字字形的演变，很多基础部件的意义已经不明显了。"口"是使用频率最高的部件，但很多从"口"的字，其意义来源是不同的。例如："吕"，本义像"脊椎骨成串状"的样子，"谷"中的"口"像

"山口"的样子,"器"中的"口"像物品或器皿的样子,"各"中的"口"代表原始人居住的地方,"舍"中的"口"代表"墙"。如果一开始,就介绍这些部件组合,学生又怎么能够明白、理解和接受呢?

4.2 从汉字习得研究的实验来看,也证明了这一点

王建勤(2004)通过对欧美学生汉字笔画教学和部件教学的实验,得出了结论:"在汉字教学的初级阶段,由于学习者识字量太少,还不具备足够的通过归纳和概括形成部件认知效应的感性材料。这种部件表征的建立仍然需要较长的时日。"

4.3 所以笔画教学、笔画和基础部件组合教学应该是汉语初级水平阶段的主要教学方法

外国留学生汉字学习应该遵循的顺序是:笔画→笔画相组合(基础部件或汉字)→笔画—笔画块组合(基础部件或汉字)→笔画块和笔画块相组合(二级组合到多层组合,汉字)。

5 对留学生单笔部件认知的调查分析

5.1 调查说明调查问卷的设计

为了调查不同阶段的留学生对单笔部件的认知情况,我们对零起点、初级、中级和高级班的留学生做了问卷调查。

5.1.1 调查目的:

(1)含单笔部件的汉字,留学生按照自己现阶段的学习方法是怎么记的?

按整字记忆、按熟悉的字增加或减少一个单笔部件记忆,还是用别的

办法。

（2）留学生是否能够接受在已熟悉的汉字上添加或减少一个单笔部件来记忆新汉字。不同结构的汉字对这种方法的利用率是否不同。

（3）不同阶段的学生接受这种方法的程度是否不同。

5.1.2 调查对象：

零起点、初级、中级、高级的非汉字文化圈留学生，每个等级各10人，一共40人，有效问卷40份。学生情况如下：

（1）零起点：刚刚学习汉语两个月，每周上课五天，每天四节，只认识非常简单的汉字。

（2）初级班：已经学习汉语大约半年，每周上课五天，每天四节。

（3）中级班：已经学习汉语1－2年，每周上课五天，每天四节。

（4）高级班：已经学习汉语超过2年，每周上课五天，每天四节。

5.1.3 调查方法：

以书面的调查问卷形式，要求外国留学生当场做答（参加本次调查的非汉字文化圈的留学生都学过英语，完全看得懂英文版问卷。调查人员在一旁及时回答留学生对题目的疑问，以确保问卷的可信度）。

5.1.4 材料及要求：

本调查选出的36个目标字，都是单笔部件与本篇高频字相离、相交、相接以及包含在某字内部的汉字，四种结构的数量各12个、12个、9个、3个。这些目标字有的是学过的，有的没有学过，但是大部分目标字增加或减少一个单笔部件都可以变成留学生熟悉的汉字。对于学过的目标字，要求留学生选出或写出按照自己现阶段记忆该字的方法，没学过的目标字也要求写出按照自己现阶段的学习习惯而使用的记忆方法。

5.2 问卷统计

5.2.1 统计内容：

为了调查留学生对表中汉字的习得情况，我们将分别对零起点、初级、中级的问卷就以下问题进行统计：

1. 单个汉字的习得情况：

（1）这些含单笔部件的汉字，留学生是怎么记的。A. 整字记。B. 利用熟悉的字增加或减少一个单笔部件来帮助记忆。C. 别的方法。

（2）留学生是否认为，利用熟悉的字增加或减少一个单笔部件能帮助记忆新字，这种记忆方法以下简称"单笔记"，我们用"好，一般，不好"三个程度来统计。

2. 汉字结构对单笔部件利用的影响：

在统计完单个汉字的习得情况之后，我们利用这些数据进行下面一些总体方面的统计：

（1）总的来说，这四种结构的含单笔部件的汉字，留学生分别是怎么记的。A. 整字记。B. 单笔记。C. 别的方法。

（2）"单笔记"对不同结构的汉字是否都有好处。我们用"好，一般，不好"三个程度来统计。

（3）不同阶段的留学生接受单笔记的程度是否不同。

5.2.2 统计方法：

5.2.2.1 36 个目标字的分类：

首先，分别统计出零起点、初级、中级、高级的留学生对各个单字的习得情况。由于是否利用"单笔记"牵涉到拆出单笔部件后剩下的汉字是否认识的问题，我们推测：如果拆出单笔部件后剩下的字已学过，则留学生倾向于用单笔记；反之，如果拆出单笔部件后剩下的字未学过，则倾向于记忆整字。因此，我们还要在每一种结构内对目标字做分类。

我们把目标字记为"X+1"，拆出单笔部件后剩下的字记为"X"。如果某个目标字中的 X 是同一级别的留学生都学过的，则该目标字归为 A 类，如果某个目标字中的 X 不是同一级别的留学生都学过的，则该目标字归为 B 类。以零起点班的问卷中"旦""户""广"为例：

"日"，每个接受调查的留学生都学过，所以"旦"归为该阶段 A 类字。"尸"每个接受调查的留学生都没有学过，所以"户"归为该阶段 B 类字。"厂"有些接受调查的留学生学过，有些没有，所以"广"也归为该阶段 B 类字。我们根据每个等级调查问卷的具体情况，再做适当的调整。比如"广"在高级班问卷中就归为 A 类字,因为"厂"是每一位接受调查的高级阶段留学生都学过的。

下面,我们仅根据零起点阶段学生调查问卷所体现的情况,把四种结构的汉字做这样的分类:

(1) 相离结构(下面简称"相离")中,属于 A 类字的有"旦、旧、刃、太、犬、主、玉、术",属于 B 类的字有"广、户、乱、买"。

(2) 相接结构(下面简称"相接")中,属于 A 类字的有"天、百、灭、丛、白、丢、禾、自、令",属于 B 类的有"歹、币、产"。

(3) 相交结构(下面简称"相交"),属于 A 类字的有"本、末、申、电、必、斥、丸、啄",没有 B 类字。

(4) 单笔部件包含在常用字中的结构(下面简称"包含"),属于 A 类字的有"叉、凡",属于 B 类的有"鸟乌"(本文中"乌"是目标字,即要求写出记忆方法的汉字)。

以上汉字的分类,我们根据每个等级的调查问卷的具体情况,再做适当的调整。比如零起点和初级阶段,接受调查的留学生有些不认识"乌",因此,"乌"做为 B 类字。但是到了中高级阶段,接受调查的留学生都学过"乌",所以,"乌"就列为该阶段的 A 类汉字。

由于本文的调查目的之一就是留学生是否认为利用熟悉的字增加或减少一个单笔部件能帮助记忆新字,因此,我们的调查对象就是各阶段的 A 类字。另外,因本文调查规模比较小,B 类目标字有限,还不足以对 B 类汉字的各个因素做有大量事实依据的详尽分析,因此本文暂不对 B 类字的习得情况进行统计。

5.2.2.2 具体统计方法:

(1) 单个汉字的习得情况。

"单个汉字的习得情况"我们只统计每个汉字记忆方法的例数,不统计百分比。以零起点留学生为例,A 类字"旦"的统计方法如下:"旦"用"整字记"共 3 人,用"单笔"共 7 人;觉得用"单笔"好的共 7 人,"一般"的共 3 人,"不好"的共 0 人。

（2）总记各阶段的留学生对每一种结构的汉字的习得情况。

此时，用整字记的例数是把某一种结构中每个汉字按整字记的人数累加得出的数据，以零起点阶段相离结构的情况为例：

A 类汉字（旦、旧、刃、太、犬、主、玉、术），用"整字记"共 24 例［即累加这八个汉字用整字记的次数，"旦"3 次，"旧"3 次，"刃"4 次，"太"3 次，"犬"2 次，"主"5 次，"玉"2 次，"术"2 次，一共是 24 次］，用"单笔记"共 56 例，分别占 30% 和 70%［24/80 = 30%，56/80 = 70%。分母"80"是"整字记"和"单笔记"的例数总和］；觉得"利用单笔部件"好记的共 66 例，占 82.5%；"一般"的共 14 例，占 27.5%；"不好"的共 0 例，占 0%。

另外，为了比较留学生本身利用单笔记和觉得单笔记好的数量，我们还计算了一个反差值，即觉得单笔记好的与本身利用单笔记的数量差（前者减去后者）。

5.3 统计结果及讨论

首先，我们分别列出四个等级的单笔部件习得情况的统计结果。由于零起点和初级阶段的情况较类似，而中级和高级阶段的情况也较类似，因此，我们把前两阶段的统计结果合在一起比较，然后再比较后两阶段的统计结果。

5.3.1 各阶段单笔部件习得情况的统计结果：

5.3.1.1 零起点 A 类汉字。

	目标字	整字记	单笔记	觉得利用单笔记好吗？			反差值
				好	一般	不好	
相离 80 例	旦旧刃术 主玉太犬	24 (30%)	56 (70%)	66 (82.5%)	14 (17.5%)	0 (0%)	12.5%
相接 90 例	天灭丛白 百丢禾自令	39 (43.3%)	51 (56.7%)	68 (75.6%)	21 (23%)	1 (1.1%)	18.9%

续表

目标字		整字记	单笔记	觉得利用单笔记好吗?			反差值
				好	一般	不好	
相交 90例	本末串申电 必斥丸啄	33 (36.7%)	57 (63.3%)	76 (84.4%)	14 (15.6%)	0 (0%)	21.1%
包含 20例	叉凡	6 (30%)	14 (70%)	15 (75%)	5 (25%)	0 (0%)	5%
总记 280例		102 (36.4%)	178 (63.6%)	225 (80.4%)	54 (19.3%)	1 (0.3%)	16.8%

5.3.1.2 初级阶段 A 类汉字。

目标字		整字记	单笔记	觉得利用单笔记好吗?			反差值
				好	一般	不好	
相离 90例	旦旧刃术 买主玉太犬	34 (37.8%)	56 (62.2%)	68 (75.6%)	13 (14.4%)	9 (10%)	13.4%
相接 90例	天灭丛白百 丢禾自令	37 (41.1%)	53 (58.9%)	72 (80%)	9 (10%)	9 (10%)	21.1%
相交 90例	本末串申币 斥丸电啄	23 (25.6%)	67 (74.4%)	72 (80%)	9 (10%)	9 (10%)	5.6%
包含 20例	叉凡	6 (30%)	14 (70%)	16 (80%)	2 (10%)	2 (10%)	10%
总记 290例		100 (34.5%)	190 (65.5%)	228 (78.6%)	33 (11.4%)	29 (10%)	13.1%

5.3.1.3 中级阶段 A 类汉字：

	目标字	整字记	单笔记	觉得利用单笔记好吗？			
				好	一般	不好	
相离 90 例	旦旧刃术买主玉太犬	42 (46.7%)	48 (53.3%)	53 (58.9%)	31 (34.4%)	6 (6.7%)	5.6%
相接 100 例	天灭丛白百丢禾自产令	63 (63%)	37 (37%)	52 (52%)	33 (33%)	16 (16%)	13.6%
相交 90 例	本末串申币斥丸电啄	57 (63.3%)	33 (36.7%)	53 (58.9%)	32 (35.6%)	5 (5.5%)	22.2%
包含 30 例	叉凡鸟	14 (46.7%)	16 (53.3%)	20 (66.7%)	8 (26.7%)	2 (6.7%)	13.4%
总记 310 例		176 (56.8%)	134 (43.2%)	178 (57.5%)	104 (33.5%)	29 (9.1%)	13.3%

5.3.1.4 高级阶段 A 类汉字：

	目标字	整字记	单笔记	觉得利用单笔记好吗？			
				好	一般	不好	
相离 100 例	旦旧刃术买主玉太犬广	54 (54%)	46 (46%)	51 (51%)	26 (26%)	23 (23%)	5%
相接 110 例	天灭丛歹白百丢禾自产令	71 (64.5%)	39 (35.5%)	57 (51.8%)	23 (20.9%)	30 (27.3%)	16.3%
相交 90 例	本末串申币斥丸电啄	52 (57.8%)	38 (42.2%)	57 (63.3%)	24 (26.7%)	9 (10%)	21.1%
包含 30 例	叉凡鸟	16 (53.3%)	14 (46.7%)	17 (56.7%)	11 (36.7%)	2 (6.7%)	10%
总记 330 例		193 (58.5%)	137 (41.5%)	182 (55.2%)	84 (25.4%)	64 (19.4%)	13.7%

5.3.2 各阶段单笔部件习得情况的讨论：

5.3.2.1 总体情况。

总的来说，各种结构的汉字，每个阶段的留学生都能接受通过单笔部件的增减的方法来识记。

零起点和初级阶段的留学生自己学习的时候倾向于单笔记，其比例分别高达到65%和65.5%；而整字记忆的比例分别只有35%和34.5%。而且，觉得单笔记好的比例都比他们本身按单笔记的比例高，零起点阶段最为明显，其比例高达80.4%，反差值为16.8%；初级阶段的比例为78.6%，反差值为13.1%。

中高级阶段的情况有较大的差别。这两个阶段的留学生自己学习的时候倾向于整字记，整字记的比例分别是56.8%和58.5%，单笔记的比例分别只有43.2%和41.5%。觉得单笔记好的比例也不太高，分别只有57.5%和55.2%。

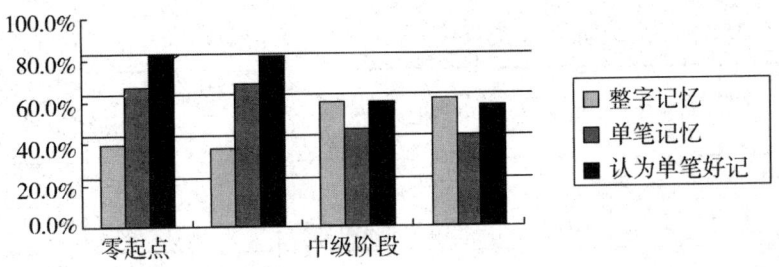

这个统计结果显示接触汉字两个月到半年的留学生，能够对汉字进行一定的分析、比较，可以在一定程度上，利用单笔部件的增减来识记新字。姜丽萍（1998）的调查也表明，留学生学习一个月左右之后逐步进入第二阶段，这一阶段以义形记忆为主。他们试图运用自己已有的知识结构对汉字进行分析、比较和概括，以此记汉字，主要采用"组块"记忆、"联想"记忆等方式；而之前的一个月，也就是学习汉语的第一个阶段，他们主要以音形记忆为主，书写时照葫芦画瓢。

另外，大部分接受调查的零起点和初级阶段的留学生有类似这样的口头说明：老师教的时候如果运用单笔部件，那么他们记忆的时候倾向于单笔记，本篇调查问卷中的一些目标字，他们的老师也这样教，所以他们这样记。而且,如果拆分出单笔后,剩下的是认识的汉字,则更喜欢拆,反之,则不太喜欢拆。这也给我们一个启示,老师的讲解或课文中的单笔部件介绍是非常重要的,将会起到很好的引导作用。

然而,我们的数据也显示,中高级学生则不太倾向于利用单笔部件的增减来识记新字。我们推测,因为根据部件只在低频字中产生效应,而高频字中不产生效应,这些目标字大部分是中高级学生熟悉的,因此,按照他们现阶段的识记该字的方法,则倾向于整字记。而对前两阶段留学生来说,较多的目标字没有学过,或者不太熟悉,是他们"心理字库"中的低频字,因此,他们更倾向于单笔记。

基于以上分析,本文认为,单笔部件教学从汉字学习的开始阶段就可以引入,逐步培养学生观察、比较和概括的能力。

5.3.2.2 汉字结构对单笔部件利用率的影响。

总的来说,不同阶段的留学生自己学习的时候,对不同结构的汉字利用单笔记的比例不同。但是,统计结果却发现了一些规律:一般来说,"相离"和"包含"的单笔部件利用率高,而"相接"和"相交"的单笔利用率低,尤其是"相接",几乎每个阶段的相离结构的汉字,利用单笔记的比例都是最低的。如下表:

单笔部件利用率	零起点	初级	中级	高级
比例高的	相离(70%) 包含(70%)	相交(74.4%)	相离(53.3%) 包含(53.3%)	包含(46.7%) 相离(46%)
比例低的	相接(61.1%)	相接(58.9%)	相接(37%) 相交(36.7%)	相接(35.5%)

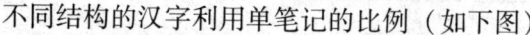

不同结构的汉字利用单笔记的比例(如下图)

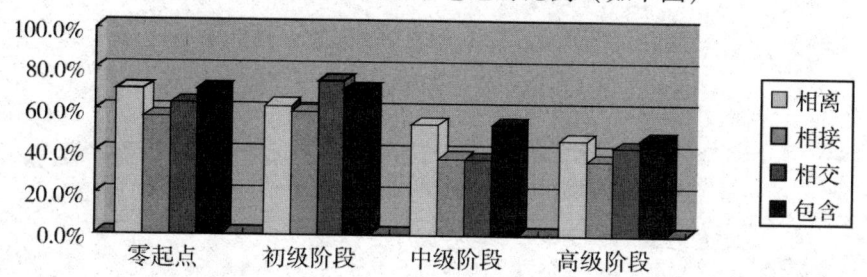

以上数据表明，分割沟对留学生识记汉字也起着较大的作用，因此相离结构的汉字，留学生自己倾向于单笔记。另外，由于独体字的识别存在框架效应，"包含"结构则很好地保存了学生熟悉的汉字的框架，因此，比较能引起学生的注意。我们中国人的学习经验也证明，当遇到框架一样的两个字，我们多看上一眼，把细节加以确认，因此"包含"结构的汉字，留学生自己也倾向于单笔记。而"相接"和"相交"的汉字是传统的独体字，字形具有较强的整体性，因此留学生相对不易看出这两种结构中包含自己熟悉的汉字，所以相对倾向于整字记。

5.3.2.3 不同的结构接受单笔记的程度。

对于是否觉得单笔记对识记汉字有好处，不同阶段的留学生对不同结构的汉字的看法不一样。零起点和初级阶段更能接受单笔记，二者比例分别为 80.4% 和 78.6%，而中高级则一般，二者的比例分别为 57.5% 和 55.2%，与初中级有明显的差别。我们还可以从数据中发现这样一些规律：各个级别的留学生普遍觉得相交结构的汉字利用单笔记更好，特别是初级阶段，而相接结构，相对来说，接受单笔记的比例低。（见下表）

接受单笔的程度	零起点	初级	中级	高级
比例高的	相交（84.4%） 相离（82.5%）	相交（80%） 包含（80%） 相接（80%）	包含（66.7%） 相交（58.9%） 相离（58.9%）	相交（63.3%） 包含（56.7%）
比例低的	包含（75%） 相接（75.6%）	相离（75.6%）	相接（52%）	相离（51%） 相接（51.8%）
总计	（80.4%）	（78.6%）	（57.5%）	（55.2%）

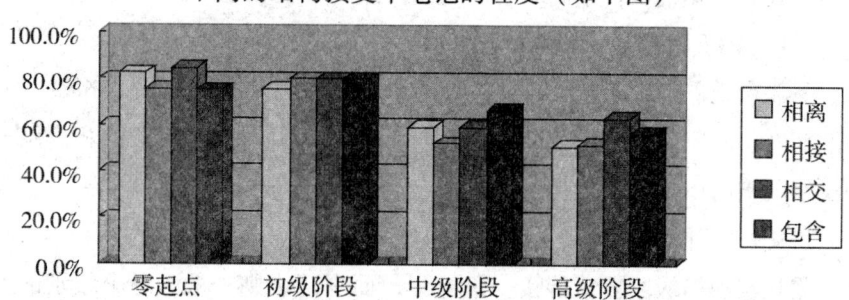

不同的结构接受单笔记的程度（如下图）

单笔部件与高频字相接、相交的汉字，基本上属于传统独体字，这一点本文不做进一步分析。由于独体字的识别存在框架效应，所谓框架结构，就是构成一个字框架的笔画，是除该字的点、钩、提、短的横竖撇捺外的其他笔画。而本文所调查的相接结构的 12 个目标字"天、灭、丛、白、百、丢、禾、自、令"，每个字的单笔部件都是充当框架结构的一个部分，另外，周先庚发现字的上半部分较下半部分更为重要，刘英茂证明字的始笔部位比末笔部位提供更多的信息，（刘鸣 1993）而这 12 个相接结构的目标字有 9 个汉字的单笔部件处于字的始笔部位，同时也处于字的上部，因此，拆分出这些单笔部件对独体字整体的识别有一定的影响，所以本次调查中对于相接结构的汉字，学生接受单笔记的程度相对较低，而且他们本身用单笔记的比例相对较少。而相交结构 9 个汉字"本、末、串、申、电、必、斥、丸、啄"中，"本、斥、丸、啄"这四个字中的单笔部件不充当整字的结构框架成分，而且，除了"末"以外，其余 8 个汉字的单笔部件既不处于字的始笔部位，也不是字的上部，因此，拆分出这些单笔部件对汉字整体的识别影响较小。所以本次调查中对于相交结构的汉字，学生接受单比记的程度相对较高，而且他们本身用单笔记的比例比相接结构多。

5.4 所得到的启示

5.4.1 总的来说，各种结构的汉字，每个阶段的留学生都能接受通过单笔部件的增减的方法来识记。零起点和初级阶段的留学生自己学习的时候相对倾向于单笔记，中高级阶段则相对倾向于整字记。

5.4.2 汉字结构对单笔部件的利用率有较大的影响。

一般来说，"相离"和"包含"的单笔部件利用率高，而"相接"和"相交"的单笔部件利用率低，尤其是"相接"，几乎每个阶段的相离结构的汉字，利用单笔记的比例都是最低的。

5.4.3 不同的结构接受单笔记的程度不同。

零起点和初级阶段更能接受单笔记，而中高级则一般。各个级别的留学生普遍觉得相交结构的汉字利用单笔记更好，特别是初级阶段，而相接结构，相对来说，接受单笔记的比例低。

参考文献

［1］傅永和.汉字结构和构造成分的基础研究［A］.现代汉语用字信息分析［A］.上海：上海教育出版，1993.

［2］范可育.汉字部件分解的原则［A］.语文论丛（C）.上海：上海教育出版社，1990（4）.

［3］费锦昌.现代汉字部件探究［J］.语言文字应用，1996（2）.

［4］苏培成.现代汉字学纲要［M］.北京：北京大学出版社，1994.

［5］苏培成.汉字的部件拆分［J］.语文建设，1997（3）.

［6］苏培成.现代汉字的部件切分［J］.语言文字应用，1995（3）.

［7］吴铮.从识字教学看部件拆分原则［A］.汉字书同文研究（C）.香港：鹭达文化出版公司，2003（4）.

［8］陈爱文，陈朱鹤.汉字天然部件的研究是字形编码设计的基础［A］.语文建设通讯，1986（20）.

［9］晓东.现代汉字独体与合体的再认识［J］.语文建设，1994（8）.

［10］晓东.现代汉字部件分析的规范化［J］.语言文字应用，1995（3）.

［11］王宁.汉字学概要［M］.北京：北京师范大学出版社，2001.

［12］万业馨.文字学视野中的部件教学［J］.语言教学与研究，

2001 (1).

[13] 陈仁凤,陈阿宝. 一千高频度汉字的解析及教学构想 [J]. 语言文字应用, 1998 (1).

[14] 崔永华. 汉字部件和对外汉字教学 [J]. 语言文字应用, 1997 (3).

[15] 王建勤. 欧美学生汉字部件认知效应的实验研究 [A]. 汉语研究与应用 (C). 北京:中国社会科学出版社, 2004 (2).

[16] 姜丽萍. 初级阶段留学生识记汉字的过程. 语文学习, 1998 (2).

[17] 姜丽萍. 基础阶段留学生实记汉字的过程 [J]. 汉语学习, 1998 (2).

[18] 刘鸣. 汉字字形心理研究述评(上)[J]. 心理学动态, 1993.

(原文发表于中国人民大学对外语言文化学院编《汉语研究与应用》第三辑,中国社会科学出版社,2006年6月,有改动。)

形声字教学问题浅说

【提要】形声字在现代汉字中占90%左右,形声字的教学是对外汉字教学的关键。现代汉字中,形声字的理据性已经大大降低,如何充分利用形声字的有效规则而排除无效规则的干扰,从而提高对外汉字的教学效率,是目前摆在我们面前的重要问题。本文从形声字规则的有限性出发,提出汉字的规律不能代替汉字教学的规律,对形声字的教学应该从更科学的角度去认识、试验、研究。

【关键词】形声字 教学 形旁 声旁

对于现代汉字中形声字所占的数量和比例,一直存在不同的统计结果。但有一个结论是可以肯定的,那就是形声字在现代汉字中占绝大多数。因此,对外汉字教学中,形声字的教学就成了汉字教学的瓶颈。最近有很多文章在谈如何利用好形声字的形旁和声旁,来提高认读汉字、书写汉字的效果,笔者完全同意这种做法。然而,我们对汉字的理据性,对形声字形旁的表义度和声旁的表音度,应该有清醒的认识,汉字的规律不能与汉字教学的规律画等号。

应该说,对于形声字的教学我们还缺乏大面积的试验以及相关的统计数字。形声字教学行为也多局限在单个或单组字的处理上,而并非像小学生集中识字教学那样系统。(郝恩美1997)"按照合体字的构字规律教学"固然没有错误,问题在于我们对汉字结构规律的系统性还缺乏足够的认识。汉字教学,除了要考虑汉字本身的结构规律,还要考虑汉字习得者的习得规律、认知规律、认知心理等等。如何利用已知的规律，排除汉字结构的不规则性，或者不使已知规律被不规则性的结构所干扰，就是摆在我们面前的一个重要课题。

1 形旁表义的有限性和形声字教学

形声字的形旁在多大范围内表义，是一个十分复杂的问题。有些所谓统计数字并不能成为形旁表义的根本依据。形旁表义所牵涉到的问题至少有：

1. 形旁表义是笼统粗疏和不确定的。形声字表义是靠整体字形提供的。形旁＋声旁—语素—字义，形旁只起信息提示的作用。比如：

（1）呕、吐、吃、喝、吸、喷、、吹、嚼、啃、喂、唾

（2）嗖、哗、啦、叭、哞、哎

（3）咳、嗽、咏、唱、叹、嘟、哝、吆、唬、咆、哮、吼、吵、喧、哗、啼、喊、叫、呼、唤、哼、鸣、咽、哇、哄、吩、咐、唠、叨、啰、唣、问、召、吁

（4）咖、啡、啤、咖、喱、哔

（5）吗、呀、啊、啦、呢、喔、哟

虽然我们大致知道有的是口的动作，有的是象声词，有的是口发出的声音，有的是翻译用字，有的是感叹用字，但对于汉字教学来说，如果再加上含"口"部件的字，像"误、吴、克、如、石、兄"等等，如何让留学生分辨并根据字形记忆这些汉字而不至于混淆，不至于见到具体字的时候张冠李戴，或者不造成记忆负担，就需要进一步研究。

2. 形旁与字义有联系的是一部分字，并不是所有的字。关于形旁表义度的分析数据也有不少种，李燕（1992）等的统计得出形声字形符的表义度为43.79%，需要注意这是对7000通用字中的5631个形声字的研究结果，其形旁知识来自有汉语母语背景的人。即使这样形旁对字义提示作用的效率也只有40%多一点。如："马"字旁的字，按说都与马有关，可

"驳、驸、骄、驻、验、骗、骚、骤"等字，从现代汉字角度来说，其形旁在常用义上的表义度几乎是零。而另外一些字"驾、驶、驭、驰、驯"等虽然可看作和"马"的行为有关，但与"马"的直接联系意义也是应该打折扣的。三点水旁的字也是这样，有些字至少从常用义上失去了与水的联系。如"沙、漠、法、没、活、消、渐、淡、浓、滞、温、渣、演"。当然有些字可以从俗文字学的角度去解释，说"活"从水的原因是，动物和植物都离不开水；说"法"从水的原因是"去掉水就没法活"。学生会自然联想到，那"涞"一定是生存的意思了。且不说汉字结构不是严格的科学体系，单就这种解释方法来说，不仅容易产生流弊，同时也具有很大的随意性。

3. 之所以有较高的形旁表义率的统计，是因为冷僻字中形旁表义的居多。我们统计了3500个常用汉字中的形声字，同时又统计了7000个通用汉字中的形声字，发现两者相差竟有近20个百分点。而在最常用两千个高频字中，形声字的形旁表义率只有15.3%。这点从汉字字书的演变统计也可略见一斑。《说文解字》中，竹字头的字，有161个，其表义度为84%；《辞海》(1979)共288个，其表义度为40%；《新华字典》156个，表义度为33%。

4. 有些字形旁的有无并不影响表义度。语言是靠声音辨义的，许多联绵字和地名用字，在造字时没有形旁，或者在使用中脱落了形旁。如：

喽罗——喽啰　　婉转——宛转　　鲨鱼——沙鱼
老爷——姥爷　　鸧鹒——仓鹒　　罗嗦——罗索

这些异形词现在都有了规范写法，但形旁的作用以及表义度的高低还有待进一步研究。

5. 同一个字因为形旁不同而出现义形并存的现象，造成了形旁表义的复杂性。如：

缥缈——飘渺　　蹁跹——翩跹

6. 测查形旁表义的科学性远比测查声旁表音要复杂。首先我们所依据的调查对象是有母语背景的中国人。这些调查对象语文程度的高低，又直接影响着调查结果。因此，样本选定就存在着极复杂的问题。其次其表义值的确定也应当有所依据。是完全表义，还是部分表义；是种属关系，还是提示意义等等。再次，义的确定也有不同标准。是根据常用义还是本义，是与一个义项相联系就算表义，还是几个义项同时考虑，诸多问题不一而足。而留学生的汉字教学是另外一种情况，他们没有汉语和汉语言的知识背景，也没有任何感性的汉字知识。他们对汉字的所有感觉均是一点一滴习得的结果。对于规律性的东西，他们是可以把握的，但对于不规律性的规则就比较困难了。留学生习得汉字的规律，远远不是汉字规律可以解决的，形声字的教学也是这样。下面是从留学生的听写和书写中发现的问题：

谦虚——兼虚　　难——佳　　抵达——氏大

保证——呆正　　温度——昷度　　保障——保章

佩服——凧服

出现这种脱落形旁的原因，不能简单地认为是受到已有记忆的影响，或者是受到其他字形尤其是含旁字的影响，如：把"抵"写成"氏"，是受了"低、底"的影响。从认知心理学的角度考察，主体对多项客体的联想反映和记忆程度主要决定于形差度，形差度越小，对记忆的干扰就大。因此，相对于提手旁、三点水、单人旁等统字过多的偏旁来说，"兼、呆、氏"等更容易区分记忆。我们可以讲"纸"在古代与丝有关，所以是绞丝旁，但学生在书写时，首先来自他对字形形状的记忆，而不是首先想到它的意义。况且很多字的形旁与意义的联系并不直接和明显。由此我们怀疑所谓联想记忆法的效果有多大。笔者对100名留学生就"口"字的笔顺做过调查，按照规范书写的只有24%，其他写法五花八门。就"目"字来说，西方学生经常采取画字的方法。一个大 O 再套上一个小 o。这显然是受了联想记忆的影响，没有把字形的记忆和笔画的记忆结合起来，汉字书写的记忆最终要落实到笔画和笔顺上。

2　声旁表音的局限性和形声字教学

汉字有多少形声字的声旁可以真正表音？即有多少形声字的声旁读音和整字的读音完全一致？周有光先生（1978）统计的结果是：现代汉字声

旁的有效表音率是 39%。周先生的数据统计中是以"含旁字"所指，其含义比声旁要宽泛一些。李燕等（1992）对 7000 个通用字中的形声字的统计结果为，声韵完全相同的 2285 字，占形声结构的比例是 40.54%，而事实上，越是生僻字的表音率越高，我们对常用字 3500 个统计的结果是 32%。高家莺对倪海曙编著的《现代汉字形声字字汇》所收 5990 个正字进行统计，其中一音声旁所组成的形声字中，字音与声旁读音完全相同的 1578 个，占形声字总数的 26.3%。之所以出现这样的差距，原因在于所选材料及对材料的限制各有不同。不过，据笔者的统计结果，30% 左右的表音率应该说接近汉字的事实。那么我们是把重点放在少数有规律的形声字上呢？还是想法解决那些规律性不强的部分，以便加强对汉字的认识呢？答案显然是后者。

形声字的声旁表音至少存在以下问题：

1. 有些形声字在造字之初，就是省声的。这部分字的表音率是受到很大限制的。如：

疫，从役省。

截，从雀声。

2. 声旁的表调功能是非常微弱的。也就是说，造字的时候没有考虑声旁的调类。因此，很多声旁字是各调皆有的。比如从"分"作声旁的字，"芬、粉、粉、份"四声都有。留学生认读汉字，不仅要掌握正确的声母、韵母，而且要掌握标准的声调。上述情况对学习和记忆不仅没有帮助，反而干扰学习和记忆的效果。

3. 偏僻声旁。有些声旁不是常用字，对于这类字的教学恐怕不能先去识读声旁，再去识读字音。现代汉字的 200 多个所谓能准确表音的声旁（或同音声旁）中，大约有 60 多个冷僻字和非常用字。如：

匝——砸、咂   冉——苒   氐——低、抵、底、邸

敫——缴、激   牟——哞、眸   蚩——嗤

这类声旁有的比它所组成的形声字还要冷僻，如"砸"人们常常见到，而它的声旁"匝"却很少见到。"激"是个常用字，可是当姓氏用的"敫"却极少见到。遇到这类现象，恐怕就不能先识声旁再去推知字音，

而是先去学习整体形声字,再去利用声旁,去学习其他字形。或者利用已学过的字去记忆未学过的整字。这是所谓的"声旁",其作用也就几乎不存在了。比如"激"和"缴"两字的读音差别很大,没有必要再去解释"敫"作为声旁对读音的整体作用了。

4. 有些字的音形不是单一的。现在汉字作声旁的字,有 120 多个是多音的声旁所构成的形声字。由这类声旁构成的形声字,有的不同于声旁的多音,有的又可能同于声旁的多音。

辟 { ①pì:僻 譬
     ②bì:壁 避 壁 臂(又音 bei)

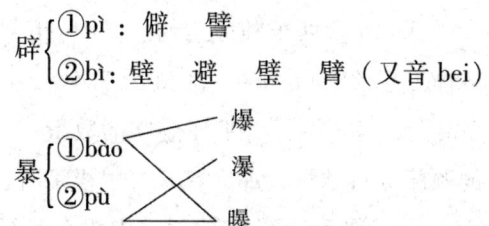

"暴"是一个多读声旁,而由它构成的同声旁的字却不能类推多读。或者间或可以类推多读,那么声旁的多音之间,在表音上的作用只能是相互干扰,相互抵消。其结果增加了干扰,增加了误读率,削弱了表音率。此外,多音声旁和它构成的形声字之间,有的还有可能有异音关系。如:

辟 { ①pì:僻 譬
     ②bì:壁 臂(又音 bei)

{ ①pī:劈
  ②pǐ:癖 擗 劈 }

在这种"同""异"交错重叠的复杂关系面前,利用声旁去记忆汉字的作用究竟还有多大,是可想而知的。

3 利用声旁进行汉字教学的建议

看待声旁表音的问题应该有客观的态度,既要承认声旁准确表音率低(声旁与形声字声韵调完全相同的规则字只占少数),也要相信声旁在提示字音上具有不可取代的作用。要想利用声旁的表音功能必须处理好它和整字的关系，认清声旁干扰表音率的原因。影响表音度的因素是多方面的，从静态分析有声符在形声字中处于什么位置，声符是否能独立成字，声符成字时的读音是否固定，形声字本身是否多音等几个因素。在以下的几个建议里主要涉及成字声旁的使用、形声字和声旁的关系两个内容。

1. 关于成字声旁的使用——声旁部件教学。

在《汉语水平词汇与汉字等级大纲》的全部四级 1920 个形声字中声旁成字的比例为 80%（冯丽萍 1998），在这些单独成字的声旁中，甲级声旁所占比例为 33%，乙级为 16.5%，丙级为 8.4%，丁级为 7.4%，声旁成字比例呈递减趋势，而且降幅很大，这说明声旁低于整字的数量一定会呈递增趋势。如果按《大纲》的顺序进行教学，那么在学习甲级字时，至少有 66% 的形声字声旁是未学过的，乙级有 50% 未学过，丙级有 42% 未学过，到了丁级只有 35% 的声旁没学过了，丁级字在教学上有很大优势。我们认为可以利用好甲级声旁到丁级声旁的过渡阶段，采用一种类似部件教学的方法，对成字声旁既要从独立汉字的角度给予关注，又要突出它们作为表音部件的功能。在规则字较少的甲级字教学初期，引导学生认识现代汉字的全貌，随着学习程度的提高，自身规律性的加强，学生可以自然地领会到声旁提示语音的作用，在学习甲级字时必须着重强调占 33% 的声旁字，引导学生进行收集、整理，在学习其他级别的汉字时要求他们对已学声旁进行合理的应用，加快学习的进度和规律性。

2. 利用形声字和声旁的关系——声旁归纳法。

部件教学中，声符的利用不如意符那样方便，主要原因在于声旁的出现有时会滞后于从它得出的形声字，使教材的编排遇到了障碍。下面我们举万业馨（2000）列举的一组字，了解一下声旁和所属形声字在《大纲》中出现的先后次序：

〈第一组〉同级（18%）：长（甲级声旁）——张（甲级形声字）；
　　　　　　　　　　　　仓（丙级声旁）——苍（丙级形声字）

〈第二组〉声旁高于形声字（41%）：长（甲级声旁）——帐（丙级形声字）；

仓（丙级声旁）——疮（丁级形声字）

〈第三组〉声旁低于形声字（41%）：仓（丙级声旁）——创、抢、枪（乙级形声字）

至于能否实施，要看它是否符合教学安排的基本原则，即由易到难，由常用到次常用。从上面的例子来看，前两组都是适合利用声旁引导形声字认知的，第三组中41%的声旁不如所属形声字常用，在教材中出现的也比较晚，对于这部分声旁我们考虑采用归纳法来处理：把同一声旁的形声字归为一组，并标以读音，如根、跟 gen55，很、狠 hen214。万文中还涉及了一个例子，即分析学生在听写时的错误（括号内是正确写法），发现这似乎可以说明先学整字并不影响声旁的提取：

方（放），其（期），者（都），氏（低）哪（那），讽（风），放（方）

此外还要遵从两个原则：（1）除了完全同音者外，不做读音上的类似推导，否则会产生混乱。（2）通过"熟悉字带不熟悉字"或者"高频字带低频字"，促使学生逐步认识形声字的结构特点，学会自己归纳形声字，利用声符去学习和掌握字音，促进汉字学习。我们所要做的是引导学生注意声旁所处的位置，比较它与形声字的读音异同，启发他们以类推、对比等各种联想方法认读与记忆。综合这几点，我们认为在利用声旁进行汉字教学时，可以考虑使用先教整字然后利用分析归纳的方法。

对外汉字教学中还有许多值得探讨的东西，形声字的认读也还需要做大量的工作。但是，我们需要明白一些教学理念和教学原则，其中一条重要的原则就是不能以汉字的规律去代替汉字的认知规律。

4 对外汉语常用形声字表

既然形旁和声旁有如此复杂的表意表音的关系，我们的任务就是要尽可能多地利用其有利的一面，避免过多的干扰性因素掺杂进来。形声字的形旁表义度小，表义大多只是表示出与汉字意义的范围、种属、材料等的关系。所以在对外汉语教学中，应把形声字形旁的功用主要放在其字形上，而非其所代表的意义上。对形声字的声旁来说，既然预设目标是要让它对提示汉字读音起到指导作用，所以建议把重点放在声韵全同（调可不同）的形声字上。因为留学生初学汉语时，对汉语的四声很陌生，汉语的四声也是他们学习的难点。因此，首先让它们准确掌握的是声和韵，至于声调可在适时语境或词汇中慢慢对比、区分、掌握。

在形声字范围选择上，只把汉语当作语言工具的留学生没必要把字源上的形声字（如年、春）也作为形声字来学习，这样会增加形声字系统的不规律性，反而影响学习兴趣。对他们来说重要的是看到形声字能一目了然，能容易地分辨出声旁和形旁，因此对那些在造字之初就省声的形声字也不算在内，如"疫、截"等。

从留学生学习的认知心理上讲，如果我们能提供一个较准确表音的形声字表，能使其轻松认读乃至背记，则是一件很有意义的事。在纷繁复杂的形声字表义表音规律中找出一些明晰准确的规则来列表量化，从精确的入手，学到一定程度自然会有触类旁通的效果。所以，对外汉语教学用形声字应该体现以下几个特点：

1. 针对留学生学习汉语的一般目的即听说读写，以现代汉语常用字表为基本材料选出对外汉语教学用形声字。施正宇统计在3500常用字中形声字2522个，占72%，虽本文设计的统计方法与其不一致，但可以肯定地说，形声字仍占很大部分，对常用字的掌握具有普遍意义。

2. 为突出声旁的标音作用，选择同声同韵字。这样可以使声旁与形声字字音关系对应化。一个声旁对应它同声同韵的形声字，使多音声旁也得到分化，条理更清晰，排除了同声异韵或同韵异声等情况。如《现代汉字形声字字汇》中"［卬］ang"下有"［ang］昂""［yang］仰""［ying］迎"几项，据此标准，只选"［ang］昂"。又如"［巴］ba"下有"［ba］把、吧、爸、靶、笆"和"［pa］爬、耙"两项，我们只选［ba］一项。这样对母语中不区分［p］、［ph］的留学生来说起到明示的作用，更强调声母的区分。再如"［别］bie"下列有"［ba］捌"项，按本文标准，则"捌"不算在对外汉语教学形声字内。

3. 冷僻声旁可通过字形和与其同声同韵的形声字列在一起，不必刻意先去学冷僻声旁再认识形声字，可以先识记表中常用的形声字，提取声旁掌握其字形，以便在其他字中通过字形的相同推出两个字音相近，如异声同韵、同声异韵等。例如"卂"（xun），可通过常用的"讯"知道与其列在一起的形声字的读音，如"汛""迅"等。

4. 不成字声旁与冷僻声旁一样，也是先通过一个包含它的常用形声字记住其音节，再用其字形去判断其他包含它的形声字的字音。不成字声旁据项菊在《3500常用汉字中声旁的表音功能》一文中统计共有458个，占1003个声旁的46%。所以数量如此之多的不成字声旁没必要花大工夫背记，可以先通过包含它们的形声字产生印象、记背，再指导读音。如"爿"，包含有它的形声字有"奖""酱""桨""浆"等。

5. 如果声旁是多音字，且几个音都有多个形声字，则几个音都列，如"辟"下列有［bi］和［pi］两个音，例字有"壁""避""臂"和"霹""譬""劈""僻"等。如果多音声旁有一个音不常用，与其同音的形声字又很少，则不单列此音，如"查"的［zha］音不常用，就不单列了，"渣"不列为形声字。

6. 声旁字本身不是常用字，在3500个常用字中又只有一个形声字的，一般不列，如"氾"和"范"、"卬"和"昂"、"夘"和"铆"、"乗"和"剩"等。

7. 字表中同声同韵的形声字可再细化，区分出声调相同的列在一起。

8. 形声字的判定方法很简单，即在倪海曙编写的《现代汉字形声字字汇》中挑出3500个常用字的形声字，再根据同声同韵的原则，选出声旁与相应的形声字。李燕、康加深确定形声字的方法是根据传统字书等判断出形声结构，而后再根据形符表义度和声符表音度来共同判定出他们所要求的形声字。本文判定对外汉语教学用形声字的方法则省去表义度一项，只根据客观上能准确判断语音和字形来确定。有的字按传统划分不是形声字，按本文标准可划为形声字，如"比"，声旁是"匕"。有的字中只要包括可拆分的独立同音部件，就划为形声字，如"葱"包含有"匆"，"柒"中有"七"。

9. 对外汉语教学用形声字各个指标都符合传统形声字的定义，也符合各家划分的形声字，所以从一定意义上讲，对外汉语教学用形声字是一般划分的形声字的核心部分。如果要继续拓展对形声字的知识，还可直接利用其他已有的形声字汇进行深入学习。

10. 有的改念字音，因为声旁本身是冷僻字，人们通常不知其读音，而且它构成的很多形声字读音很统一，为了系统的规律性，将声旁改音，用它提示另外一个读音。如"艮"也列为［hen］。

11. 因为形声字声旁力求一目了然，所以未收《字汇》中声旁"尚"的形声字"赏""裳"。声旁"示"字旁的形声字"视"也没收入。

对外汉语教学用形声字表的设计是为了使已有的形声字的有效规则得到更好利用，我们辨析确认出其中的核心部分加以量化、精确化，使留学生在记忆时可以减轻声旁与形声字读音相关又交错的"混乱"情况，放心背记。而后由此确定的背记部分再推演至其他有效规则，如可利用形旁表义、声旁表义、两用偏旁等形声字规律去辅助学习、掌握。由精到泛，精是基础，泛是目的，这是设计此表的目的。

参考文献

［1］万业馨. 略论形声字声旁与汉字教学［J］. 世界汉语教学, 2000（1）.

［2］郝恩美. 现代汉字的教学方法［A］. 汉字与汉字教学研究论文选［C］. 北京：北京大学出版社, 1997.

［3］李燕, 康加深, 魏励, 张书岩. 现代汉语形声字研究［J］. 语言文字应用, 1992（1）.

［4］周有光. 现代汉字中声旁的表音功能问题［J］. 中国语文, 1978（3）.

［5］李燕, 康加深. 现代汉语形声字声符研究［A］. 现代汉语用字信息分析［C］. 上海：上海教育出版社, 1993.

［6］高家莺, 范可育, 费锦昌. 现代汉字学［M］. 高等教育出版社, 1993.

［7］冯丽萍．对外汉语教学用2905汉字的语音状况分析［J］．北京师范大学学报（社会科学版），1998（6）．

［8］吕必松．汉字与汉字教学研究论文选［C］．北京：北京大学出版社，1999年．

［9］陈阿宝．汉字现状与汉字教学［A］．第一届国际汉语教讨论会论文集［C］．北京：北京语言学院出版社，1986．

［10］杨夷平，易洪川．浅析识字教学的对内对外差别［J］．世界汉语教学，1998（2）．

［11］万业馨．汉字字符分工与汉字部件教学［J］．语言教学与研究，1999（4）．

［12］王玉新．汉字认知学［M］．济南：山东大学出版社，2000．

［13］江新．外国学生形声字表音线索意识的实验研究［J］．世界汉语教学，2001（2）．

（原文的一部分曾以《汉字的重点和难点》为题，发表于《语言研究》2001年增刊。此次收录有改动，字表由种一凡提供。）

附：对外汉语教学形声字字表初拟

[a]（阿）啊
[ai]（矣）埃唉挨
[an]（安）氨鞍按案
[ao]（敖）熬傲
[ba]（八）扒叭
[bai]（白）百
[ban]（般）搬
[bao]（包）胞苞抱饱雹
[bao]（暴）爆
[bei]（卑）碑
[bei]（贝）狈
[bei]（备）惫
[ben]（本）笨
[bi]（比）毕
[bi]（畀）鼻痹
[bi]（敝）弊蔽
[bian]（便）鞭
[bing]（兵）
[bing]（并）饼
[bo]（勃）渤
[bo]（波）菠
[bu]（布）怖
[cai]（采）彩睬踩菜
[cang]（仓）苍沧舱
[cha]（叉）杈衩

[ai]（艾）哎
[ai]（爱）
[ao]（奥）澳懊
[ba]（巴）疤芭把靶爸笆吧
[ban]（半）拌伴绊
[bang]（邦）梆绑帮
[bao]（保）褒堡
[bei]（北）背
[bei]（倍）
[beng]（崩）蹦
[bi]（匕）比秕庇毙蓖
[bi]（辟）壁避
[bian]（扁）蝙匾编遍區
[bin]（宾）滨缤鬓
[bing]（丙）柄病
[bo]（孛）脖勃
[bu]（卜）补
[cai]（才）材财
[can]（参）惨
[cao]（曹）槽
[cha]（查）碴

［chan］（产）铲　　　　　　　［chan］（ ）搀馋

［chang］（长）　　　　　　　［chang］（尝）偿

［chang］（昌）猖倡唱　　　　［chao］（朝）嘲潮

［chen］（辰）晨　　　　　　　［cheng］（登）橙

［cheng］（呈）程逞　　　　　［cheng］（成）诚城

［chi］（虫）螭　　　　　　　［chi］（尺）

［chu］（豕）　　　　　　　　［chu］（出）础

［chu］（刍）雏　　　　　　　［chu］（厨）橱

［chui］（垂）捶锤　　　　　　［chun］（春）椿蠢

［ci］（此）雌　　　　　　　　［ci］（次）瓷

［cong］（匆）　　　　　　　　［cong］（从）丛

［cui］（崔）催摧　　　　　　［cun］（寸）村

［da］（大）达　　　　　　　　［dai］（代）贷袋

［dan］（旦）但担胆　　　　　［dan］（单）掸

［dang］（当）挡档铛裆　　　［dao］（刀）叨

［dao］（到）倒　　　　　　　［dao］（岛）捣

［deng］（登）蹬凳瞪　　　　［di］（氐）抵低底

［di］（帝）缔蒂　　　　　　［di］（弟）递

［di］（商）嘀滴嫡　　　　　［dian］（店）掂惦

［dian］（典）碘

［die］（枼）谍碟

［ding］（丁）订叮钉盯顶　　［ding］（定）锭

［dong］（东）栋冻　　　　　［dong］（董）懂

［dong］（董）　　　　　　　［dou］（斗）抖蚪

［dou］（豆）逗痘　　　　　　［du］（度）渡镀

［duan］（段）段锻　　　　　［duo］（多）哆

［duo］（朵）垛躲跺

［dun］（敦）墩　　　　　　　［dun］（屯）囤

［e］（咢）愕鳄　　　　　　　［e］（厄）扼

［diao］（刁）叼

[er]（耳）饵
[fa]（伐）阀筏　　　　　　[fan]（凡）帆矾
[fan]（反）返贩饭　　　　　[fan]（番）翻
[fang]（方）芳防房访坊仿纺妨放肪
[fei]（非）啡菲匪诽　　　　[fen]（分）芬份吩粉氛忿
[feng]（夆）峰锋蜂逢缝　　　[feng]（逢）
[feng]（奉）　　　　　　　　[feng]（风）讽枫疯
[fu]（父）斧　　　　　　　　[fu]（夫）扶肤芙
[fu]（孚）浮俘孵　　　　　　[fu]（付）符府附咐
[fu]（府）俯腐
[fu]（伏）袱　　　　　　　　[fu]（甫）辅
[fu]（尃）傅缚　　　　　　　[fu]（畐）福辐蝠富
[fu]（复）腹覆　　　　　　　[fu]（弗）佛拂
[gai]（丐）钙　　　　　　　　[gan]（干）杆肝秆赶竿
[gan]（甘）柑　　　　　　　　[gan]（敢）橄
[gang]（冈）刚岗纲钢　　　　[gao]（高）篙搞稿镐
[gao]（羔）糕　　　　　　　　[ge]（各）胳阁格
[ge]（阁）搁　　　　　　　　[ge]（哥）
[gen]（艮）　　　　　　　　　[geng]（更）埂梗
[gong]（共）供恭拱　　　　　[gong]（工）功巩贡攻汞
[gong]（公）蚣
[gong]（弓）躬　　　　　　　[gou]（勾）构钩沟购
[gu]（古）姑固故咕沽辜　　　[gu]（姑）菇
[gua]（卦）褂
[guan]（官）棺馆管　　　　　[guan]（雚）灌罐
[guan]（贯）惯　　　　　　　[gui]（圭）闺硅桂
[gui]（鬼）瑰
[guo]（国）　　　　　　　　　[guo]（果）裹
[hai]（亥）　　　　　　　　　[han]（函）涵

262

［han］（旱）悍捍焊　　　　　［hao］（豪）嚎壕
［he］（合）盒　　　　　　　　［he］（禾）和
［he］（何）荷　　　　　　　　［hei］（黑）嘿
［hen］（艮）很根狠　　　　　［heng］（亨）哼
［hou］（侯）喉猴　　　　　　［hu］（胡）湖葫糊蝴
［hu］（虎）唬　　　　　　　　［hu］（乎）呼
［hu］（户）护沪
［hua］（化）花华　　　　　　［hua］（华）哗桦
［huan］（奂）唤换涣焕痪　　 ［huang］（黄）磺
［huang］（荒）慌谎　　　　　［huang］（皇）凰惶煌蝗
［huang］（晃）幌
［hui］（会）绘　　　　　　　　［hui］（回）茴蛔
［hui］（灰）恢
［hun］（昏）婚　　　　　　　　［huo］（火）伙
［huo］（或）惑

［ji］（己）记纪忌　　　　　　［ji］（及）圾级极
［ji］（几）饥机肌讥叽　　　　［ji］（疾）嫉
［ji］（即）唧鲫　　　　　　　 ［jia］（甲）钾
［jia］（夹）荚颊　　　　　　　［jia］（加）枷驾架
［jia］（家）嫁稼　　　　　　　［jian］（见）舰
［jian］（间）简涧　　　　　　［jian］（贱）溅
［jian］（建）健键　　　　　　［jiang］（㸒）将奖浆桨酱
［jiang］（将）蒋
［jiao］（交）郊饺绞狡较校胶
［jiao］（焦）蕉礁　　　　　　［jiao］（觉）搅
［jie］（介）阶芥界　　　　　　［jie］（疌）捷
［jie］（戒）诫
［jin］（斤）近　　　　　　　　［jin］（禁）襟
［jing］（圣）茎径经颈　　　　［jing］（井）阱

263

［jing］（京）惊鲸景　　［jing］（竟）境镜
［jing］（敬）警　　　　［jiu］（九）究鸠
［jiu］（久）灸玖疚　　［ju］（巨）拒距矩炬
［ju］（句）拘驹　　　　［ju］（居）剧据锯
［ju］（具）俱惧　　　　［juan］（卷）倦
k ［jun］（夋）俊峻骏竣
［kang］（亢）抗炕　　　［kang］（康）慷糠
［kao］（考）拷烤铐　　［ke］（可）坷苛
［ke］（科）蝌　　　　　［ken］（肯）啃
［kong］（空）控　　　　［kou］（口）扣
［ku］（库）裤　　　　　［kua］（夸）垮挎胯跨
［kuai］（快）筷　　　　［kuang］（匡）筐框眶
［kun］（困）捆　　　　　［la］（拉）啦
［lai］（来）莱　　　　　［lai］（赖）癞
［lan］（兰）拦烂栏　　　［lan］（览）揽缆榄
［lang］（郎）廊榔
［lao］（老）姥　　　　　［lao］（劳）捞唠涝
［lei］（雷）蕾擂　　　　［leng］（罗）楞
［li］（力）历励　　　　 ［li］（历）沥雳
［li］（立）粒　　　　　 ［li］（里）厘狸哩理鲤
［li］（利）梨莉犁俐痢　 ［li］（离）漓璃篱
［lian］（连）莲链　　　 ［liang］（两）辆
［liang］（良）粮　　　　［liao］（了）辽疗
［liao］（寮）潦僚嘹撩缭燎镣瞭
［lie］（列）咧烈裂
［lin］（林）淋琳　　　　［lin］（粦）磷鳞
［ling］（令）领铃伶岭玲翎蛉零龄
［ling］（夌）凌陵菱
［liu］（留）溜馏榴瘤　　［liu］（㐬）琉硫

[long]（龙）咙胧笼聋垄拢　　[long]（隆）窿

[lou]（娄）楼搂篓　　　　　[lu]（录）碌

[lu]（路）露　　　　　　　 [lu]（卢）颅

[lv]（吕）侣铝　　　　　　 [lv]（虑）滤

[lun]（仑）轮论抡伦沦　　　[luo]（洛）落

[luo]（罗）啰逻萝锣箩　　　[ma]（马）吗妈码蚂骂玛

[mai]（买）卖　　　　　　　[man]（曼）幔慢漫蔓

[mang]（芒）　　　　　　　 [mao]（矛）茅

[mao]（冒）帽　　　　　　　[mei]（每）梅霉

[mei]（眉）楣媚

[men]（门）们　　　　　　　[meng]（蒙）朦檬

[meng]（孟）猛锰　　　　　 [mi]（米）咪迷眯

[mi]（迷）谜　　　　　　　 [mian]（免）娩冕

[mian]（面）缅

[miao]（苗）描瞄　　　　　 [min]（闵）悯

[ming]（冥）螟　　　　　　 [ming]（名）铭

[mo]（末）抹沫茉

[mo]（莫）摸馍摹膜寞漠　　 [mo]（磨）蘑

[mou]（某）谋　　　　　　　[mu]（木）沐

[mu]（母）姆拇

[na]（那）哪娜　　　　　　 [nai]（乃）奶

[nao]（囟）恼脑　　　　　　[ni]（尼）泥（呢）昵

[nian]（念）捻　　　　　　 [nie]（聂）镊

[ning]（宁）拧狞柠泞　　　 [nong]（农）浓脓

[nu]（奴）努怒　　　　　　 [ou]（耦）藕

[pang]（旁）螃　　　　　　 [peng]（朋）棚硼鹏

[peng]（彭）澎膨

[pi]（皮）披疲

[pi]（丕）坯　　　　　　　 [pi]（辟）劈霹僻譬

265

[piao]（票）漂飘瓢
[ping]（平）评苹萍坪　　　　[pu]（普）谱
[pu]（浦）蒲
[qi]（七）柒　　　　　　　　[qi]（气）汽
[qi]（齐）脐　　　　　　　　[qi]（奇）崎骑
[qi]（其）期欺棋旗　　　　　[qi]（戚）嘁
[qian]（千）迁纤　　　　　　[qian]（遣）谴
[qian]（欠）歉
[qiao]（乔）侨荞桥　　　　　[qiao]（巧）窍
[qie]（切）窃　　　　　　　　[qin]（禽）擒
[qing]（青）清蜻情晴请　　　[qing]（顷）倾
[qiu]（求）球　　　　　　　　[qiu]（丘）蚯
[qu]（区）驱岖躯　　　　　　[qu]（取）娶趣
[quan]（全）痊
[rang]（襄）瓤嚷壤攘
[ren]（刃）忍纫韧
[ren]（人）认　　　　　　　　[ren]（壬）任
[rong]（容）溶蓉榕熔　　　　[rou]（柔）揉蹂
[ru]（辱）褥
[sang]（桑）嗓　　　　　　　[shan]（善）膳
[shao]（勺）芍
[shen]（申）伸呻绅神审婶　　[shen]（参）渗
[sheng]（生）牲胜笙甥
[shi]（式）试拭　　　　　　　[shi]（市）柿
[shi]（史）驶　　　　　　　　[shi]（师）狮
[shou]（受）授　　　　　　　[shu]（术）秫述
[shu]（叔）淑　　　　　　　　[shu]（疏）蔬
[shu]（孰）熟　　　　　　　　[shuai]（率）蟀
[shu]（署）薯曙　　　　　　　[shun]（舜）瞬

[si]（司）饲　　　　　　　　[si]（斯）嘶 撕
[sou]（叟）搜 艘　　　　　　[sui]（遂）隧
[suo]（夋）梭　　　　　　　　[suo]（索）嗦
[tai]（台）胎 抬 苔
[tai]（太）汰 态　　　　　　[tan]（炭）碳
[tan]（覃）谭 潭　　　　　　[tang]（唐）塘 搪 糖
[tang]（堂）膛　　　　　　　[tang]（汤）烫
[tao]（匋）掏 陶 淘 萄　　　[teng]（滕）藤
[tian]（忝）　　　　　　　　[ting]（廷）庭 蜓 挺 艇
[ting]（亭）停　　　　　　　[tong]（同）桐 铜 筒
[tong]（童）瞳
[tu]（土）吐　　　　　　　　[tui]（退）腿 褪
[tun]（屯）　　　　　　　　　[wan]（宛）豌 婉 惋 碗 腕
[wan]（弯）湾
[wang]（王）汪 旺 望 柱　　 [wang]（亡）妄 忘
[wei]（未）味　　　　　　　　[wei]（韦）伟 违 围 苇
[wei]（为）伪　　　　　　　　[wei]（微）薇
[wei]（危）桅　　　　　　　　[wei]（魏）巍
[wei]（畏）偎 喂　　　　　　[wei]（胃）谓 猬
[wei]（委）萎 魏　　　　　　[wei]（尉）蔚 慰
[wen]（文）纹 蚊 紊　　　　 [weng]（翁）嗡
[wo]（呙）涡 窝 蜗
[wu]（五）伍
[wu]（吾）梧 捂 悟 晤　　　[wu]（吴）蜈 误
[wu]（勿）物　　　　　　　　[wu]（务）雾
[wu]（乌）呜 坞　　　　　　 [wu]（巫）诬
[wu]（武）鹉　　　　　　　　[wu]（无）芜
[xi]（希）稀　　　　　　　　[xi]（奚）
[xi]（西）牺　　　　　　　　[xi]（昔）惜

[xi]（析）晰　　　　　　[xi]（息）熄媳
[xi]（喜）嬉　　　　　　[xi]（悉）蟋
[xia]（下）吓　　　　　　[xian]（臽）陷馅
[xian]（先）铣宪
[xiang]（向）响　　　　　[xiang]（象）像橡
[xiang]（相）厢湘箱想　　[xiao]（肖）宵削消硝销
[xiao]（萧）潇　　　　　　[xiao]（孝）哮
[xie]（写）泻　　　　　　[xie]（解）蟹
[xin]（心）芯　　　　　　[xin]（辛）锌
[xin]（新）薪
[xing]（刑）型　　　　　[xing]（星）猩腥醒
[xiong]（凶）匈汹　　　　[xiong]（匈）胸
[xiu]（秀）绣锈　　　　　[xu]（虚）嘘
[xu]（畜）蓄　　　　　　[xuan]（宣）喧
[xuan]（旋）漩　　　　　[xuan]（玄）炫
[xun]（孔）讯迅汛　　　　[xun]（旬）殉询
[ya]（亚）哑　　　　　　[ya]（牙）呀芽鸦蚜雅讶
[ya]（厓）崖涯　　　　　[yan]（奄）淹掩
[yan]（匽）堰　　　　　　[yan]（延）蜒
[yan]（言）唁
[yan]（彦）谚　　　　　　[yang]（羊）样痒氧洋
[yang]（央）殃秧鸯　　　[yang]（昜）扬杨
[yao]（夭）妖　　　　　　[yao]（要）腰
[yao]（䍃）谣摇遥　　　　[yao]（幺）吆
[ye]（夜）掖液腋
[ye]（耶）椰　　　　　　[yi]（义）仪议蚁
[yi]（乙）艺忆　　　　　[yi]（衣）依
[yi]（宜）谊　　　　　　[yi]（夷）姨胰
[yi]（ ）译绎　　　　　　[yi]（益）溢

[yi]（亦）奕　　　　　　　　[yin]（隐）瘾
[yin]（引）　　　　　　　　 [yin]（音）
[yin]（因）姻茵　　　　　　 [yin]（引）蚓
[yin]（阴）　　　　　　　　 [ying]（婴）缨樱鹦
[yong]（用）佣拥涌蛹勇蛹踊
[yong]（永）咏泳
[you]（尤）优犹忧　　　　　 [you]（由）邮油
[you]（又）友　　　　　　　 [you]（幼）呦
[you]（右）佑　　　　　　　 [yu]（鱼）渔
[yu]（于）宇迂吁芋　　　　　[yu]（予）预
[yu]（与）屿　　　　　　　　[yu]（俞）愉逾榆喻愈
[yu]（於）淤
[yu]（禺）隅愚寓遇　　　　　[yuan]（元）远园
[yuan]（原）源愿　　　　　　[yuan]（员）圆
[yuan]（夗）鸳怨　　　　　　[yuan]（爰）援
[yun]（云）运耘酝　　　　　 [yuan]（袁）猿辕
[za]（匝）砸　　　　　　　　[zai]（㦮）栽载
[zan]（赞）攒　　　　　　　 [zao]（喿）澡噪燥躁
[zao]（澡）藻　　　　　　　 [zeng]（曾）增憎
[zha]（乍）诈炸　　　　　　 [zhan]（占）沾站粘毡战
[zhan]（展）　　　　　　　　[zhan]（詹）瞻
[zhan]（斩）崭
[zhang]（长）　　　　　　　 [zhang]（丈）仗杖
[zhang]（章）樟障　　　　　 [zhang]（张）涨
[zhao]（召）招昭沼　　　　　[zhao]（昭）
[zhe]（折）哲浙　　　　　　 [zhen]（㐱）诊珍疹
[zhen]（贞）侦　　　　　　　[zhen]（真）镇
[zheng]（正）证症征政怔整　 [zheng]（争）挣狰睁等
[zhi]（之）芝　　　　　　　 [zhi]（只）帜织职

269

[zhi]（支）枝 肢 吱　　　　　[zhi]（止）址 趾
[zhi]（旨）指 脂　　　　　　[zhi]（知）蜘 智
[zhi]（直）值 植 殖 置　　　　[zhi]（至）侄 致 窒
[zhi]（执）挚
[zhong]（中）肿 种 钟 忠 盅 衷 仲
[zhou]（州）洲
[zhu]（主）注 驻 住 柱 拄 蛀　　[zhu]（朱）株 珠 蛛
[zhua]（爪）抓
[zhuan]（专）传 转 砖　　　　[zhuang]（庄）桩
[zhuang]（壮）装
[zhui]（隹）椎 锥　　　　　　[zhuo]（豖）啄 琢
[zi]（子）仔 字 籽
[zi]（兹）滋　　　　　　　　[zong]（宗）综 棕 踪
[zou]（奏）揍　　　　　　　　[zun]（尊）遵
[zuo]（坐）座
[wu]（五）伍

形声字读音习得中的归类推比法

【提要】 形声字声旁的表音情况十分复杂，声旁的表音率一直被认为是偏低的，在对外汉字教学中人们对形声字声旁的表音功能重视不够。其实学习者在形声字读音习得中，并不完全依据声旁的读音，他们常常利用含有该声旁的其他形声字的读音去做类推，也就是使用归类推比方法。本文依据一定材料对可以用这种方法类推的形声字进行了一些探讨。

【关键词】 形声字　习得　比较

1　形声字的准确表音率和有效表音率

现代汉字的字符可以分成三类，即义符、音符和记号。与古代汉字相比，现代汉字的结构方式发生了一些变化，其中形声字的变化尤为显著。根据字符学说和"新六书"理论，古代汉字中的形声字在现代汉字中分化成了几种：（1）由原来的形声字变成了独体记号字或者合体记号字。A. 独体记号字，如斥、年、更、金、重、必等。我们知道，形声字字形上由两个部分组成，一是声旁，一是形旁，如果不能拆分成两个或者两个以上的部分，我们就不能将它看成是形声字了。B. 合体记号字，本来应为会意字或兼为形声的，现在已经看不出了。如樊、冠、冒、契、服、库、量、亮、舍、在、延、旨、企、些、异、封、员、春、段、觅等。（2）由原来的形声字变成了"义符+记号"字，组成半义符半记号字，如"春、鸡、执、急、缸、逃、灿、鸡、灯、炉、栗、泉"等。（3）由原来的形声字变成了"音符+记号"字，组成半音符半记号字，如"笨、胜、毕、球、诛、纪、裹、华、巩"等。根据统计，在3500个现代常用字中，独体字有247个，占总字数的7%；合意字（即"义符+义符"字）有184个，占5%；合体记号字有384个，占11%；半义字（即"义符+记号"字）有453个，占13%；半音字216个，占6%；音义字（即形声字）2016个，占58%。（钱乃荣，1990）

虽然形声字在现代汉字中占到58%，可是形声字声旁的表音情况十分复杂。声旁的表音率一直被认为是偏低的。叶楚强先生较早对声旁的表音问题进行了量化研究（叶楚强，1965：568~570），他把《新华字典》（1962年版）中的字头字里的7504个"字中字"按读音分组，得到778个统计单位。如果准确表音的概念是"形声字与声符的声韵调完全相同"，那么只有77个声旁和包含它们的汉字同音。这样的汉字一共有255个，这些字只占7504个字的4.7%，换句话说，只有4.7%的形声字的读音与声旁的声韵调完全一致！如果准确表音的概念是"不计声调，只要声母韵母一致"就可以的话，大体上可以说有184个声旁和包含它们的形声字同音，这样的汉字有1108个，184个声旁占全部778个声旁的23%，1108个字占7504个字的14.7%。由此可以说，有14.7%的形声字能大致按它们声旁的读音来读。因此长期以来人们对形声字声旁的表音功能持悲观态度，在对外汉字教学中的表现就是一直存在着重义符轻音符的做法。

后来周有光先生提出了声旁"有效表音率"的问题，使人们对声旁表音的认识前进了一步。他经过统计指出，"现代汉字声旁的有效表音率是39%"（周有光，1978），但人们在引用这个数字的时候，常常忽略周先生所说的"声旁有效表音率"是"有效声旁比和有效含旁比的平均"，而有效含旁比是"含旁字表音功能单位总数除以含旁字（含有部首以外的半边的字）总数所得的商"。由于含旁字的范围大于形声字，在被除数不变的情况下，除数变大，商则相应变小。因此，实际的有效表音率可能还要高一些。

尹斌庸（1988）先生从声旁的预示能力入手，按照表音程度，把声旁分成6个类型，依据声旁与形声字读音的联系程度，分别用0—1的分值计算。结果得出，汉字形声字声旁的预示能力是0.50，即认识一个生字（形声字）读正确的可能性大约是一半。

这里就出现了问题：如果仅有14.7%的形声字能够基本准确表音，那么为什么声旁的预示能力可以达到50%呢？笔者认为，声旁的表音能力不仅仅由声旁单独决定，声旁系统和形声字类推都可以提供语音信息。比如"崖"字，我们会很自然地认为其声旁是"厓"，因为"涯、睚"都是yá声。但实际上，崖的部首是屵，《说文解字·屵部》："崖，高边也，从屵圭声，五佳切。"但由于"崖、涯、睚"三个字含有一个共同的部件"厓"，因此它们聚合成了一个范围，在这个范围内就会很自然地推断它的声旁。事实上，如果认识了"崖"，学生也会很自然地推断"涯"和"睚"的读音。尽管他们对"崖"的声旁判断是错误的，但对"涯"和"睚"却能做出正确的推断。这种现象就是形声字读音习得中的归类推比现象。

传统认字有"秀才识字读半边"的说法。判断一个生字的读音，识读者首先会依据常识判断出该字的声旁，如果声旁是常用字，识读者的第一反应是这个常用字的读音。如果不正确，则会从含有该声旁的其他形声字的读音上去类推。笔者就"肫"字做了一个小试验，在被测试的不认识该字的20个人中，90%的人对读音的第一判断是"tún"，当指出错误时，70%的人判断为"dùn"，30%的人的第二选择是"chún"。原因就是受到了已知的"吨、钝、纯、炖"等字的影响。在对外汉字教学中，如何利用好归类推比方法，利用学过的形声字来识读生字，很有探讨的必要。

2 归类推比法的理论和应用

对于文字呈现后，怎样把读音读出来，主要有三种假设（高更生，1999：50）。一是直接触发说。当读者知觉到字形则直接在心理词汇中找出整字的读音,然后将字音发出来。因此念字所需要的时间短于"假字"所需要的时间。二是形素—音素对应规则说(grapheme - phoneme correspondence rules)。读者先将字串分析成形素,然后找出其对应的音素,再将字串拼念出来。三是双重历程说。一般常见的字经由直接接触找到字音,不规则的字如"假字"则由形素—音素对应规则找出字音。双重历程概念的另一种说法就是类比说,指不论"真字"和"假字"都使用相同的知识来源,字形触发(activation)是在心理词汇中找出各种各样临近或相似的形与音的信息,然后综合(synthesis)。有关汉字阅读和认知心理实验的研究成果也证明了这种现象。曾志朗(1989)先生就"阅读汉字所经历的语音转录是由哪一种机制产生的"这一问题进行了研究。他指出,汉字呈现时,"要么是一目了然(wholistic),不然就是要经过由整字到局部(globle to local)的解体过程。"在这个解体过程中,带有语音线索的部件激发了许多外形相同的其他汉字,然后综合这些汉字的发音,读者在脑海中合成一个可能的发音。根据这种"激发—综合"理论,读者在认读含"声旁表音一致性很高的字"时反应速度应该最快;其次是声音表音一致性低的字,即发音有例外的,如"碑"("牌"为例外),而对"不规则形声字",如"扮"("粉"为规则形声字)不仅认读反应慢,而且错误率也最高。

有关汉字语音习得的理论和实践启发我们:在形声字教学中,不仅要认识到声旁在读音中所发挥的作用,因为它是第一位的、直接的条件,而且还要认识到含有相同声旁的形声字也可以起到提示语音的作用,不管这个声旁是否是常用字。事实上后者所起的作用比声旁更大,因为如果声旁的直接表音率为14.7%,那么剩余的80%以上形声字的读音要通过这种方法来实现。由此可见,归类推比法是认读汉字的重要手段之一,尤其对于那些不能准确表音的声旁来说,运用形声字的归类推比比单纯识读声旁更为重要。根据张厚粲、舒华(1989)的实验,将具有形似音异、形异音同和形似音同三种联系的字组成三组,对受试者给出启动字施加影响,让他对目标字作出反应。结果表明,形似音异组中86%的目标字读音错误是由于受形相似的启动字影响而产生的。比如在无启动条件下,目标字"褡"

的读音错误率为0,当启动字为"塔"时(形似音异),有42%的被试者将目标字"褡"念成"tǎ"。)

我们根据《现代汉语常用字表》的常用字和次常用字,以倪海曙《现代汉字形声字字汇》为标准,整理了形旁难以识别的字,我们看看在这些字读音的习得中归类推比法的作用。

声旁情况	例字
声旁与形旁交杂	翰、乾;疑、肆;梁、粱;裁、戴、载、栽;房、虑、虚
声旁变形	他、她;形、刑、邢、研;鉴、览;活、话、刮;椭、堕、常、思、细;留、柳;裳、赏、掌、棠
声旁省声	营、莺、莹、荧、荣;席、度;赛、寨;琉、硫;浆、奖、桨、酱;豪、毫;辙、撤、澈;辣、赖;浸、寝

对于"声旁与形旁交杂"的字,在语音习得过程中人们往往会忽略寻找声旁的步骤,而直接看同组形声字在其他部件不变的情况下,某一位置上的部件是否可以替换,如果可以替换,就能在同组形声字中进行字音归类推比了。例如"疑、肆;梁、粱"两组,一般情况下,人们不会想它们的声旁是什么,只要看到它们左边的部分或上面的部分相同,直接就归为一类进行推音。"浆、奖、桨、酱"一组,习得者也不一定知道它们共同的部分是由哪个字省改而来,但同样会把它们归为一类,进行字音互推。对于"声旁变形或省声"的字,例如"刮、活、话"一组,其声旁都已经很难从现在的字形上辨认出来,但人们一般也不会认为声旁念"shé",因为这组字的读音中没有一个音与"shé"接近。再比如"邢、刑、形"一组,"邢"的声旁是"井","刑"的声旁是"开(jiān)"。对于"形"的声旁说法不一,有人认为是"井",有人认为是"开",但无论是哪一个,一般人也已经很难辨别出来,也不知道这些声旁念什么,只会通过它们共同的部分"开"将它们列为一组形声字,但是从这一组字中又没有读"kāi"这个读音的,因而就进行读音之间的互推,判断它们的读音为"xíng",另外"研"的读音是个例外,需要特别注意。对于"莹荧萤营莺"一组,人们也不一定知道这些字的声旁到底是由什么省改而来,但在字里出现了相同的构字部件,而且大多数都在字中相同的部位,形旁又比

较明显，所以人们就很容易将它们的读音进行归类推比。

对于不明声旁读音的形声字，归类推比法就显得更为重要。据统计，共有61组（两个以上）215个形声字。列表如下：

声旁情况	例字
声旁读音已变	污、夸；读、赎、续、肆、逮；鸵、驼、舵、蛇；淳、谆、醇、锅、祸、窝、蜗
声旁已不独立成字	拔、跋、茇、鲅；倍、陪、部、培、赔、剖、菩、焙、碚；辩、辫、辨、瓣；脖、勃、荸、博、搏、膊、傅、缚、肠、杨、畅、汤、场、扬；搀、谗、馋、船、铅、沿、搭、瘩、塔；滴、嘀、嫡、摘；端、揣、踹、瑞、愕、鄂、鳄、肺、沛；峰、蜂、锋、逢；福、副、辐、富、逼；宏、雄、灌、罐、辑、揖；假、暇、霞、栋、练、炼、疆、僵、缰、劲、经、茎、颈、径、氢、轻、叫、纠、收、鞠、菊、卷、眷、拳、券、骏、俊、竣、酸、唆、梭、考、巧、朽、撩、僚、缭、燎、镣、嘹、廖、谬、缪、磷、麟、鳞、棱、陵、凌、菱、满、瞒、脑、恼、垴、漆、膝、操、燥、臊、躁、澡、噪、杉、衫、深、探、嗽、漱、琐、锁、踏、塌、陶、掏、淘、萄、温、瘟、掐、陷、馅、焰、掐、汛、讯、迅、摇、瑶、遥、谣、鹞、鳐、鲦、蝶、喋、碟、翼、冀、译、泽、择、绎、释、忱、耽、沈、枕、捐、娟、涓、绢、鹃、昂、仰、迎、宛、怨、鸳、扎、轧、宅、托、趁、珍、疹、涿、琢、啄

非常明显，我们对于"峰、蜂、锋、逢"声旁读音的判定，是基于这一组形声字整体。根据我们的试验，在测定留学生目标字"瑶、鹞、鳐"的读音时，88%的学生都选择了yáo，这是因为受到了已知字形"遥、谣"的积极影响。当然有很多字的读音不是这么系统，例如"倍、陪、部、培、赔、剖"等。但我们的任务是设法找到其构音规律，为正确快速识读汉字提供更直接可靠的方法。比如在"滴、嘀、嫡、摘"一组中，3500个常用字和次常用字中，只有"摘"一个读音例外，这也可以成为一条规律。

3 整字类推参数的测算

关于"整字类推率",我们分为四个等级来统计,前提是不考虑声调:A级为声母韵母完全相同,B级为声母不同而韵母完全相同,C级为韵母主要元音相同,以排除跟B级重叠部分,D级则完全不具备整字类推性。以此为标准,对声旁所统字进行统计。如"矢"旁所统的"疑、肄"二字,其声韵完全相同,类推等级属于A级,按这一等级的要求,符合声韵完全相同的字有两个,"矢"所统的字也有两个,二者之比分值为1,所以整字类推率记为1;再如"载、戴、栽"这一单元,三个字声母不同,但韵母完全相同,类推等级属于B级,按这一等级的要求,可类推字有三个,考查字有三个,所以整字类推率为1,如果没有可类推字,计为零。C级的统计方法与此类似,可参照上面所举的例子。这里还有一点要特别说明,就是如果一个声旁所统的字很复杂,里面可以有两组或两组以上的类推,甚至有两个或两个以上等级的类推,那各组各等级都要照顾到,分别统计。因为这样可以最大限度地扩大类推范围,以服务于汉字教学,同时也不用担心会混淆,因为各个等级的要求不同。如"绎(yi)译(yi)择(ze)泽(ze)释(shi)"一单元,按我们的规定,有三组类推,即"译、绎"一组,"泽、择"一组,还有"绎、译、释"一组,前两组属于A级,整字类推率均为0.4,最后一组为B级,整字类推率为0.6。

声旁情况	例字	声旁表音度	整字类推率			
			A级	B级	C级	D级
声旁形旁交杂	疑 肄	0.5	1			
	梁 粱	0.5	1			
	栽 戴 载	0.5		1		
	房 虑 虚	0.167		0.67		

续表

声旁情况	例字	声旁表音度	整字类推率			
			A级	B级	C级	D级
声旁变形	他 她	0	1			
	形 邢 研	0.167	0.67			
	鉴 览	0.75			1	
	思 细	0.75		1		
	留 柳	0.5	1			
	掌 常 裳 赏 棠	0.5		1		
声旁省声	营 莺 莹 荧 荣	0.8	0.8			
	席 度	0.25				0
	琉 硫	1	1			
	浆 奖 桨 酱	1	1			
	豪 毫	0.5	1			
	辣 赖	1			1	
	浸 寝	0.75		1		
声旁读音已变	污 夸	0.25				0
	读 牍 续	0.5		1		
	鸵 驼 舵 蛇	0.63		0.75		
	淳 谆 醇	0.83		1		
声旁已不独立成字	拔 跋 茇 鲅	0	1			
	倍 焙 碚 培 陪 陪 部 菩	0	0.38/0.38	0.75/0.25		
	辨 辩 辫 瓣	0.88	0.75		1	
	勃 脖 荸	0.67	0.67			
	搏 博 膊 傅 缚	0.4	0.6/0.4			
	杨 扬 场 畅 肠 汤	0.67	0.5/0.33	1		
	逸 儳 搀	1	1			
	船 铅 沿	0.67			1	
	搭 塔 瘩	0.83	0.67	1		
	滴 嘀 嫡 摘	0.75	0.75			

续表

声旁情况	例字	声旁表音度	整字类推率			
			A级	B级	C级	D级
声旁已不独立成字	愕 鄂 鳄	1	1			
	肺 沛	0.5	1			
	峰 蜂 锋 逢	1				
	宏 雄	0.5			1	
	灌 罐	1	1			
	假 暇 霞	0.67	0.67	1		
	拣 练 炼	0.67	0.67	1		
	疆 僵 缰	1	1			
	叫 纠 收	0.33			0.67	
	鞠 菊	1	1			
	卷 眷 拳 券	0.75	0.5/0.5			
	考 巧 朽	0.5			0.67	
	撩 僚 燎 镣	1	1			
	麟 鳞	1	1			
	棱 陵 凌 菱	0.75	0.75			
	满 瞒	1	1			
	脑 恼 垴	1	1			
	漆 膝	0.75		1		
	操 燥 臊 澡 噪	0.6	0.6	1		
	杉 衫	1	1			
	深 探	0.50				
	琐 锁	1	1			
	踏 塌	1	1			
	陶 掏 淘 萄	1	1			
	温 瘟	1	1			
	掐 陷 馅 焰	0.75	0.5		1	
	汛 讯 迅	1	1			

续表

声旁情况	例字	声旁表音度	整字类推率			
			A级	B级	C级	D级
声旁已不独立成字	蝶喋碟	0.5	1			
	翼冀	0.75		1		
	译泽择绎释	0.5	0.4/0.4	0.6		
	忱耽沈枕	0		0.75		
	捐娟涓绢	0.5	1			
	昂仰迎	0.5		0.67		
	宛怨鸳	0.83	0.67		1	
	扎轧	0.75		1		
	趁珍疹	0.83	0.67	1		
	涿琢啄	0	1			

上面是我们关于3500常用字中相当部分形声字（多音情况暂且排除在外）的一个统计表，表格的关键在于"声旁表音度"和"整字类推率"这两个参数上。这里共整理了69组形声字，其中声旁表音度在50%（含50%）以上的共58组，占到84.1%。需要说明的是，这里不是一种纯本体的研究，其目的是服务于对外汉字教学，所以这里的表音度是分单元逐个统计的，以便于对教学的作用更具体些，以至于得出的数据都偏高，与平常人们的统计数据差距较大。

虽然我们统计的声旁表音度都很高，但由于这些形声字的声旁都比较复杂，从"声旁情况"一栏就可以看出。所以在对外汉字教学中，这些声旁本身的表音线索可能不容易被留学生学习和接受。这样我们设置了"整字类推率"这一参数，来看看含有相同部件的形声字在语音上的联系。从统计结果看，"整字类推率"处于D级，也就是声旁所统的各字之间不具备任何类推线索，这样的单元只有"席、度""污、夸"和"深、探"三组。从数据上看，有27组的A级"整字类推率"达到1，占到39.1%，15组B级"整字类推率"达到1，占21.7%。即使达不到1的单元，其类推等级往往不单一，且内部类推往往不止一组，这说明它们彼此间的类推关系也是比较强的。

4　归类推比法对汉字教学的启示

以往的对外汉字教学过多地关注了形声字中义符的教学，这非常有必要。万业馨（2000）统计了与汉语教学配套的《汉字练习本》，所讲的汉字偏旁有 24 个（人、口、木、日、女、足、广、心、目、雨、全、身、车、火、冫、氵、灬、讠、亻、扌、饣、宀、目、辶）都是义符。1986 年出版的《汉字读写练习》中介绍的 70 个偏旁，也基本上是义符，其他教材的情况也大致相同。毋庸置疑，义符能够起到提示意义的作用，但同样毋庸置疑的是义符只能起辅助意义的作用，义符与字义之间的联系是宽泛的、不科学的，再加上同一个义符偏旁往往统字过多，这样就使得留学生对义符的记忆率并不高，而且常常出现书写中义符脱落或丢失的现象。这些常见的例子可以说明这个问题：

温度—昷度　　他们—也门　　记忆—己乙　　知道—矢道
特点—寺占　　都—者　　　　汉字—又子　　思想—田相

（前一个为正确的，后一个是留学生的错字）

按照正常的教母语习得者的经验，以"温"为例，三点水旁是最不应该丢掉的。因为"温"直接与水有关。从字理上来说，"温"右上方的"日"是"囚"的变体，表示封闭，"封闭器皿才可以保持水温"。有人为了让学生记住"温"还专门编造了汉字理据，说"太阳照在水里，使水变温"，但即使这样，很多学生仍然在听写或书写过程中，遗漏我们认为最不该遗漏的部件，与此相反的是对声旁相对长久的记忆保留。

近年来，关于汉字习得顺序的研究引起了人们的注意，相当一部分人认为汉字教学应该先独体再合体，或者先部件后合成。事实上完全依据部件的出现频率和构字特点，由独体到合体是行不通的，也不一定符合汉字的认知规律，我们知道，文字的产生到发展，是从具体到抽象的，而不一定是由独体到合体的。相反，最初的文字有的是图画形式，画起来很复杂，但它却可以表达人们的思维概念，或者说是语言段的意思。即使是早期的文字符号，也不完全始自独体字，像"虎、鱼、龟、象、车"等字描摹事物的形状非常复杂。在象形文字的时代，它们是易于区别和辨认的，但在现代汉字中，它们丧失了象形汉字的特点，变成了合体字。从认知的角度来说，无论我们画出这个字的原始字形，还是解释它的字义，都难以让学生记住并书写它的字形，我们只有把它们当作合体的记号字强制记忆。从现有的对外汉语教材来看，合体字先出现是不可避免的。因为汉语教材要照顾到汉语的交际功能，而单纯依从所谓汉字规律来安排交际内容，是很难做到的。比如"你、好、谢"这样的字，不可能按照"亻、尔、女、子、讠、身、寸"部件的学习顺序去习得。声旁也是这样，很多形声字的出现要早于其偏旁的出现，何况有的偏旁根本就不成字，连母语习得者都不会认识。对于这些大量的形声字，习得者恐怕难以遵循先识声旁再识整字的规律。恰恰相反，正因为学生认识了整字，才可能去推断声旁读音。据调查，由于习得了"低、底"，所以在遇到"抵"的时候，90%以上的学生都会推断为 dī 或 dǐ，这正是归类推比所起的作用。

因此，我们不必因为声旁表音的复杂性以及声旁表音率偏低而对形声字教学过于悲观，切实总结和利用形声字的各种信息，对对外汉字教学将起到巨大推进作用。

参考文献

[1] 钱乃荣. 现代汉语 [M]. 北京：高等教育出版社，1990.

[2] 叶楚强. 现代通用汉字读音的分析统计 [J]. 中国语文，1965(3).

[3] 周有光. 现代汉字中声旁的表音功能问题 [J]. 中国语文，1978(3).

[4] 尹斌庸. 关于汉字评价的几个基本问题 [A]. 汉字问题学术讨论会论文集 [C]. 北京：语文出版社，1988.

[5] 高更生. 汉字教与学 [C]. 济南：山东教育出版社，1999.

[6] 曾志朗. 开拓华语文研究的新境界：中国心理学应面对认知与神

经科学的挑战 [J]. 语文建设通讯, 1989 (7).

[7] 张厚粲、舒华. 汉字读音中的音似与形似启动效应 [J]. 心理学报, 1989 (11).

[8] 万业馨. 略论形声字声旁与对外汉字教学 [J]. 世界汉语教学, 2000 (1).

[9] 石定国, 万业馨. 对外汉字教学的调查报告 [J]. 语言教学与研究, 1998 (1).

[10] 李燕, 康加深. 现代汉语形声字声符研究 [A]. 现代汉语用字信息分析 [C]. 上海教育出版社, 1993.

[11] 彭聃聆. 再认性同一判断中汉字信息的提取 [J]. 心理学报, 1985 (3).

[12] 倪海曙. 现代汉语形声字字汇 [M]. 北京: 语文出版社, 1982.

[13] 曹先擢, 苏培成. 汉字形义分析字典 [M]. 北京: 北京大学出版社, 1999.

[14] 国家语言文字工作委员会汉字处. 现代汉语常用字表 [S]. 1988.

[15] 王小宁. 从形声字声旁的表音度看现代汉字的性质 [J]. 清华大学学学报（哲学社会科学版), 1999 (1).

[16] 郝恩美. 现代汉字的教学方法 [J]. 汉字与汉字教学研究论文选 [C]. 北京大学出版社, 1997.

[17] 李燕, 康加深, 魏励, 张书岩. 现代汉语形声字研究 [J]. 语言文字应用, 1992 (1).

[18] 周有光. 现代汉字中声旁的表音功能问题 [J]. 中国语文, 1978 (3).

[19] 吕必松主编. 汉字与汉字教学研究论文选 [C]. 北京: 北京大学出版社, 1999.

[20] 陈阿宝. 汉字现状与汉字教学 [A]. 第一届国际汉语教讨论会论文集 [C]. 北京: 北京语言学院出版社, 1986.

[21] 杨夷平, 易洪川. 浅析识字教学的对内对外差别 [J]. 世界汉

语教学，1998（2）．

[22] 任瑚琏．字、词语对外汉语教学基本单位及教学策略 [J]．世界汉语教学，2002（4）．

[23] 苏培成．二十世纪的现代汉字研究 [M]．太原：书海出版社，2001．

（原文发表于《汉语研究与应用》第 2 辑，中国社会科学出版社，2004 年 6 月，有改动。）

字、词及汉字教学问题

【提要】 如何利用汉字的特点（包括形音义各个要素）来扩大留学生的词汇量，使之在尽可能短的时间内达到某一阶段的教学目标，是汉语教学尤其是词汇教学的重点所在。在这个问题上，任何执于一端的说法，比如"取消'词'和'语素'这两个术语"，"用汉字教学取代词汇教学"等都是不切实际的。本文试图在理论上廓清字和词的关系问题，同时探讨对外汉语教学中如何处理好汉字教学和汉语词汇教学关系的问题。

【关键词】 字　词　汉字教学

1 汉语的特点：字词关系

汉语中"字"和"词"关系的问题是汉语的一个特点。西方文字没有"字"的概念，尽管在普通语言学中大家都用"文字"这个术语，可西方的"文字"就是指文字系统，它没有再细化出一个一个的字。所以在"字"的翻译问题上，就出现了很多说法：word、Chinese character、Sinigram、Hanzi 等等（潘文国，2002）。我们说"man"的时候，就说它是一个词，而不说它是一个字或者几个字。而在汉语中，"文字"有两个含义，一个是指记录语言的文字符号系统，另一个是指一个个具体的字（叶蜚声 1991：152）。由此，在汉语中我们说"男人"的时候，常常说这是一个两个字的词。所以人们常常有这样的概念,"字"是中国旧有的,"词"的概念是受西方语法学影响才产生的。有人由此得出结论说,"中国古代没有词"(徐通锵,1998)。这一点又进一步成为有些人拒绝西方语法分析术语和方法的理由,认为用"字"来分析汉语语法足够了。近年来,在对外汉语教学上,也不断有人呼应这种观点,试图从理论上消灭"词"这个概念,完全以汉字教学取代词汇教学(李树辉,1995)。

事实上,我们从过分注重词本位,到认识到汉字教学的重要性以及汉字教学在整个对外汉语教学中的作用,应该是一个不小的进步。但如果因此而否定汉语中"词"的存在,则走到了另外一个极端。

首先,不能说中国古代没有"词"。"词"既然是语言中的基本结构单位,那么这样的语言单位就是任何语言都应具备的,它的特征就是:具有特定的语音形式,表达一个完整的概念,可以独立充当造句成分。那么,汉语从古至今又何尝离开过这种单位?拿"有朋自远方来,不亦乐乎"这个句子来看,每个书写符号都代表了汉语中的一个词。正因为古代汉语一字一音节的特点,才使得古代没有产生"词"这个术语,往往用"字"的名来指称"词"之实。可即使是在古代,也有两字一词的情况,比如像一些联绵词。我们语言的基本结构单位在音节数量和概念意义的完整上跟字形成的差异,也就是字和词的区别。上古汉语基本上一个字就是一个词,因而用不着讲字和词的区别。到后来文言文与口语的差别越来越大,如果说文言文不讲字和词之别还勉强可通的话,口语不讲就不好办了,白话作品或者说现代汉语不讲字和词的区别就更不好办了(孙剑艺 2002:18)。从工具书方面来说,在语言事实中没有或基本上没有"字""词"分别的情况下,也就没有区分字典和词典的必要。《说文解字》《康熙字典》既是字典又是词典,外语没有字词之分,他们的 dictionary,我们一开始多称之为字典,后来多称之为词典。名称不同,其实没什么两样。可是我们的《新华字典》和《现代汉语词典》就不同了。《新华字典》如果改称《新华词典》,《现代汉语词典》如果改称《现代汉语字典》马上就不同了。到了现代汉语中,我们如果还只使用"字"的概念,显然就更不能反映汉语的实际情况。我们总不能说"我们"是一个字或者两个词吧?

2 汉字创词的误解

由于汉语是用汉字记录的，又由于汉字的表意性以及词素联系的紧密性，便使人产生了某种误会，以为汉语的词都是由汉字构成的；或者以为词是由汉字组成的，掌握了单字就一定能够一通百通，见字就能懂词，望文就能生义，由单字的意义就能任意创出各种合成词的意义。汉字创词论认为，"汉字具有创词潜力"，"本土的汉字能引人入胜，旁衍范围很广，没有它，我们就失去了创词的能力"（徐通锵，2001：104），这实在是一种误解。

字义是静态的，而词义是动态的。在辞书收录的字义中，一个字往往有多个义项，而在具体的词汇中，字的义项只能保留一个。不同的词语中，其构成字的字义又有很大差别，所以词汇常常被当作一个整体来学习。如果只是认识了一个字，也就是对它的形音义有了基本了解，并不一定能正确或者准确理解一篇文章的内容。因为这些字义要受到构词成分的制约。以"生"为例：

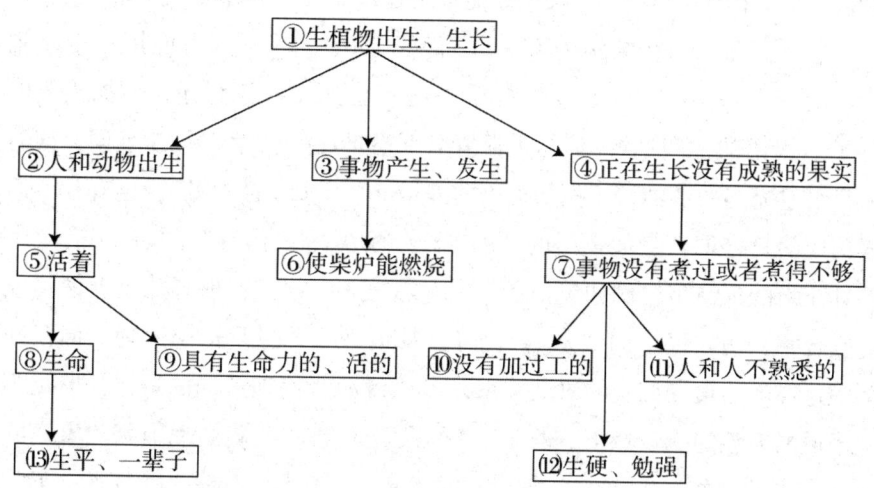

"生"有这么多的含义，其演变又非常复杂，如果学生只学了单字"生"，又怎么知道"生"的这些具体含义呢？那么不同的"生"在不同

词中的含义及细微差别,就更不能领会到了。且看由第二和第三个义项的"生"构成的词汇:

  生病 生财 生产 生事 生效 生疑 生产力 生财有道 生花之笔 横生 萌生 派生 新生 再生 触景生情 急中生智 节外生枝 乐极生悲 七窍生烟 惹事生非 熟能生巧 望而生畏 望文生义 无事生非 无中生有 妙趣横生 谈笑风生 生辰 生就 生来 生人 生日 生肖 生性 生养 生殖 超生 催生 诞生 接生 孪生 卵生 亲生 收生 双生 胎生 降生 天生 投生 头生 托生 晚生 下生 独生子 独生女老于世 初生之犊 后生可畏 有生以来……

再看下面一段话:

  他一生娇生惯养,生就了一副怪脾气,生疑、猜忌,很难与人共同生活,但他又没有谋生的本领,偶尔做点小生意,但常常难以为生,于是选择了醉生梦死的生活方式。小时候父母生怕他不成材,从他出生开始,就对他抱了很大希望,希望他长大后能成为大学生,怎么能料到他的残生竟会是这种状态?(柳白《树梢上的太阳》)

  一个只学过"生"字的留学生,况且一开始学"生"的时候,一般是在词汇中,比如"学生",又怎么能理解这些"生"的意义呢?

  另外,字和词在结构关系等方面是不同的。一个词可能用一个字记录,例如英语的"I",汉语的"我";也可能用多个字记录,例如英语的"we",汉语的"我们"。但是正常情况下很难让一个字记录几个词。词有一个语素充当的单纯词,例如英语的"write",汉语的"写";也有几个语素构成的复合词,例如英语的"writer",汉语的"作者"。同样字有一个部件充当的单纯字,例如英语的"a",汉语的"人";也有几个部件构成的复合字,例如汉语的"从"。同样,从词来看,也是这个道理。词根和词缀这样的语素在词中的语义关系,可以帮助我们理解词的意义,但是不等于词的完整的真正意义。例如,"国家"不是"正确处理国家和家庭的关系"中的"国"和"家"加起来的意义,"打手"不是"他打了一下我的手"中"打"和"手"加起来的意义。

  所谓"创词",即语言学上所谓的造词,指的是创制新词,即解决一个词从无到有的问题。创制或造词实际上是人们给客观事物命名的活动。人们要进行交际,就要求现实中的各种事物都有个名字,以便于称说。遇到不知名的客观事物或现象,人们便会从具体的环境条件出发,根据本民族的语言习惯,利用现成的语言材料,经过思维认识,给它起一个名称。词的产生远远在字之前。若说汉字创词,没有汉字就不能创词,我们不禁要问:汉字才有几千年的历史,汉字产生之前,我们的祖先怎样创词?没有词,他们怎么进行交际?我国有些少数民族,至今没有自己的文字,他们怎么创词?尚未学字的儿童怎样创词?所以汉字造词的说法是根本行不通的。

3 字义和词义联系及汉字教学

从词义上看,词义跟字义确实有着不可分割的联系,但是静态中的一个字,在实际语言中往往是不同的词、语素,或同一语素的不同意义。合成词的词义,绝大部分不是字义(语素义)的简单相加,也就是说词义的整体性不容许人们凭单字的字义随意去"组"。比如"打""水"都很简单,初级阶段就学了,可是"打水"学生怎么理解呢?"打铁""打哈欠""打针""打伞""打主意""打雷"中的"打"意义又如何呢?因此,动态的汉字字义,绝不是那么简单的。

同单纯词比较起来,有一部分复合词的词义具有组合性的特点,词的意义可以由两个构词字的意义组合而成,可以对词义进行构成成分的分析。如:[实情]真实的情况,[纳税]缴纳税款,[高大]又高又大。如果以含有一个相同字义的复合词为例,这点就会看得更清楚。

击败:攻击使失败。
击毙:打死。
击毁:击中并摧毁。
击退:攻打使退兵。
击破:攻击使垮、败。

出击：部队出动，向敌人进攻。

歼击：攻击和歼灭。

抗击：抵抗并且反击。

追击：追赶着攻击。

围击：包围起来加以攻击。

这些带"击"的动词，词义既有相同的部分，也有不同的部分。相同之处来自"击"的意义"攻击"，不同之处来自与"击"不同的那些字的字义。

但是，有60%—70%的复合词，其词义不是字义的简单相加。它们含有更丰富的特定内容和特定的适用范围。它们的词义具有整体性，不可分割性。如"流言"不是指"流传的话"，"特地"也不是指"特别的地方"，"特长"亦不是"特别长"的意思。即使有的复合词字义能基本体现出词的意义，但却要求学习者能够正确理解构词方式，才可以了解词义。而这种构词方式又往往像语法分析一样，是由语法学家在大量的语言事实的基础上得来的，是在掌握了词义的基础上才能进行的分析。如果语法学家不了解这个词的词义，他也无法对词的结构做出判断，何况是留学生呢？比如我们常说的"打扫卫生""养病"之类的例子，过去分析成动宾结构，可"卫生""病"又不是动词涉及的对象，留学生怎么能理解？复合词即使在基本意义不变的情况下，位于复合词中字的具体含义还会发生变化。如"板"的基本意义是"成片的较硬的物体"，可在"板报、板壁、板锉、板胡、板凳、板书、板胡、板鸭"这些词中，这个意义却变成了几种不同的具体含义。留学生即使学了"板"，也很难从字面意义上了解这些词的含义甚至大致含义。

大家知道，日文、韩文也使用汉字来记写自己的词语，有些词的形和义和中文几乎完全一样，有些词虽然词形一样，可是意义相去甚远。如日文中的：

手纸（信）　汽车（火车）　高等学校（高中）　御览（看）　心算（计划）　勉强（努力）　切手（邮票）　阶段（楼梯）

留学生对这些如果依照母语的字面意思来理解，会出现错误甚至闹出笑话。

另外，在复合词中每个字的字义都受到彼此的制约。如"足"和"脚"是同义字，但是"足球"不能说成"脚球"。有的替换后，虽然也能成词，但意义迥然不同，应该看作两个词，而不是同一个词的不同表达方式。以"声"和"音"为例，虽然两个是同义字，但"高声、高音"，"声乐、音乐"都是不同的词。

还有的词义是字义组合后转移而成的新意。从现代汉字的角度来看，字义和词义失去了直接联系，这主要是词的比喻义、借代义和典故义。

由于汉字和汉语语言单位的特殊关系，我们在汉字教学中可以利用汉字负载的各种信息，进行字和词的教学。其中包括字形的教学、字音的教学，以及单义字和由单义字（单义语素）构成的复合词教学。在中高级阶段，还可以对深层的词义教学进行挖掘。比如"灾"，如果处在复合词中的后面，结构关系又很单一，由它构成的词语多与自然界或人为的损害有关系。如"水灾、火灾、旱灾、震灾、涝灾、蝗灾、天灾"等等。但是另外两个词"抗灾""赈灾"，就需要分析内部结构，以及"抗"和"赈"的字义。

对于组合性比较明显的词语，在教学处理中，可以快速处理或者以此为基础，快速扩大词汇量。而对于整体意义较强的词义，可以采用分析式教学，以加强理解和记忆的目的为主。

最后，字本位和词本位是一个理论问题，字和词的关系问题是汉语的一个特殊现象，两者在汉语教学实践中，不是截然对立的和排斥的。主张词本位，事实上也不可能完全忽略汉字教学，主张字本位也不一定就非取消语言中词和语素的概念，同样应该处理好字教学和词教学的关系，因为这是汉语的特点决定的。

参考文献

［1］潘文国. 字本位与汉语研究［M］. 上海：华东师范大学出版社，2002.

［2］叶蜚声，徐通锵. 语言学纲要［M］. 北京：北京大学出版

社, 1994.

[3] 徐通锵. 说"字"[J]. 语文研究, 1998 (3).

[4] 李树辉. 汉语字本位强化教学方法论 [J]. 汉字文化, 1995 (1).

[5] 孙剑艺. 汉字的字、词、词素探析 [M]. 济南: 山东大学出版, 2002.

[6] 徐通锵. 字和汉语研究的方法论 [J]. 世界汉语教学, 1994 (3).

[7] 中国人民大学语言文字研究所. 现代汉语通用字典 [M]. 北京: 外语教学与研究出版社, 1987.

[8] 李禄兴. 现代汉字学要略 [M]. 北京: 文津出版社, 1998.

[9] 孟华: 字本位理论与汉语的能指投射原则 [J]. 语言教学与研究, 2001 (6).

[10] 任瑚琏. 字、词语对外汉语教学基本单位及教学策略 [J]. 世界汉语教学, 2002 (4).

[11] 王若江. 由法国"字本位"汉语教材引发的思考 [J]. 世界汉语教学, 2000 (3).

[12] 王佳存. 汉语言理论研究的新探索 [J]. 语文研究, 2001 (2).

[13] 贾颖. 字本位与对外汉语词汇教学 [J]. 汉语学习, 2001 (4).

[14] 徐通锵. 语义句法刍议 [A]. 徐通锵自选集 [C]. 郑州: 河南教育出版社, 1993.

[15] 吕必松. 汉字与汉字教学研究论文选 [C]. 北京: 北京大学出版社, 1999 (7).

[16] 陈阿宝. 汉字现状与汉字教学 [A]. 第一届国际汉语教讨论会论文集 [C]. 北京: 北京语言学院出版社, 1986.

[17] 杨夷平, 易洪川. 浅析识字教学的对内对外差别 [J]. 世界汉语教学, 1998 (2).

[18] 万业馨. 汉字字符分工与汉字部件教学 [J]. 语言教学与研究, 1999 (4).

（原文为提交"第三届北京地区对外汉语学术讨论会"论文，发表于《北京地区第三届对外汉语教学学术研讨会论文选》，北京大学出版社，2004年。）

后 记

该书原名为《现代汉字及其对外教学研究》，因出版公司遴选优质图书，建议改为《现代汉字理论与应用研究》，并校正了一些说法及文字错误。

拿到清样的时候，突然传来了我的研究生导师胡瑞昌先生去世的噩耗，没想到年前的会面竟成了永别，他在病床上写下的序竟成了绝笔。我的心情万分悲恸，这些天来难以平复，唯愿他在天堂永远安息！

说起与汉字的缘分，可以追溯到 20 年前。1991 年，我从中国人民大学语言文字研究所毕业之后，留在学校做了一名老师。当时的科研环境比较宽松，不像现在这样规定每年必须发表几篇文章，那时主要是凭个人的学术兴趣和科研热情，给教师写作论文和发表论文提供了充分的打磨时间。当时语言文字研究所是个研究型机构，没有本科生，每年只招几名研究生。时任信息处理研究室主任的陶沙教授招了两名研究生，他建议我开一门"现代汉字学"课程。说实话，那时候我研究生刚毕业，在这方面几乎没什么研究。看了些资料，知道这是一门新兴学科，周有光先生发表了《现代汉字学发凡》，为这门学科构建了框架体系。于是按照周先生的介绍，去寻找一些重要的参考资料。到了 1993 年，高家莺、范可育、费锦昌出版了一本教材即《现代汉字学》，之后苏培成先生出版了《现代汉字学纲要》。这两本教材可以说是现代汉字学的开山之作，为现代汉字学的研究奠定了坚实的基础。尤其对于那时候资料匮乏的我来说，可以用久旱逢甘霖来形容当时的心情。凭着这些理论著作，再去找一些研究资料，这门课程的内容也得到了充实。逐渐地，积累的资料越来越多，受到的启发和思考的问题也越来越多，在某一问题上有一点收获的时候，则感到非常高兴。1996年底，学校进行院系合并，我所在的语言文字研究所与对外汉语教学中心合并，成立了对外语言文化学院，之后笔者的主要精力放在了对外汉语教学工作上。由于以前对对外汉语教学这门学科了解不多，加上当时课时量很大，所以很大一部分精力放在了对外汉语教学上，对现代汉字的问题思考越来越少了。作为对前一阶段课程和研究的总结，1998年我出版了《现代汉字学要略》。后来在教学中，发现了留学生学习汉字的一些问题，于是就汉字教学问题进行了一些思考，试着写了几篇文字。一晃10年过去了，学校又进行机构合并，2006年底，笔者所在的对外语言文化学院与文学院合并，组建了新的文学院。笔者就有了重操旧业的想法，就现代汉字的问题继续深入思考，于是，在《现代汉字学要略》的基础上，将现代汉字的一些问题论述成文，加上后来发表的有关对外汉字教学的论文，便形成了这个集子，也算对在对外语言文化学院工作10年的一个总结。

非常感谢胡瑞昌教授多年来的谆谆教诲，毕业以后，胡先生仍然关心我的工作和生活，每次见面都要叮嘱我积极面对，勤奋努力。感谢北京语文现代化研究会的专家们，承蒙他们抬爱，给予了我参加很多科研项目的机会，让我及时了解更多的语言文字研究信息。感谢我在中国人民大学的同事们，在学术研究的道路上，离不开同事们的支持和帮助。感谢听过"现代汉字学"课程的研究生们，他们提出过很多有价值的建议和观点。对书中引用的很多著作、文章的作者也一并致谢，如果引文有疏漏之处，敬请原谅。

由于水平所限，书中一定仍有不少纰漏，欢迎广大读者、专家一并指正。

李禄兴

2012年2月1日